AF306106

ARCHITECTURE

CIVILE ET DOMESTIQUE

AU MOYEN AGE ET A LA RENAISSANCE

PARIS

IMPRIMERIE DE J. CLAYE

7 RUE SAINT-BENOIT

ARCHITECTURE
CIVILE ET DOMESTIQUE

AU MOYEN AGE ET A LA RENAISSANCE

DESSINÉE ET DÉCRITE

PAR

AYMAR VERDIER

ARCHITECTE DU GOUVERNEMENT

ET PAR LE

DR F. CATTOIS

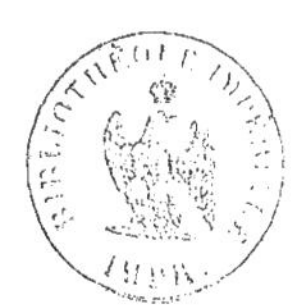

TOME PREMIER

PARIS

LIBRAIRIE ARCHÉOLOGIQUE DE V^{OR} DIDRON

RUE HAUTEFEUILLE, 13

1855

AVERTISSEMENT.

———

Deux raisons puissantes à nos yeux nous ont déterminés à entreprendre la présente publication. Nous avons voulu premièrement préparer aux beaux-arts, dans l'hommage que nous leur offrons, des modèles ignorés à imiter, des exemples peu connus à suivre, de nouveaux essais d'études à tenter. Mais il n'est jamais entré dans notre dessein la pensée de donner des sujets entiers à reproduire, ni même de proposer quelques-unes de leurs parties les plus importantes à copier : reproductions intégrales ou copies partielles sont également opposées à nos vues. Cette idée de l'imitation servile d'un art quelconque détruirait nécessairement toute inspiration, toute originalité, toute spontanéité; si respectable que soit une pareille tendance dans sa cause, nous nous faisons un devoir de la combattre. L'application la repousse invinciblement. Il suffit pour se convaincre à cet égard de la légitime antipathie des plus habiles praticiens, de constater l'insuccès des tentatives qui ont été faites en ce sens sur divers points de nos provinces.

Mais si l'on considère sans prévention le but principal que nous nous sommes proposé, peut-être nos efforts ne seront-ils pas entièrement méconnus; par une faveur plus grande encore, on nous en saura peut-être quelque gré. En effet, qu'avons-nous cherché avant tout, si ce n'est de faire ressortir les avantages incontestables de l'architecture du moyen âge et de la renaissance, d'en faire saillir à tous les yeux le style si expressif, le caractère, le goût si naturel, pour parvenir à le faire adapter, autant que possible, aux nécessités de nos constructions modernes. C'est là toute notre prétention, toute notre tâche. Nous avons voulu faire pour nos maisons, pour nos monuments

a

publics et civils, ce qui a été entrepris pour nos monuments sacrés. L'art qui a produit les merveilleux édifices de notre culte, n'a point refusé d'admettre dans ses conceptions, jusqu'à ceux de nos moindres usages domestiques; et nous espérons avoir prouvé qu'il s'est montré avec éclat dans les plus simples habitations de nos ancêtres, aussi bien que dans les châteaux, les palais et les églises de nos vieux temps.

Le second motif qui nous a guidés dans notre entreprise, se tire lui-même des considérations suivantes : l'absence de tout ouvrage français sur la matière spéciale qui nous occupe, et la perte imminente de tant de beaux spécimens, œuvres jusqu'à ce jour inédites; si bien qu'au moment où nous parlons, plusieurs des sujets de nos gravures ont été rayés du sol jusqu'à leurs fondements. Les Anglais, qui nous ont précédés dans l'étude des recherches archéologiques, ont, il est vrai, publié des ouvrages intéressants sur cet objet particulier de nos recherches. Mais, outre qu'ils traitaient uniquement de l'architecture d'une époque restreinte et rapprochée de nous, les choix déjà trop exclusifs où leurs auteurs se renfermaient avaient encore le tort suivant nous de se circonscrire à un pa ysoù le goût du beau est loin d'être irréprochable. D'ailleurs quand, en 1852, nous sommes entrés dans la carrière que nous parcourons, le livre excellent de M. Parker sur l'architecture domestique n'avait pas encore paru, non plus qu'un autre du même genre relatif aux édifices civils du xve siècle en France.

Lorsque consultant les dessins que nous avons recueillis de nos monuments nationaux, nous les comparons à leurs analogues d'outre-mer, nous sommes bientôt conduits à reconnaître que nous sommes beaucoup mieux partagés que l'Angleterre en objets intéressants, fruits de notre ancienne civilisation. Mais nous étions loin, en établissant cette comparaison, de pressentir que l'Allemagne, l'Espagne et l'Italie nous ouvriraient aussi leur champ de découvertes précieuses. Nous avons constaté que l'Italie surtout recèle des trésors entièrement inconnus et des meilleurs temps du moyen âge; généralement on croit le contraire. Plusieurs de nos notices viendront à l'encontre de cette opinion, et convaincront, nous l'espérons, les plus incrédules, de la fécondité de ce beau pays en édifices romans, et de sa supériorité même quelquefois, à l'endroit de l'art gothique, sur les mieux dotées de nos provinces du Nord.

Il est un autre point sur lequel nous devons une explication à ceux qui nous liront ou parcourront nos planches d'ensemble et de détails. On s'étonnera d'abord du désordre apparent qu'on rencontrera dans notre travail. On aura peut-être à nous reprocher d'être entrés en matière en présentant un hôpital en première ligne, puis une ferme, ensuite des fontaines, sans nous attacher à des

séries bien ordonnées entre elles, suivant leur degré d'importance. Nous reconnaissons que l'objection a sa portée, et nous devons chercher à y répondre. Il
était impossible d'admettre les divisions tracées d'après la valeur des œuvres
choisies. Les nuances sont trop délicates pour qu'on se base en cela sur ce qu'elles
offrent de saisissable, même à l'esprit le moins exercé. Il nous restait un autre
mode de division, celui que nous aurions pu tirer des diverses époques de la
grande période de temps où l'art de notre Occident a eu son enfantement
propre.

Qui n'aperçoit immédiatement l'inconvénient, l'impossibilité de ces sortes
de sections, qui n'ont jamais d'existence que dans des prospectus symétriquement arrangés? Qui ne voit dès le premier coup d'œil combien ces coupes
systématiquement hiérarchisées, soit de choses, soit de siècles, soit de pays,
nuiraient à notre but? Ce que nous voulons, avant tout, c'est propager l'amour de notre art du moyen âge et de la renaissance; et, pour arriver là,
convenait-il bien de procéder par ordre rigoureux de matières, de temps ou
de lieux? Cette marche à pas mesurés d'avance est impraticable pour notre
genre de publication par livraisons plus ou moins rapprochées; de plus, elle
s'oppose manifestement à l'exposition de ces petites analyses qui, sous le
titre de monographies, accompagnent chacun de nos sujets. Pour intéresser
quelque peu d'ailleurs, il faut varier beaucoup. Nous nous sommes arrêtés à
à ce parti, nous réservant de rétablir l'ordre en apparence troublé, par des
tables et des index qui répondront à toutes les exigences comme à tous les
besoins. Jusque-là, nous avons la satisfaction de penser que nous fatiguerons
moins nos souscripteurs par le soin que nous prenons de piquer leur curiosité, d'exciter leur intérêt, en rendant après tout immédiatement utiles les
œuvres qui tombent aux œuvres qui s'élèvent.

Et remarquons encore que nos essais personnels coïncident précisément avec
les tendances réparatrices, avec les vues organiques du temps présent; que de
tous côtés d'infinis efforts grands et petits, sont faits pour faire rentrer l'art
dans toutes les parties de son plus beau et plus cher domaine, l'architecture;
qu'au milieu de ces rénovations théoriques et pratiques, notre travail sera
peut-être l'un des derniers de cette nature permis encore à la science dévouée
du dessin; qu'en effet les procédés nouveaux de la photographie tendent à envahir chaque jour les prérogatives du crayon. Qu'il est vrai de dire pourtant que
les lois de la perspective ne peuvent changer, et qu'il sera toujours impossible
à cette invention récente de reproduire la plupart des monuments que nous
avons recueillis de préférence. Les auteurs en général s'applaudissent avec

raison d'être les premiers entrés dans une voie nouvelle. Quant à nous, nous nous estimerions plus heureux encore si le sort nous destinait à être les derniers à suivre la vieille voie de l'estampe, pour nous servir de la caractéristique expression de nos devanciers : car malgré l'exactitude mathématique qui est la perfection des produits de la lumière, les œuvres de la main de l'homme auront toujours une expression de vie, un trait d'intelligence qui manquera constamment aux premiers : rien, pas même le rayon de soleil dans l'image la plus nette qu'il reproduise, n'égale l'éclair, le jet animateur qui passe de l'esprit au dessin. Mais quels que soient les résistances et les regrets, l'avenir reste peut-être réservé à la domination de l'industrie sur l'art, par la rapidité, l'instantanéité de ses efforts. L'activité fébrile de l'homme le fait vivre aujourd'hui mille ans en son tiers de siècle; et les moyens mécaniques la surexcitant sans cesse finiront sans doute par remplacer les lenteurs vivifiantes, les labeurs féconds de ses organes, ministres dédaignés de son intelligence devenue presque passive.

Toutes ces prévisions ne nous font point perdre courage. Si faible que soit en nous ce privilége, ce pouvoir d'animation que nous attribuions tout à l'heure au crayon et au burin de l'artiste, il nous plaît de nous y attacher avec l'espoir de faire partager notre affection pour lui. C'est dans ce sentiment que nous avons demandé à la France, à l'Allemagne, à l'Italie, à l'Espagne, des titres nouveaux à l'admiration de leur moyen âge et de leur renaissance. Chacune de ces contrées a noblement répondu à notre appel, même celle qui fut si longtemps ravagée par ses nationales et saintes guerres contre les Maures. Les peuples de l'Afrique avaient trop longtemps pesé sur la patrie du Cid, pour qu'elle eût à notre disposition autant de ces merveilles d'art de notre civilisation qui se rencontrent sur toutes les autres routes de l'Europe. Cependant elle nous a donné son beau tribut du xvi⁰ siècle. Nous l'avons joint aux richesses qui nous ont été offertes de tous les autres côtés. La terre des héros, des chevaliers chrétiens, n'a point été inféconde en artistes; témoin pour elle sa grande époque de Charles-Quint.

Qu'on nous permette une dernière réflexion. La disposition que nous avons adoptée, et qui consiste en quelque sorte à ne nous astreindre à aucun arrangement déterminé, nous oblige à une marche tout à fait inverse de celle qui est communément admise. Au lieu de commencer par une de ces larges introductions où nous aurions développé à notre aise nos opinions, nos promesses et nos espérances, nous avons voulu au contraire entrer de suite dans le vif du sujet. Ce faisant, nous nous sommes réservé d'exposer plus tard ce qui peut entrer de synthèse et de système dans notre plan, au moyen d'un résumé ou appendice dont l'étendue se proportionnera à la carrière que nous aurons parcourue. Ainsi donc, au moment voulu, dès que notre collection de dessins et de notices nous aura paru suffisante, nous chercherons à concentrer, à condenser, nous ne dirons pas dans un corps de doctrine, mais dans une simple exposition, tous les faits passés en revue par nous, c'est-à-dire tous les monuments que nous aurons décrits ou dessinés ; et des divers rapprochements que nous pourrons établir, peut être parviendrons-nous à déduire quelques-unes de ces données pratiques qui doivent être le terme essentiel de tous les efforts. Si nous atteignons ce point, nos vœux seront comblés. Notre travail ne se sera tant attaché au passé que pour mieux servir le présent, et peut-être l'avenir lui-même nous tiendra-t-il quelque compte de l'avoir poursuivi malgré les craintes qui n'ont arrêté ni notre zèle ni notre dévouement. Tel est du moins l'espoir qui nous soutient.

TABLE DU TOME PREMIER.

AVIS AU RELIEUR

Paris. — Imprimerie de J. CLAYE, rue Saint-Benoît, 7.

ARCHITECTURE
CIVILE ET DOMESTIQUE
AU MOYEN AGE ET A LA RENAISSANCE

HOPITAL DE BEAUNE

FONDÉ EN

1443

La Bourgogne, comme l'Ile de France et la Picardie, comme la Normandie et la Champagne, fut au Moyen Age et à la Renaissance l'une des provinces de la monarchie où le culte des beaux arts était le plus en honneur. Ce noble privilége, qu'elle conserva toujours avec ses rivales, elle le dut sans aucun doute à ses ducs, vassaux puissants de la couronne, par-dessus tout à ceux de ces princes qui étaient en même temps comtes souverains de la Flandre : et cette dernière circonstance nous explique comment, dans ses monuments de la dernière époque ogivale , partout l'inspiration étrangère le dispute à l'originalité indigène. Il est manifeste que des artistes renommés furent alors appelés de leurs possessions du Nord par les maîtres de cette riche contrée, pour l'exécution de leurs grands desseins. De là nous viennent , dans diverses villes, ces modèles d'architecture civile que nous offre la Bourgogne, jusqu'à ces temps où, dans les autres pays, la décadence la plus profonde s'annonçait de tous côtés.

Mais, entre ses édifices d'une physionomie septentrionale, elle n'en peut présenter à notre admiration de plus intéressant à tous égards que l'hôpital de Beaune. Nulle part ailleurs , en effet , le xve siècle n'a laissé de plus remar-

quable création que cet asile élevé par lui, dans cette petite cité, pour abriter les
malheurs et les souffrances des hommes. Aucun monument de destination semblable, sous quelque aspect qu'on le veuille considérer, ne peut prétendre à
réunir plus de favorables conditions. Le bon goût y règne en maître, pour relever
et ennoblir l'utile jusque dans les plus communes manifestations de ses usages.
La proportion, l'étendue, l'ornement, la grâce, la solidité, tout concourt dans
une parfaite harmonie à produire le plus frappant effet. Une munificence bien
entendue n'en exclut point une sage et large économie. Pour faire bien comprendre tant d'avantages réunis, il nous suffira, nous l'espérons, d'en donner
avec nos dessins une courte mais exacte description. Nous n'oublierons point
aussi qu'un établissement de cette nature doit être étudié non moins dans ses
rapports avec l'art que dans son but d'utilité publique. Pour nous, ces deux
points de vue se résument dans le bien commun élevé à sa plus haute réalisation : ils seront nos seuls guides dans les choix que nous voulons faire pour notre
publication. C'est pourquoi nous avons voulu commencer par un de ces refuges
des misères de toute nature, aujourd'hui si déshérités de grandeur et de beauté,
trop souvent même de simple convenance. Par là nous montrerons comment nos
ancêtres, à une époque aussi profondément méconnue qu'injustement décriée,
connaissaient et pratiquaient l'union si difficile de l'utile et de l'agréable dans
tout ce qu'ils fondaient pour eux, et plus encore pour les générations futures.

Rien ne prouve mieux assurément à quel degré ils savaient atteindre ce double
but, que le modèle sorti de leurs mains en élevant l'Hôtel-Dieu de Beaune. Pour
cette œuvre, exemplaire unique en son genre dans tout ce pays, rien ne fait
défaut : piété, largesse du fondateur, généreux encouragements du souverain,
talent, originalité féconde de l'artiste, sympathie ardente de toutes les âmes
inspirées par la charité, confiance du pauvre, espérance de celui qui souffre,
science dévouée à ses devoirs, tout s'unit et se concentre ici pour réaliser l'une
des plus étonnantes conceptions que puisse nous offrir le passé chrétien de notre
civilisation. Et d'abord, transportons-nous par la pensée au milieu du plan
général de cet édifice qui « ressent plutôt un château royal, que le logis des
pauvres », suivant la naïve expression d'un auteur ancien. Dans cette cour
d'honneur où nous nous plaçons, l'œil n'est pas moins satisfait de l'effet grandiose de l'ensemble que du jeu pittoresque et harmonieux de ses diverses parties.
Certes, il serait difficile de rendre l'impression produite à l'aspect de toutes ces
constructions de premier jet ; mais nous ferons nos efforts pour que le détail
descriptif de l'intérieur et de l'extérieur de chacune d'elles en donne une représentation satisfaisante pour l'esprit.

Ce grand parallélogramme, à l'origine, était ouvert au soleil couchant, dont
les rayons devaient animer toute cette scène d'un singulier mouvement. Les
bâtiments primitifs, qui semblent avoir constitué en entier le projet initial, fer-

ment ses trois autres expositions. De l'orient à l'occident s'étendent deux grandes ailes d'environ cinquante-six mètres de longueur. Le corps de logis qui les réunit en a vingt et un seulement, sur treize de profondeur. Au devant de celui-ci et de l'aile du midi, jusqu'à la hauteur des toits, règne une élégante galerie à deux étages. Ces promenoirs superposés nous rappellent les cours italiennes, presque toujours entourées de deux rangs de loges. L'inférieur est soutenu par des colonnettes en pierre, taillées à vive-arête, irrégulièrement espacées et d'inégale grosseur : des poutres transversales les joignent entre elles, et les unissent au mur de face à l'aide de saillies ou corbeaux placés en regard l'un de l'autre; les tympans qu'elles encadrent ainsi se composent de solives apparentes, suivant l'usage, et qui autrefois ont peut-être été peintes. Cette légère colonnade repose tout entière sur un soubassement en forme d'appui, qui est interrompu devant les ouvertures correspondantes de communication.

Des poutrelles en bois, posées verticalement, soutiennent l'étage supérieur de la galerie : plus nombreuses que les colonnes en pierre du rez-de-chaussée, presque toutes portent à faux sur celle-ci. Leur moitié inférieure est garnie de lattes recouvertes d'ardoises qui lui servent comme de base ou de garde-fou. Les traverses de jonction, moins larges que l'espace qui sépare ces montants, s'appuient sur de courtes consoles dont le plan incliné donne une espèce d'arcature d'un excellent effet. Enfin cette sorte d'attique est dominée par de grandes lucarnes qui semblent destinées à lui verser la lumière par surcroît, et dont la disposition concourt à donner à toute cette partie l'air d'une décoration orientale. Leur massif en chêne est une ossature en partie visible dont les entrefiches en croix de saint André ont leurs interstices remplis d'un mortier de sable et de chaux. Les pignons trilobés de ces baies à deux, trois et quatre ogives, les meneaux en divers nombres qui les divisent, sont faits d'une charpente artistement agencée. Des sommets de ces espèces de frontons ouvragés s'élèvent autant de girouettes à tige de fer revêtues des plus délicats ornements en plomb; sur les faîtages court une légère crête de même métal : des angles se détachent de fantasques gargouilles; l'on y voit encore en divers points de fines dentelures, des écussons portés par de petits anges aux ailes déployées, des couronnes, des soleils, des têtes de chou-frisé, et, si l'on ajoute à cette ornementation l'éclat des dorures dont elle brillait jadis, l'on aura, dans ces seules petites toitures, le coup d'œil le plus accidenté, le plus scintillant, le plus curieux qui se puisse imaginer. Le Nord n'a rien produit de plus svelte, de plus aigu que ces élégants pinacles; c'est chose bien digne de remarque de les retrouver avec cette tendance caractéristique vers la verticale dans une contrée où l'influence du climat commence précisément à faire prédominer les lignes horizontales dans l'architecture.

A la rencontre des deux côtés de cette galerie, un escalier en limaçon se termine par une tourelle octogonale dont la silhouette se détache admirablement des grands combles. Les deux promenoirs inférieur et supérieur se détournent, en passant en demi-cercle, au devant de sa cage; ses degrés conduisent sous des toits élevés, rapides, aigus, bien plus que ne l'exige pour ce beau ciel le facile écoulement des eaux. Autrefois, les raides charpentes qui s'élevaient sur tout cet ensemble étaient couvertes de tuiles vernissées, arrangées en compartiments. Des lucarnons ou croisées, formant avec de petits louvres un rang supérieur d'ouvertures pour les greniers, sont autant de fenêtres géminées avec pied-droit, toutes de même hauteur et dimension, toutes alternant exactement avec les lucarnes inférieures, toutes enfin portant à la pointe de leurs versants leurs aiguilles terminales à fleurs et feuilles détachées.

A l'extrémité des bâtiments du midi, une tourelle carrée renferme un autre escalier en spirale auquel on accède de l'aire même de la grande cour. Près de là se voit le lavoir à ciel ouvert, traversé par la petite rivière de la Bouzaize, qui coule obliquement sous diverses pièces de service et à travers les jardins; il pose sur trois degrés de surhaussement. Plus haut, sur la même ligne, on aperçoit la margelle hexagonale du puits : de cette base à fortes moulures surgit une belle armature en fer : celle-ci se compose de trois montants qui se brisent à une certaine élévation, à angle obtus, et se rapprochent supérieurement. Un cercle, orné de fleurons en tôle battue, relie les parties de cet appareil entre elles et les affermit en leur formant une gracieuse couronne. Trois tringles ornées de la même manière portent à cette hauteur des montants pour se rejoindre au centre et former le point de suspension de la poulie primitive : elles sont épaulées par trois consoles trèflées. Des découpures variées se déroulent sur les arêtes inclinées du haut jusqu'à la girouette qui les termine et qui porte les armes des fondateurs peintes dans leur écusson. Ce petit tout, pris à part, est du plus charmant aspect, et montre les soins infinis qui présidaient aux plus simples accessoires.

Au bout de l'axe longitudinal se dresse une croix. Le piédestal, le fût et son chapiteau, refait nouvellement, sont de pierre; le croisillon et l'effigie du Christ sont en fer et d'un style ancien. C'est à cette même place aussi qu'a existé une chaire en pierre, d'où la voix des prédicateurs se faisait entendre pendant l'octave de la Pentecôte, dernière fête patronale de cette maison, et sans doute encore dans d'autres solennités. Les souvenirs historiques se plaisent à rétablir l'ordre, si malheureusement troublé, de ces intéressantes dispositions; ils replacent ces fines crêtes de plomb, évidées à jour, qui couraient sur tous les faîtages; ils refont surtout la délicieuse dentelle dorée, comme tous les autres ornements de même métal, qui se déroulait le long du comble surélevé de la chapelle[1]. Ils se glorifient, dès à présent, du rétablissement de la statue de Notre-

---

1. Leurs moules en pierre existent encore aujourd'hui et sont conservés dans les greniers de l'établissement.

Seigneur Jésus-Christ et de celle de la Sainte-Vierge sur les deux pignons sur-éminents de ce vaste vaisseau. Enfin, ils rendent au svelte clocher de bois et d'ardoises, qui domine toute cette scène, sa première décoration et le carillon de ses vieilles cloches ; et alors, de ce travail de l'imagination, de la vue de tous ces objets, plutôt énumérés ici que décrits, résulte un tableau de l'effet le plus saisissant pour l'esprit. L'impression qu'il laisse est un profond sentiment de surprise, d'admiration et de curiosité. Ce synthétique regard nous conduirait naturellement à l'examen de chaque détail et pourrait devenir ainsi le sujet d'une étude intéressante. C'est un regret pour nous de ne pouvoir pas même arrêter notre attention sur quelques-unes de ces parties où se montre, avec le fini du travail, le jet le plus heureux et le plus imprévu de composition. Une monographie détaillée suffirait à peine à reproduire ces merveilles de plomberies, de ferrures et de boiseries jetées là partout à profusion.

Après cet aperçu général, ce rapide panorama de la cour intérieure, un autre spectacle, moins varié sans doute, nous attend au dehors du côté de la ville. De la voie publique brisée comme à dessein au point où nous nous plaçons, près de la demeure des aumôniers, tout à coup l'œil découvre de profil le plus merveilleux, le plus fantastique pendentif ou porche en forme d'auvent. Il y a tant de légèreté, tant de souplesse dans sa contexture, qu'il semble n'être en quelque sorte soutenu que par l'air à la place qu'il occupe. Qu'on s'imagine donc quatre pinacles en prismes tronqués, d'un mètre environ, rapprochés en croix par leur face taillée en bizeau ; chacun, à sa base, se transforme en arcade cintrée et en voûte à nervures déliées, peinte d'azur et d'étoiles d'or : leurs bords, accidentés, crénelés de choux-frisés, tombent en culs-de-lampe, deux en arrière, figurant de petits anges avec le double écusson aux armoiries de la maison, et deux en avant s'effilant en minces gargouilles. Les versants triangulaires en ardoises se terminent par une frise découpée, une crête de dentelle en plomb de la plus fine ciselure : du milieu de celle-ci, et de ses extrémités à la pointe des pinacles, s'élancent hardiment quatre aiguilles terminées en belles consoles : celle du centre porte une girouette peinte aux couleurs héraldiques des Rolin, qui brillent par-dessus tout cet ouvrage ; les trois autres sont couronnées par les statuettes de saint Nicolas et de saint Jean-Baptiste, à droite et à gauche, et antérieurement par celle de la sainte Vierge. La charpente de ces petits toits d'une coupe si mouvementée s'appuie tout entière sur des poutrelles profondément enclavées dans le mur de la façade. Tel est l'édicule qui s'offre de prime-abord à la vue et qui la charme par son élégant et ingénieux agencement. Cette couronne d'une si admirable texture, depuis plus de quatre siècles, abrite du soleil et de la pluie ceux que la maladie ou le besoin conduisent à la porte de ce lieu, qui s'ouvre à tous comme une consolation ou une espérance. Nous ajoutons que les ornements seuls, après les mutilations du temps et de l'ignorance, en ont été renouvelés avec le soin pieux et intelligent dont M. l'abbé Mallat, chargé de la direction religieuse, a déjà donné tant de preuves dans maintes restaurations. Puisse ce digne prêtre, s'il lit ces lignes, y voir un hommage de notre gratitude et un encouragement à persévérer dans ses louables efforts : la sollicitude éclairée dont il a donné l'exemple peut prévenir et réparer bien des ruines.

Au-dessous de ce riche baldaquin, dans un encadrement ogival, une inscription, indiquant l'objet et l'année de la fondation, est gravée en lettres d'or sur une table de marbre noir qui remplace un bas-relief justement regretté. Un peu en retraite sur la voussure s'ouvre une porte de bonne proportion, à cintre légèrement surbaissé : ses battants et son imposte à panneaux sculptés, sa serrure et son loquet ouvragés, son guichet avec sa grille garnie de pointes protectrices, son marteau, tout se distingue ici dès l'abord par une exécution soignée et parfaitement appropriée à son usage. Sur le heurtoir ou marteau on voit surtout se dessiner et ramper un lézard qui glisse, la tête en bas, à travers un lacis de fines ciselures. Une mouche, dont une aile a été brisée par une main malveillante, s'attaque à la tête du reptile comme pour l'irriter. De gracieuses découpures, suivant la coutume d'alors, se détachent en divers points sur un fond d'étoffe rouge, dont l'éclat semble encore plus vivement appeler le regard. Toutes ces parties sont autant de pièces d'orfévrerie en fer, où se montre le fini d'un précieux bijou, et cette perfection de détails en miniature fait assez pressentir, dès le seuil, les richesses artistiques que l'on va découvrir au dedans.

Près des deux seules marches qui surélèvent un peu cette entrée, il existait jadis de chaque côté un banc de grès où le pauvre, en attendant l'aumône, pouvait se reposer. Un appentis préservait de la pluie du ciel et des toits ces siéges dont la voirie n'a pas su respecter l'hospitalière destination : elle s'en est prise même à cette espèce de dais protecteur, longuement étendu au-dessus d'eux à mi-hauteur du mur. Un bénitier, maintenant arraché, projetait à droite sa cuvette ; puis, à son niveau, aux soupiraux d'une cave voûtée, quatre grilles à tiges croisées s'entrelaçant et se pénétrant de la façon la plus singulièrement complexe, semblent avoir été posées là pour provoquer les plus patientes combinaisons. Un pareil travail montre à lui seul combien le simple ouvrier apportait de soin ingénieux à ce qu'il entreprenait, et il témoigne en même temps des efforts communs de la main-d'œuvre pour tous les genres de succès.

Cette longue façade du principal bâtiment ne nous offre plus rien à considérer, si ce n'est à son extrémité occidentale une grande ouverture, à profils effilés et multipliés, qui sert de porte charretière ; au-dessus d'elle et de la belle cave de la communauté, trois ou quatre fenêtres grillées du dortoir des religieuses ; au delà du porche et sur la ligne de son couronnement, six grandes baies en ogive, les deux dernières avec meneaux ; et enfin la fenêtre en tiers-point d'une adjonction charmante, qui se distingue du reste par sa moindre élévation : cet accessoire nécessaire au service religieux est la sacristie, dont nous verrons l'intérieur traité avec ce soin recherché d'aménagement et de décoration qui en fait comme une sorte de petit trésor de la chapelle.

Si nous franchissons maintenant les deux degrés de notre élégant portique de la rue, un simple passage ou couloir, corridor de peu de largeur, nous conduit à la grande cour. Vers le milieu de cet étroit vestibule, à droite, l'on voit deux portes : l'une est celle de l'escalier tournant qui monte à la flèche du grand comble ; l'autre, plus avancée, est l'entrée du réfectoire des religieuses, suivi du salon de la supérieure, autrement appelée *maîtresse*, suivant l'usage de la communauté. En face, deux larges vantaux, accompagnés d'un tronc, et d'un bénitier comme pendant, annoncent un autre lieu : c'est la plus vaste salle de l'hôpital, ou plutôt, c'est l'Hôtel-Dieu lui-même, tel que le voulut son premier auteur.

Si l'on se représente un spacieux et magnifique vaisseau, une nef d'église avec son sanctuaire, les tableaux transparents de ses verrières, sa voûte carénée, ses entraits, ses lambris, peints d'ornements simples et fortement accentués, sa grande ogive absidale aux rosaces flamboyantes, sa chaire, ses dalles tumulaires, ses trois autels à l'orient, son jubé, couronné d'un triptyque, ses stalle en forme de loges évidées à jour, puis ses deux rangs de lits à ciel et à quenouilles enridelés de serge rouge, ses malades, ses infirmes, ses vieillards, les sœurs qui les servent, l'on embrassera alors du même coup d'œil tout ce que la foi et la charité peuvent réunir de plus saint, de plus grand et de plus beau sous un seul abri ; nous dirions presque dans un seul et même temple ; car ici le sanctuaire et l'infirmerie ne sont séparés que par un rideau de boiseries légères ; en sorte que la lampe qui brûle devant le tabernacle éclaire aussi de ses lueurs tout le reste de cette étendue. Voilà le tableau qu'offrait aux premiers regards cette maison de Dieu et des pauvres, habitants de la même tente ; voilà l'aspect saisissant que présentait à l'origine cette splendide enceinte. C'était l'usage de cette contrée et de ces temps de réunir ainsi et la Divinité et la pauvreté, comme les deux extrêmes qui peuvent le mieux se rapprocher : l'hôpital de Tonnerre, avec sa grande salle terminée en abside, est un frappant exemple que Beaune, à plus de deux siècles de distance, a heureusement imité et transmis à plusieurs villes voisines. Fasse le ciel que nos fausses délicatesses ne changent en rien ces dispositions, qui laissaient le lit du pauvre mourant s'appuyer, pour ainsi dire, contre l'autel du Dieu vivant !

Mais combien, depuis ces nobles inspirations de la charité, l'esprit de destruction n'a-t-il pas anéanti ou altéré les diverses parties qui constituaient ce merveilleux ensemble. La plus déplorable dégradation qu'il ait eue à subir est assurément celle qui a soustrait à la vue la voûte en bardeaux peints, soutenue par treize appuis de faîtage de plus de vingt-deux pieds de hauteur et autant d'entraits de plus de quarante pieds de longueur. Ces derniers portent aujourd'hui un plafond qui, en brisant toute l'harmonie intérieure, a détruit le vrai caractère de cette essentielle partie de l'édifice. Coupée dans son élévation par ce disgracieux plancher, mutilée vers son chevet, à ce point qu'il est méconnaissable si la mémoire le compare à ce qu'il a été, cette vaste salle nous offre néanmoins des beautés de détail que nous devons essayer de retracer. Son fond se termine en un chœur à deux travées, indiquées seulement par deux des précédents entraits. Deux fenêtres l'éclairent, l'une ancienne, l'autre récente et imitée de la première. Des vitraux coloriés s'enchâssent dans leurs ramures flamboyantes. Ils sont de M. Thévenot. Ces deux baies n'ont point leurs correspondantes ou symétriques sur le côté opposé. Après elles, viennent quatre fenêtres ogivales, sans divisions au moins apparentes ; quatre autres leur correspondent exactement et sont percées dans le mur qui s'élève parallèlement au midi. De ce côté, près des stalles modernes du clergé, une communication directe est établie avec la galerie bilatérale ou colonnade extérieure, et, par là, toutes les pièces de plein-pied ont un facile accès à la chapelle. Non loin de là encore se lit une inscription gravée en creux sur cuivre, en beaux caractères de l'époque de la fondation ; une seconde, d'un plus grand intérêt, composée de lettres en relief d'un magnifique type du xve siècle, est incrustée au-dessus de la porte de la sacristie [1]. Le pavé de cette partie, spécialement destinée au culte, se composait presque en entier de tombes de pierre, de marbre et de métal : ces pieuses et commémo-

---

1. Nous donnons cette inscription dans son contexte entier et original, avec son orthographe propre ; elle est ainsi conçue : « TRES REVEREND PERE EN DIEU MOSEIGR MESSE JEHAN ROLIN PAR LA GACE DIEU CARDINAL EUESQUE DOSTUN FILS AISNE DE FEU DE BONE MEMOIRE NOBLE T PUISSAT SR MOSSR MESSE NICOLAS ROLIN CHELR SR DAUTUME T DAYMERIES A SON VIVANT CHACELLR DE MOSGR DE BOURGNE T FUNDATEUR DE CE NOBLE HOSTELDIEU T FEUE NOBLE T PUISSATE DAME GUIGONNE DE SALINS AUSSY DAME DESDS LIEUX SA FEME DOT DIEU AIT LERS AMES MEU DE DEUOTION EN AUGMATATIO DE LA FUNDATIO DU DT HOSTELDIEU A DONE POR VNE FOIS LA SOME DE MIL FRAS POR ACQRIR RETES DE BLE POR LA SUSTETATIO DES SEURS POURES T MALADES DICELUY ET EN RECOGNOISSACE DE CE EUERS DIEU NRE CRATEUR VENERABLES T DEUOTES SERS ODETE GELIOTE DE BEAUNE MAISTRESSE JEHANETE NORI DE SAULIEU SA COPAIGNE ANTHONINE DE LA CHEMINÉE CLEMETE DE CHASNOY MARJETE LAMOUR DE LISLE EN FLADRES JEHANETE LA NOBLE JAQTE GIRARD JEHANE FILIERE OTHELINE HELUOTE DOSTUN MARGUERITE GIROTEAU GUIOTE DE LA FORGE PIERRETTE POIGEAU GUILLETE CLERC JEHANE DES CHAPS SYMONE T MARGUERITE DE GIGNY T TOUTES LES SERS DUD HOSTELDIEU AUIORDUY DATE DES PNTES PSONELMET COSTITUEES T ASSEBLEES POR CE QUI SESUIT OU LIEU ACOUSTUE OUD' HOSTEL TAT POR T EN NO DELLES COE DES SES QI LES SUCCEDEROT OU TEPS ADVENIR OT COSETTI T ACCORDE CHUE DELLES DIRE POR LETETIO DUDT TRS REUERED CHUN JOR PPTUELMT AINSY QLLES AUROT LE TEPS AU PARTIR DE LA MESSE ORDIAIRE Q LO CELEBRE CHUN JOR EN LA CHAPELLE DUDT HOSTELDIEU VNE FOIS A GENOULX DEVAT LYMAIGE NRE DAME LAUE MARIA COR SESUIT AUE MARIA GRA PLENA DNS TECU BENEDTA TU I MULIERIBUS ET BNDCS FRUCTUS UETRIS TUI IHS STA MA MATER DEI ORA PRO NOBIS PECORIBS AMEN ET A LA FIN AIA EIUS T AIÆ OIM FIDELIU REQIESCAT IN PECE AME DE QOY LEDT TRES REVERED PERE LES A PRIEE ET CORDIALEMET REQISES CE QLLES LUI ONT OCTROYE T ACCORDE DE BO VOULOIR DU COSEIL DE UEBLE PSONE MESSE JEHAN JORARD PRE LEUR COFESSEUR ET AFFIN Q DE CE FU PPTUELLE MEOIRE A ETE MIS CE PNT TABLEAU CEANS LE VI IOUR DE NOUEMBRE LAN DE LINCARNATIO NRE SEIGR JHUCRIST MIL. CCCCLXXIJ »

DÉPÔT LÉGAL
Seine
//.
1852

ratives légendes n'ont pas été respectées. Les trois autels, d'une extrême richesse, qui s'élevaient sur cette mosaïque de dalles tumulaires, ont aussi disparu : un seul les remplace aujourd'hui ; les siéges qui l'entourent ne peuvent que nous faire regretter ces loges ou stalles des sœurs, que l'art de cette époque avait embellies de ses plus délicieuses créations. Une vulgaire grille de séparation se dresse là où l'on voyait un jubé chargé de charmantes statuettes et couronné d'un immense tableau à volets mobiles, triptyque d'un inestimable prix : car c'est la main de Jean de Bruges qui a peint sur ces parois la grande scène du jugement dernier. Le chancelier flamand d'un duc de Bourgogne, comte de Flandre, ne pouvait s'abstenir, dans sa munificence, de convier à son entreprise le génie si pur et si pieux de Van-Eyck. Puisse, pour l'honneur du pays qui la possède, cette relique précieuse de la première peinture à l'huile n'être jamais détachée du reliquaire que sut lui créer la dernière architecture de l'époque ogivale ! Bien que séparée de son irréparable encadrement, par miracle, cette page immortelle n'a pas péri : nous l'allons retrouver tout à l'heure.

Non loin de la ligne où s'étendait ce large et beau voile du temple, près du second rang des lits, au nord, l'on remarque une chaire en bois sculpté, à deux rampes : les ornements de ce meuble nouveau ne nous ont point paru en désaccord avec le style général de l'édifice, et tout effort, qui tend de la sorte à se rapprocher de l'œuvre originale, a droit à quelque encouragement. Que n'en puissions-nous dire autant des stalles modernes et des bancs affectés aux religieuses : les objets qu'ils remplacent ne peuvent, comme nous l'avons vu, nous laisser que d'impérissables regrets. Avant de quitter ce vaste parallélogramme, nous n'omettrons pas de parler de son important appendice, la sacristie. Sa serrure ancienne, ses vitraux à sujets, délicates miniatures du xv⁰ siècle, un encensoir de ce temps, parfaitement conservé, de vieilles armoires, quelques vêtements sacerdotaux, dons des premiers bienfaiteurs, les voûtes à belles nervures et à jolies retombées de cet édicule, en font une dépendance obligée d'un véritable intérêt. Telle est, dans son entier développement, cette portion primordiale et nécessaire de l'accomplissement du vœu du fondateur. Dans l'état où cette grande aile nous a été transmise, elle reste encore l'une des plus admirables manifestations qui nous aient été léguées par nos pères du respect et de l'amour qu'ils vouaient aux déshérités de ce monde, aux privilégiés de l'évangile; et le mot sardonique de Louis XI¹ ne prévaudra certes pas pour ôter à ce monument son vrai caractère de sublime et sainte charité. Dieu a voulu, d'ailleurs, que plusieurs générations de la même famille apportassent à cette œuvre de pieuse munificence leur concours avec

---

1. L'histoire a conservé la réflexion de ce roi, à qui l'on voulait faire admirer la charité du chancelier, en lui montrant l'hôpital qu'il avait élevé : « Il était bien juste, dit ce prince, qu'ayant fait tant de pauvres pendant sa vie, il fît bâtir avant sa mort une maison pour les loger. »

2

autant de zèle et presque avec autant de succès : ce qui suit nous le prouvera.

Près de l'issue latérale de la chapelle, le bâtiment en retour renfermait une salle sous le patronage et la dénomination de saint François : elle était réservée aux gentilshommes que la pauvreté ou la maladie avaient visités. C'est aujourd'hui le noviciat, lieu retiré et béni, où se préparent dans le silence et la prière les dévouements les mieux éprouvés. Au-dessus, une pièce supplémentaire de même étendue s'appelle la Chambre-Dieu, touchante et religieuse désignation qui caractérisait bien son usage : elle servait dans les épidémies à recevoir le surcroît des victimes de ces funestes fléaux. On abordait ce refuge, dû à une si prévoyante sollicitude, par le promenoir supérieur qui l'isolait des autres divisions destinées aux maladies habituellement régnantes. A la suite, au rez-de-chaussée, la salle Saint-Hugues, autrefois partagée par une grande arcade, est devenue l'infirmerie des femmes. Des peintures à fresque ont été exécutées sur ses murs, vers le milieu du xviie siècle, par l'artiste Moellon. Balconi les a restaurées au commencement du nôtre. Outre les cinq fenêtres du fond, trois autres pratiquées en haut, au niveau de la galerie supérieure, versent la lumière sur cette composition, arrangement qui laisse voir que cette pièce occupe toute la hauteur du pavillon jusqu'au plafond qui la sépare des greniers.

D'équerre avec celle-ci, non moins élevée qu'elle et double en longueur, se développe l'infirmerie des hommes, dite salle Saint-Nicolas. A ses extrémités sont deux anciennes cheminées qui ont subi bien des altérations successives. Comme dans la précédente, l'autel ici n'est plus appuyé contre une des parois; il s'élève libre, au milieu de l'espace, sur deux degrés. Nous allons trouver maintenant, vers le milieu de cette grande aile du midi, une belle cuisine d'une conservation presque intacte jusque dans ses détails. Elle reçoit le jour par trois ouvertures sur chacun de ses côtés libres; celles de la galerie sont l'ancienne porte, sans aucun changement dans sa forme, et deux fenêtres géminées qui, n'ayant point été jugées suffisantes, sont maintenant accompagnées d'une autre plus large et sans aucun caractère. Dans l'angle droit, en entrant, s'arrondit la cage d'un petit escalier; on le gagne de la cuisine et de la galerie, avec la même facilité, pour monter à l'infirmerie des sœurs, ainsi placée près de tout ce qui est utile à ses besoins. Plus profonde que large, elle est divisée par deux colonnes en pierre qui supportent ses poutres à leur milieu et correspondent exactement au centre de l'âtre à double foyer; le vaste manteau qui le recouvre contient tous les instruments appropriés, modèles originaux du genre : crémaillères, chenets ou landiers, broches, rôtissoir, triangles, trépieds, et d'autres ustensiles encore, tout porte le remarquable cachet de l'origine de la fondation. La garde vigilante des sœurs, leur soin de conservation ont empêché l'aliénation ou l'échange de ces spécimens d'instruments culinaires, qui sont loin d'être sans intérêt sous le rapport de l'art ou du métier de la dinanderie. La salle de Notre-Dame, la dernière qui

nous reste à considérer, porte le millésime de 1784 inscrit sur son imposte ;
son arrangement intérieur est seul de cette date relativement récente. Une partie
de son espace formait originairement le large passage qui conduisait aux jardins ;
il est encore indiqué par quelques moulures, quelques profils arasés qui encadraient son entrée : celui qui le remplace à côté a peut-être l'avantage de rendre
plus facile le service des voitures ; mais il change cette heureuse harmonie dont
l'œil le moins exercé n'aperçoit que trop l'altération.

Nous voici parvenus à la dernière partie de la primitive construction de l'hôpital de Beaune, de plain-pied : en bas, c'est la pharmacie; en haut, correspon-
dant entièrement à celle-ci, la chambre du conseil. La première se compose d'une
antichambre de peu d'étendue, en communication avec deux cabinets d'attente et
la triple officine des sœurs hospitalières de Sainte-Marthe. Elle comprend encore
pour les distillations et diverses manipulations un charmant réduit, dont la structure au dedans nous rappelle celle de la sacristie. Ce délicieux laboratoire est divisé
en deux compartiments ou pièces dont les voûtes à arêtes sont parcourues de nervures et d'arcs-doubleaux d'un élégant effet : ces voûtes elles-mêmes et les petites
fenêtres à ogives, qui sont percées au nombre de trois sur les deux faces libres
des murs, y entretiennent une douce et uniforme température, condition nécessaire
pour la conservation des substances qu'il renferme. Enfin, à l'extrémité occidentale
de cette grande aile du midi, s'élève une tourelle carrée faisant un léger coude
vers le nord. Les degrés de son escalier à pivot conduisent à différentes pièces,
dont la principale est destinée aux délibérations du conseil administratif : c'est
là que l'on conserve l'inestimable tableau du Jugement dernier de Jean de
Bruges. Dans quelques cabinets voisins, une intelligente main a réuni des objets
d'une extrême délicatesse. Ce sont des bahuts artistement travaillés, dont nous
dirons bientôt l'origine ; ce sont de légères quenouilles, des affiquets finement ciselés, qu'on dit avoir appartenu à la bonne Guigonne de Salins; ce sont des fuseaux
et un rouet, où se jouent mille fantaisies de rayons et de contours. C'est encore
un coffret doublé de soie, dont les ferrements sont comme formées d'un délicieux
filigrane ; la princesse qui le donna n'a pas omis de l'embaumer de son parfum
préféré : les siècles ont passé, et les douces émanations de l'ambre ne sont point
affaiblies. Il n'est point jusqu'au carrelage de quelque coin retiré de cet appartement, qui n'ait son prix pour le regard attentif; les ornements vernissés qui
l'émaillent ont une valeur archéologique qui doit être signalée. C'est une richesse
de plus à ajouter au petit musée que nous venons de passer rapidement en revue.

Mais, dans ce trop court inventaire, gardons-nous de passer sous silence un
ancien plan en relief de ce splendide hospice, tel qu'il sortit des mains du premier architecte. Cette image en raccourci, de tout ce qui exista d'abord du même
jet et d'une même conception, doit trouver sa place au milieu des choses précieuses ou intéressantes que nous venons d'examiner : elle rappelle avec exac-

titude, malgré quelques mutilations, la pensée de l'artiste, maintenant inconnu, qui commença et acheva cette grande et noble entreprise.

Arrivés à ce point de notre description, notre tâche serait presque terminée, si nous n'avions encore à faire parcourir à ceux qui nous suivent, dans ce beau méandre de constructions, les greniers spacieux qui règnent sur toute l'étendue des bâtiments flanqués de leur double étage de galeries. Les lucarnons ou croisées des combles et les petits louvres qui les surmontent semblent disposés tout exprès pour nous faire admirer cette forêt de voliges, d'entraits, de poinçons et de chevrons, qui composent l'une des plus riches charpentes qui se puissent rencontrer. L'élévation de cette rapide couverture contraste peut-être trop avec la douce et calme uniformité du climat. Mais ces grands espaces ne sont point inutiles ; ils deviennent au besoin des séchoirs largement aérés, et c'est ainsi qu'un défaut apparent disparaît devant une trop sévère critique.

Sous la longue pente des toits sont rangés, sans ordre, des coffres nombreux, meubles obligés de toutes les religieuses qui sont entrées au service des pauvres dans cette maison. Chacune de ces dames devait apporter, avec une dot qui témoignait de l'indépendance et de la considération de sa famille, une de ces sortes d'armoires conformes au goût du temps, pour être sa réserve et son vestiaire : simple et touchante coutume, que l'esprit toujours fécond de l'institution devrait bien faire revivre, si elle n'a pas été respectée. La tyrannie de nos usages aura sans doute pénétré jusque dans la retraite de ces saintes filles, et interrompu la suite intéressante de ces meubles que nos modes ont dédaignés. Faisons des vœux pour que la tradition, dont elles savent si bien tout le prix par les traces qu'elles en ont conservées, les ramène aux anciennes habitudes de la communauté ; et alors elles pourront continuer cette rare collection qui est à elle seule une richesse. Puissent-elles aussi ne point perdre sans retour leur nom originel de Béguines : et qu'elles sachent bien, malgré de mondaines répulsions, qu'il n'est point en désaccord avec l'air d'urbanité et le ton de bonne compagnie qui les distingue.

En rassemblant par nos souvenirs les parties éparses du vieux mobilier qui vient de passer sous nos yeux, ne s'en forme-t-il pas aussitôt dans l'esprit comme une espèce de musée, unique en son genre par le nombre et le prix des objets qu'il contient ? Mais s'il nous était possible d'exhumer les archives de leur réceptacle de fer, qui n'a encore été ouvert qu'aux savantes investigations de M. Joseph Garnier, que de trésors dont nous aurions à regretter la perte à chacune de leurs pages ! La simple nomenclature de tous ces dons pieux, dont la matière d'or ou d'argent n'était rien, comparée à la valeur artistique, au fini de l'exécution, entraînerait à des développements très-étendus. Espérons qu'un jour ils seront le sujet d'un travail spécial, et que la gravure ou d'autres moyens, mis à la disposition de la science par les dernières découvertes, les rendront aux études sérieuses. La tempête qui a passé sur la France, il y a soixante ans, a emporté ce qui pouvait, dans des âmes ignorantes et grossières, exciter quelques convoitises. Fasse le ciel qu'un autre orage, non moins destructeur, ne nous enlève point les débris qui nous sont restés et qui font notre juste admiration ! Dans son refuge des pauvres, tout dépouillé qu'il est par le temps et la barbarie, la ville de Beaune a une mine féconde d'objets propres à inspirer l'amour des beaux-arts et le goût des travaux archéologiques ; elle n'ignore point qu'il va de son plus cher intérêt, et de son honneur à venir, de les soustraire à toute tentative de destruction ou d'aliénation. L'artiste et l'historien lui rendront au centuple, par leurs justes tributs, le service qu'ils ont droit d'attendre d'elle.

Cette revue à vol d'oiseau n'atteindrait point notre but, si nous n'ajoutions quelques considérations qui sont loin de s'éloigner de notre sujet. Ainsi, nous devons rendre hommage à la sollicitude éclairée qui a su préserver de la rapacité mercantile d'intéressants manuscrits, de vieilles estampes bien propres à faire partie d'un fonds commun précieux à conserver. Nous citerons encore ce registre d'honneur, où sont apposées les signatures de tant d'illustres personnages, et entre autres celles de Louis XIV, d'Anne d'Autriche sa mère, et de toute sa cour. Le jeune roi, qui devait être la plus glorieuse personnification de son siècle en lui imprimant son nom, dans son premier passage à travers la Bourgogne, ne dédaigna pas, malgré les entraînements d'alors, de visiter cette merveille de l'art d'un autre temps : cet hommage, rendu par lui à l'un de nos plus grands et beaux legs du passé, était un présage heureux de l'éclat de son règne. Les annales d'une confrérie du Saint-Esprit établie dans cet hospice nous ont conservé le souvenir de ce fait historique comme un témoignage du haut et puissant intérêt qui s'attachait à la magnificence de ce lieu. N'est-ce point d'ailleurs cette visite royale qui fit naître la pensée d'ajouter tant d'agrandissements à ce splendide héritage du xv⁰ siècle ? De ce moment furent construits ces utiles accessoires pour faciliter les services, et pouvoir assurer en même temps à la médiocre aisance une retraite honorable. Tous ces logements de pensionnaires, réunis en petit nombre ou isolés, suivant leur proportionnelle redevance, ces buanderies si commodes, cette lingerie dont le grandiose escalier porte dans sa forme et son appareil les traits caractéristiques de l'époque de sa construction, sont autant d'ouvrages dus aux encouragements, à ces impulsions fécondes que les grands savaient si bien communiquer aux favoris de la fortune. Et enfin, si vous vous représentez les adjonctions successives s'encadrant au milieu de cours et de jardins, d'allées et de carrés plantés d'arbres dont la coupe singulière et capricieuse s'est transmise jusqu'à nous, vous aurez le tableau assez fidèle de ces vastes dépendances que les besoins croissants rendirent nécessaires, et qui semblent être pour l'avenir les compléments définitifs de ce bel établissement.

Nous ne pouvons taire ici nos regrets de voir un de ces appendices, qui aurait
pu aisément trouver ailleurs sa place, fermer le quatrième côté du grand parallélogramme de la cour principale, et briser la belle harmonie qui règne dans
le développement du plan primitif de ce monument. Les exigences de la commodité auraient dû le céder au noble et imposant aspect que présentait cet
incomparable édifice, quand il était entièrement dégagé vers le couchant.

Mais quelle est donc la main qui entreprit de poser ses premiers fondements?
Quel grand et noble cœur conçut le dessein d'élever aux pauvres d'une petite
cité cette magnifique demeure? Cette généreuse pensée fut celle d'un ministre
des princes puissants qui gouvernèrent la Bourgogne sous la suzeraineté du roi
de France. Alors, comme de nos jours, c'était souvent, et de préférence, dans le
sein de la bourgeoisie qu'étaient choisis les agents élevés du pouvoir. Nicolas
Rolin fut un de ces instruments destinés par la Providence au gouvernement des
peuples : simple légiste d'abord dans son pays de Flandre, il devint chancelier du
duc Philippe le Bon, qui sut l'attirer et le fixer à sa cour. Le Bourguignon lui
confia l'entière administration de ses deux riches provinces.

L'usage de ces temps, si nous en jugeons par d'immenses fortunes qui se sont
élevées bien plus près de nous, permettait, à ces heureux confidents de la puissance souveraine, d'ajouter à la splendeur du rang de leurs maîtres l'éclat des
richesses que ceux-ci leur dispensaient peut-être avec trop de libéralité. Le faste
de Richelieu, l'opulence de Mazarin, les vastes domaines du sage et modeste Col-
bert, nous rappellent assez des mœurs que des temps plus reculés rendaient sans
doute encore plus faciles. Nicolas Rolin, plus de deux siècles avant ces illustres
fondateurs de bibliothèques, de colléges et de facultés, avait donné l'exemple
d'un non moins noble et utile emploi des trésors que lui avaient acquis ses
charges. Avec l'aide de l'artiste qu'il dut, comme nous l'avons fait pressentir,
appeler de sa première patrie, et qu'il fit dépositaire de ses intentions, simple et
somptueux tout à la fois, il conçut le projet d'élever cette magnifique salle à
double usage, que nous avons trop succinctement décrite. Dans sa pensée, cette
partie de l'édifice devait effacer tous ses développements ultérieurs, comme l'annoncent sa grandeur intérieure et sa majesté extérieure.

On dit que l'hôpital de Tonnerre, formé d'une seule nef pour les malades et
d'une abside pour le culte, fut l'exemple qu'il voulut suivre, en modifiant suivant
le goût de son époque le style devenu trop sévère du XIIIe siècle. Cette filiation
traditionnelle n'a rien qui nous surprenne, puisqu'elle va s'étendre plus tard à
Chalon-sur-Saône, à Nuits, à Dijon et d'autres lieux, qui trouvèrent à Beaune un
modèle à imiter, bien qu'ils n'en atteignirent point la beauté. La veuve du chancelier, qui avait été associée à toutes les inspirations de sa charité, et après elle,
son fils, le cardinal Rolin, entreprirent de considérables agrandissements. D'autres
bienfaiteurs, mus par leur exemple, ne tardèrent pas à enrichir cette fondation

de nouvelles libéralités. C'est ce que nous apprennent les noms multipliés des saints patrons sous le vocable desquels sont placées les différentes salles qui réunissent des malades. Nous recueillons encore un autre enseignement de tant de religieuses dénominations inscrites sur les murs : c'est que les généreux donateurs voulaient que les protecteurs, qui leur avaient été donnés au ciel par le baptême, le fussent aussi dans l'avenir et à toujours des œuvres de leur piété. Combien ils différaient en cela de ceux de nos contemporains, qui ne pensent à imposer à la plus simple fondation, serait-ce même d'un seul lit, que leur nom patronomymique. Saint Antoine, saint Jean, saint Nicolas, saint Guy, saint François, saint Hugues et, par dessus tout, la sainte Vierge, tels furent les premiers patronages des principales divisions de ce lieu ; et ces chrétiennes appellations se sont conservées de nos jours, à travers bien des prétentions contraires et malgré les vanités menaçantes qui auraient voulu les détruire et les remplacer.

Mais si les regards ne rencontrent nulle part sur les murs de cette maison ni les titres ni les noms de ses bienfaiteurs, en revanche l'on voit briller partout les armes et les devises de leurs familles. Les girouettes appendues aux mille aiguilles des toitures portent sur leur champ, aux couleurs armoriales de la veuve du chancelier Rolin, l'incorrect monogramme en lettres d'or : *Seulle*. C'est, dit-on, l'expression incessamment répétée de son inconsolable douleur : des esprits subtils ont voulu trouver en ce barbarisme une signification plus détournée, une sorte d'énigme. Les écussons écartelés, les banderoles pendantes aux mains de petits anges sur les vitraux et les instruments d'église, les cartouches oblongs gravés sur les meubles et les ustensiles de tout genre au chiffre de Nicolas et de Guigonne, sont autant de témoignages permanents de la piété des deux époux. La religion a toujours laissé un libre cours à cette poésie des symboles héraldiques. Souvent même elle a été l'inspiration de ces prétentions permises, en les transformant par sa douce influence en signes de noblesse chrétienne. Puisse-t-elle enfin, par son influence reconquise sur les mœurs, nous rendre dans nos futures fondations les auspices de ses saints ! Puissent les heureux de ce monde comprendre qu'ils doivent imprimer de préférence, à leurs généreux legs, le sceau, le souvenir parlant de la foi de leur baptême !

Art et histoire sont les sources où nous avons puisé les faits et motifs de ce tableau trop restreint d'un monument, qui ferait à lui seul la gloire d'une province. Comment, avec un si beau joyau, qui n'est certes pas le seul ornement de cette petite cité, Beaune est-il tombé dans ce discrédit trop connu, qui s'est perpétué d'âge en âge jusqu'à nous ? Ce malheur, immérité sans doute, tient à la perte que cette ville a subie, en laissant passer à une autre le privilége qu'elle a un moment conquis d'être la capitale de la Bourgogne. Malgré ses titres à l'admiration de l'avenir, la fortune d'être le siége du pouvoir de ses ducs lui ayant fait défaut, elle n'a plus été qu'une souveraine découronnée et délaissée. L'Hôtel-

Dieu de Nicolas Rolin fut un dernier et magnifique hommage rendu à son importance perdue. Qu'elle garde donc avec sollicitude ce précieux exemplaire de l'art gothique inclinant à sa fin. Ses irrégularités capricieuses, ses fantaisies imprévues, son unité accidentée et disséminée, l'incomparable coup d'œil de son ensemble, tout, jusqu'à ses défauts même, doit en faire un sujet d'études attrayantes.

Qu'il nous soit permis d'espérer qu'en présentant au public ce beau type de notre architecture nationale, nous n'aurons failli ni à notre promesse, ni à l'attente de nos souscripteurs. Remplir nos obligations et répondre aux besoins de l'esprit de recherches et des travaux sérieux, sera le but qui soutiendra sans cesse nos efforts dans l'accomplissement de notre tâche.

DÉPÔT LÉGAL
Seine
1852

MAISON DES MUSICIENS

A REIMS

TREIZIÈME SIÈCLE

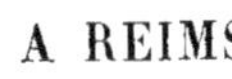

Au milieu de la province de France qui a eu la gloire d'élever, suivant l'heureuse expression d'un savant écrivain, le Parthénon chrétien [1]; dans la vieille cité que les révolutions ont déshéritée de ses anciens honneurs, en la dépouillant de la splendeur du sacre de nos rois, il existe encore aujourd'hui une habitation particulière, à qui une haute valeur artistique donne de prime-abord droit d'asile dans notre recueil. Située dans une rue tortueuse, dédaignée, désertée par la fortune, par ses loisirs et ses joies, cette demeure a pour nous un prix que relève davantage l'abandon où elle est tombée; disons plus, menacée de jour en jour dans les restes de son existence, elle nous a paru, par son importance et le mérite de ses sculptures, devoir fixer un de nos premiers choix. Sauver des débris précieux au profit de l'art dans son application pour l'avenir, c'est l'un des principaux buts que nous nous proposons d'atteindre par notre publication.

L'édifice, connu à Reims sous le nom de Maison des Musiciens, n'a pas eu à souffrir seulement de l'action destructive du temps. L'ignorance, la prévention, le zèle mal inspiré des administrations ont certes plus avancé sa ruine que les cinq siècles qui nous l'ont légué. Cependant, malgré ses mutilations successives, malgré les altérations et les changements qu'il a subis à diverses époques, il nous reste encore assez de vestiges de son état primitif pour reconstruire, avec quelque certitude, au moins l'étage inférieur qui a le plus souffert, et pour décrire aussi la disposition générale de son plan. Mais tel il est aujourd'hui, tel nous essaierons de le faire connaître, en suppléant par des conjectures fondées à ce que tant de causes de destruction lui ont enlevé.

Cette antiquité nationale est loin d'être la moindre des richesses archéologiques que renferme la ville de Reims. Devenue la propriété de simples marchands, cette précaire condition ne peut fixer sa destinée depuis si longtemps incertaine.

---

[1] C'est ainsi que M. Didron, dans un de ses plus beaux travaux des « Annales Archéologiques », a caractérisé le chef-d'œuvre du siècle de saint Louis.

3

Hâtons-nous donc de rassembler dans cette notice tout ce qui se rattache à ce petit monument d'intérêt historique et descriptif, et, cherchons par là à prévenir, dans la mesure du possible, le malheur irréparable qui semble le menacer à chaque instant. La pensée de rénovation, jointe à l'esprit de conservation qui doit nous guider en tout, soutiendra nos efforts dans l'accomplissement d'une tâche qui nous est chère.

La désignation traditionnelle, qui lui est restée, indique plus encore, sans aucun doute, que l'ensemble des statues de sa principale façade l'usage auquel cette maison dut être primitivement consacrée. Il n'est pas jusqu'au nom de la rue de Tambour, où elle est située, qui n'exprime aussi à sa manière la destination qu'elle dut avoir, dès le commencement, comme lieu de divertissements publics. Mais les habitations voisines viennent encore, par leur luxe, donner une nouvelle force à l'opinion de ceux qui pensent qu'elle était spécialement réservée aux délassements de la société élevée de ce temps : car les nombreux et délicats ornements qui les distinguent, leurs belles sculptures, qui furent en partie renouvelées vers la renaissance, prouvent assez que ce quartier de la ville devait être, à cette époque, le séjour le plus recherché des favoris de la fortune.

Disons, avant tout autre détail, un mot du sol sur lequel reposent les fondements de la Maison des Musiciens. A un mètre environ du niveau actuel de la voie publique, l'on a découvert, il y a peu de temps, les traces d'un pavage ancien. De pareils débris suffisent pour montrer qu'une autre civilisation a passé par là. Des dalles, irrégulièrement placées, font reconnaître à leur arrangement et au ciment qui les unit, un travail romain. L'on a de fortes raisons de croire que ces larges pierres formaient le chemin qui conduisait à la porte de Mars, arc de triomphe encore debout aujourd'hui et que les vainqueurs des Gaules élevèrent, en souvenir de leurs victoires, à l'une des entrées de la cité de Reims. Les caves elles-mêmes, creusées sous le monument qui nous occupe et sous les maisons qui bordent la place voisine, sont incontestablement aussi un ouvrage de ces conquérants : on voit, par ce qui en subsiste encore, qu'elles étaient les dépendances d'une riche demeure et d'un quartier important de la cité. Reims d'ailleurs renferme de tous côtés, dans ses murs, des ruines considérables qui marquent à travers ces contrées le passage du peuple-roi ; et la ligne, sur laquelle nous nous trouvons placés en ce moment, est plus qu'aucune autre empreinte de ses pas.

Si maintenant nous nous représentons ces fiers dominateurs rencontrant, dans cette même enceinte, et détruisant tout à la fois les traces anciennes d'un art public et domestique, qui n'était pas le leur, d'un art qu'ils ne pouvaient consentir à adopter, parce qu'ils l'auraient reçu des vaincus, d'un art enfin qu'ils détruisirent même presque entièrement, pour mieux s'identifier leur conquête, nous aurons alors l'image d'une triple superposition de monuments appartenant à trois peuples distincts que la nature avait rendus complétement étrangers les uns aux autres.

La Champagne est une de ces contrées où l'on trouve à chaque pas ces trois étages d'édifices élevés par les enfants de la Gaule, de Rome et de la Germanie ; ce sont autant de berceaux et de tombeaux de civilisations qui ont brillé à travers ces pays : ce qui fait, de la terre qui les porte, comme une sorte de musée disposé par la main du temps en couches archéologiques du plus grand intérêt. L'emplacement dont nous scrutons ici la profondeur se présente précisément à nous avec tous ces trésors d'études enfouis ; et la Maison des Musiciens forme ce troisième et dernier rang de constructions superposées qu'une nouvelle décadence n'ensevelira point, nous l'espérons, sous ses décombres. L'histoire ne donne-t-elle pas déjà une réalisation anticipée à nos désirs ? N'avons-nous pas vu l'antiquité revivre avec un nouvel éclat dans les lettres et les arts ? Pourquoi le moyen âge n'aurait-il pas sa renaissance brillante et féconde comme la première ? Nous voyons poindre ce jour avec bonheur, puisqu'il nous conservera au moins quelques-uns de ces monuments originaux qui ont fait la gloire de nos pères.

La Maison des Musiciens, connue dans ces derniers temps seulement des archéologues et des artistes, se trouve dans l'une des plus étroites et des plus sombres rues de Reims. Elle est aussi appelée dans le pays Maison de la rue de Tambour. Cette désignation, qui a depuis longtemps prévalu parmi les habitants, exprime bien mieux, si l'on fait attention à son sens, son véritable degré d'importance. Elle rend de suite indubitable sa supériorité relative sur les autres habitations qui l'entourent : car, quoique celles-ci soient très-remarquables elles-mêmes, elles ne sont jamais confondues avec leur voisine et rivale, tant elles sont dépassées par elle en beautés de tous genres. Ce fut de plus la statue au tambourin de sa façade antérieure, qui selon toute apparence donna son nom générique à cette longue voie sur laquelle elle avait son principal développement. La nouveauté d'un tel instrument dut vivement frapper le public au moment où il fut ainsi représenté, sculpté dans la pierre comme un ornement de cette grande artère de communication [1]. C'était par elle qu'on accédait alors à l'hôtel de ville, au palais des archevêques et à la métropole, lieux qui étaient les trois grands foyers de l'activité de cette importante cité. Naguère encore les rois de

---

[1]. On ne dit pas, à Reims, la « rue du Tambour », comme les touristes et les archéologues étrangers à la ville l'écrivent ordinairement, mais bien la « rue de Tambour ». En conséquence, ce nom pourrait lui venir, non pas uniquement et en particulier de la statue du musicien au tambour, mais bien des quatre musiciens à la fois. Ici, tambour serait synonyme de bruit, de musique, et le nom de « rue de Tambour » voudrait dire « rue de la musique ». Si l'on adopte cette explication, la maison, qui aurait ainsi fait appeler la rue, aurait été une maison de concert, une espèce de salle de spectacle, une sorte d'Opéra du moyen âge. Nous devons à M. Didron, qui est de Reims même ou qui du moins y a passé toute sa jeunesse, cette opinion qui nous paraît fort plausible.

France suivaient cette route pour se rendre, après la cérémonie de leur sacre, aux fêtes qui leur étaient données dans le palais de l'édilité. Qui ne regretterait que chacune de ces solennités nationales ait été une occasion de ruine pour plusieurs de nos édifices préférés de cette ville! C'est ainsi que l'on vit abattre, au sacre de Charles X, un grand nombre de statues entières et de beaux ornements en saillie, afin d'éviter des accidents faciles à prévenir sans mutilation. Un oiseau symbolique, dont l'image est restée gravée dans les souvenirs, ne put échapper à ce malheur : c'était un faucon que portait à la main le personnage sculpté au milieu des quatre autres, qui l'accompagnaient, au premier étage de notre édifice. D'autres signes explicatifs ont peut-être été emportés en même temps. Enfin l'aveugle préjugé, qui anéantissait de la sorte les objets les plus précieux, tend à disparaître. L'on ne voit plus, comme il y a vingt-cinq ans à peine, sacrifier sans honte et sans regrets d'inappréciables richesses. Les efforts de l'archéologie savante nous ont délivrés de cette barbarie moderne, en lui infligeant la peine du mépris qu'elle a si justement encouru : grâce à ses soins, la prévention, l'ignorance et d'autres plus vils motifs ne pourront plus s'entendre pour appauvrir nos monuments ou les raser de fond en comble de la surface du sol.

L'édifice civil, à qui nous donnons place ici par une préférence méritée, est assurément, dans ce genre de construction, l'un des plus intéressants qui existent aujourd'hui en Europe. La statuaire surtout s'y est élevée à un tel degré de perfection, qu'elle en a fait un type important à conserver comme modèle à étudier et à imiter. Son nom si caractéristique, ainsi que nous l'avons déjà fait remarquer; les parties saisissables de sa disposition d'ensemble; le noble et simple aspect de sa face principale; son large développement dans tous les sens et sans exagération; son bel accès par les deux grandes portes d'entrée; en un mot, toute sa physionomie extérieure annonce une œuvre de goût, en même temps qu'un lieu de délassements et de plaisirs délicats. Les instruments qui prédominent dans les ornements en feront, si l'on veut, une salle d'exercices et de concerts, qui répondrait un peu à ce que nous appelons nos conservatoires. Mais le faucon que nous signalions tout à l'heure ne semblerait-il pas, de son côté, indiquer un autre usage? Marquerait-il, par exemple, la demeure assignée au fauconnier, au veneur, fonction si recherchée autrefois dans le service des grands et des princes? Peut-être encore serait-ce la chasse, la musique, l'harmonie qui seraient ici symbolisées, en exprimant par cette poétique allégorie les goûts élevés du maître de céans. Quoi qu'il en soit de ces diverses suppositions, la première paraît pour nous la plus admissible. Nous l'accepterons jusqu'à ce que de patientes recherches dans les titres et les archives de la province, quelques parchemins, découverts par hasard, nous conduisent à d'autres données sur ce sujet. Pour asseoir un jugement définitif, les éléments recueillis jusqu'à ce jour ne suffisent point. Le grand travail de M. Prosper Tarbé, sur les antiquités de la Champagne et de Reims en particulier, nous laisse sans renseignements sur les différentes phases de la Maison des Musiciens depuis son origine. Devons-nous attendre mieux des efforts d'un savant et judicieux écrivain de ce pays? M. Paris, par une bonne fortune que ses recherches dans nos annales peuvent lui réserver mieux qu'à tout autre, ne parviendra-t-il pas à dissiper l'obscurité qui règne sur ce point? Les éclaircissements que nous désirons ne peuvent venir que d'un dévouement éprouvé comme le sien, et de la patiente érudition qui le distingue. L'objet en vaut la peine ; le temps n'est pas loin où l'on reconnaîtra que le passé ne nous a rien transmis qui surpasse en perfection les cinq statues conservées par hasard à travers mille dangers de destruction.

La Maison de la rue de Tambour, si longtemps abandonnée, délaissée, ignorée même, tant la prévention est injuste et opiniâtre, va renaître dans une certaine mesure de ses restes rassemblés par nos soins. Ce qui en subsiste nous servira en bien des points à reproduire, avec une suffisante exactitude, ce qui en manque. Du rez-de-chaussée, presque toutes les parties extérieures et intérieures ont été plus ou moins modifiées au milieu. Les deux grandes portes, pratiquées pour un large passage des voitures, paraissent seules n'avoir point été changées. Celle de droite cependant a son arête antérieure de pourtour taillée en biseau, comme il se pratiquait alors, caractère qui manque complétement à la seconde placée tout à côté. L'une de ces entrées n'était séparée de l'autre que par l'épaisseur d'un mur de refend, qui n'était point là une ligne de démarcation entre deux propriétés particulières. Leur arc surbaissé se compose de claveaux nombreux et très-minces en profondeur ; ce qui laisse place derrière eux à un linteau en bois dont les extrémités s'appuient un peu au-dessus de leur naissance et reçoivent les gonds supérieurs des battants, les inférieurs roulant dans une excavation de la dalle du seuil. La supposition de deux habitations distinctes est détruite surtout par la disposition de l'étage supérieur : elle ne l'est pas moins par la symétrie des ouvertures en arcade pratiquées près des portails proprement dits. La fermeture de celle de gauche existe encore : elle se compose d'une poutre placée en dedans de la muraille, un peu au-dessus du point de centre du cintre, et surmontée de traverses entre-croisées de bois recevant des vitraux. La partie basse était sans doute close par des volets mobiles, ainsi que nous l'avons souvent observé dans les maisons du xii* et du xiii* siècle. De l'ouverture analogue qui existait en pendant, de l'autre côté, il n'existe plus que les pieds-droits ; mais celle-ci devait être surbaissée, à cause des arcatures cintrées qui la surmontaient pour la soulager du poids qui aurait pesé sur elle.

Les panneaux de bois, qui ferment maintenant les deux grandes portes donnant sur la rue, sont de menuiserie récente et d'un travail grossier. Nous les avons restaurés, dans nos dessins, d'après de vieilles boiseries du xiii° siècle, qui ont été conservées dans une maison attenante. L'art de nos pères a laissé de belles traces dans ce quartier. En les réunissant avec soin, on en peut tirer un excellent parti de restauration pour beaucoup d'objets qui ont disparu. Nos reproductions seront d'autant plus fidèles, en cette circonstance, que les modèles en auront été choisis dans un voisinage plus rapproché. Dans le rayon où nous sommes, rien ne manque de détails nécessaires ; quoique disséminés et tronqués, ils ont pu être mis à profit par nous pour refaire des battants ou venteaux conformes à ceux qui ont existé primitivement.

Il serait assez difficile de retrouver pour l'intérieur le plan complet des différentes pièces qui étaient à niveau de sol. Toutes devaient avoir une grande dimension. Leurs séparations en grosse maçonnerie l'indiquent assez. L'une d'elles est restée debout, à une égale distance des deux murs de face : elle leur était parallèle, et elle partageait longitudinalement toute l'étendue du local en deux parties égales. Elle montait depuis les fondations jusqu'aux faîtes des toits. Les poutres des deux étages reposaient, par l'une de leurs extrémités, sur cette puissante cloison. Le sommet des pignons étant le niveau de son élévation, elle servait de la sorte d'appui à la charpente du comble dont les pentes étaient dirigées, l'une sur la rue, vers le couchant, l'autre vers le levant, sur la cour ou le jardin. C'est de ce côté, à plus de quinze mètres de la façade d'entrée, que l'on découvre une fenêtre à meneau parfaitement conservée : deux trilobes, taillés dans un linteau de pierre, surélèvent cette baie en l'ornant. Des anciennes ouvertures sur la cour, c'est la seule qui reste aujourd'hui, tout ayant été repris et retouché par là, à cause sans doute du moindre soin apporté à la première construction de tout ce qui n'était point exposé aux regards du public.

Qu'étaient autrefois les magasins et les boutiques qui occupent à présent, en bas, tout cet espace? Il est presque impossible de le conjecturer. Ne pourrait-on pas croire cependant que ces vastes pièces étaient réservées à ceux qui n'étaient pas admis dans les salles supérieures? La religion avait ses temples ; la vie civile ses hôtels de ville ; la vie commune de distractions, de plaisirs ou d'affaires devait avoir de même ses rendez-vous habituels, ressemblant en cela aux anciennes « loges » qui se voient dans toute l'Italie, et aux « cercles » établis dans toute l'Europe. Il n'y avait pas à cette époque du moyen âge cette infranchissable séparation qui existe aujourd'hui entre les diverses classes de la société. Le peuple se pouvait réunir à côté de ses chefs ; il se mêlait à eux au besoin, et pouvait prendre part, en maintes occasions, à leurs délassements ou même à leurs délibérations. Il n'y avait d'ailleurs alors ni promenades publiques dont le développement aurait trop étendu l'enceinte des villes, ni ces endroits de consommation que nous voyons se multiplier chaque jour, ni ces retraites pour ces lectures quotidiennes qui envahissent jusqu'à nos campagnes. La Maison des

Musiciens pouvait donc être, à Reims, un de ces centres de distractions utiles
dont les « loggia » italiennes, les « casino » de la Toscane, nous offrent de si
beaux modèles. Nous ferons connaître quelques-uns de ces admirables types en
leur temps ; et l'on comprendra que nos rapprochements sont fondés sur des
analogies suffisantes pour établir et confirmer notre opinion. Les larges arcades
ouvertes sur la rue, le double portail conduisant aux cours et aux jardins, un
puits creusé sous un grand arc, non loin de la principale entrée de gauche, sa
margelle laissant un libre passage entre les pièces basses, l'immensité des salles
supérieures qui se réduisaient peut-être à deux seulement, toutes ces conditions
prouvent que cette construction importante n'était ni la demeure d'une famille,
ni une propriété particulière.

Ce que nous venons de dire se trouve encore confirmé par l'ornementation, si
largement entendue, de la grande façade. Cinq niches ovigales, séparées par
quatre croisées à meneaux encore intacts, abritent autant de statues assises, dont
toute la partie postérieure se perd dans un renfoncement du mur en faisant
corps avec lui. Les pieds de ces statues reposent sur des consoles très-saillantes,
que supportent des personnages à mi-corps, d'un faire plein de caractère. Sans
doute on ne s'éloignerait point de la vérité, en disant que l'antiquité n'a rien
produit de plus beau, de plus noble, de plus simple et de plus harmonique que
cette œuvre d'ensemble. Les draperies sont d'une touche et d'un effet admirables : l'ampleur et la souplesse des plis ne peuvent être que d'une main habile
et exercée. La grâce du vêtement traduit avec un naturel parfait les plus gracieuses attitudes. Ce ne sont plus ces frisures minces et multipliées que les
anciens excellaient à faire ondoyer à l'air et à rendre transparentes. C'est au
contraire une belle et riche étoffe, qui prend toutes les formes les plus déliées du
corps, et tombe en amples replis, du haut de la poitrine jusqu'aux pieds. Une
molle courroie serre doucement la ceinture de chacune ; ou bien encore la
tunique flotte librement, comme pour ne gêner aucun des mouvements du corps
et des membres. Les têtes sont d'une exquise finesse et de l'expression la plus
variée. L'artiste a su donner à toutes ses statues des poses d'un grand et large
style ; car toutes expriment merveilleusement l'action qu'elles ont à remplir dans
ce concert si bien ordonné. Il est impossible de comprendre comment tant de
beauté, de charme réel, de mouvement et de calme réunis ont pu être méconn-
nus dans ces derniers temps. Nos devanciers immédiats auraient bien dû reconnaître, dans leur stérilité pour les beaux arts, la peine méritée de leur aveu-
glement.

La première statue qui se présente, de gauche à droite, est celle qui tient un
tambour, ou plutôt un tambourin à cause du peu de volume de cet instrument. Elle le tient attaché à son bras par une courroie, et l'appuie doucement
contre sa tête. Ce musicien souffle encore dans un tuyau, sorte de fifre percé

de trous et dont les extrémités sont recourbées. Était-ce déjà la représentation d'un essai d'accompagnement avec le chalumeau, comme cela se pratique de nos jours? ce serait là notre pensée. Le peuple, qui sait conserver mieux les coutumes traditionnelles, aime encore à entendre sur nos places ces accords simples et primitifs qui l'attirent toujours.

La statue suivante joue d'une espèce de cornemuse, telle que celle dont plusieurs provinces continuent de se servir, sauf de très-légères modifications : c'est une outre gonflée, réservoir d'où l'air s'échappe par des pressions ménagées pour prolonger les sons.

Entre ces deux statues et au centre de la planche, nous avons placé, assis et abrité sous son arcade trilobée, le personnage qui, dit-on, tenait à la main un faucon. Ce jeune homme, dans toute la force et la grâce de l'âge, heureux et souriant, que représente-t-il ici, s'il n'est pas l'image, l'allégorie, la poétique personnification de la chasse? En considérant la place qu'il occupe au centre même de cette belle composition, l'on est conduit naturellement à lui attribuer le rôle le plus important dans la scène générale de ce tableau. Symboliserait-il la chasse unie à la musique, exercices du corps et de l'esprit toujours préférés des grands? Le rang qu'occupent les cinq personnages sculptés sur une même ligne, pour le seul ornement du premier étage, donnerait un degré de probabilité de plus à cette supposition. Quoi qu'il en soit, le fauconnier a perdu le bras et l'oiseau qui reposait sur sa main. Les témoins de cette inutile et inintelligente dégradation n'ont point perdu le souvenir du faucon, et nous l'avons recueilli à travers leurs récits et leurs regrets comme un caractère précieux à conserver. On remarquera les gants, dont les mains sont armées et qui semblent prouver de nouveau qu'il tenait l'oiseau de proie que la tradition lui attribue.

Un joueur de luth occupe la quatrième niche. C'est plutôt peut-être une petite harpe qu'il pince de ses mains, et dont il cherche, dans sa partition, à tirer des sons tendres comme sa douce attitude.

Enfin, à l'extrémité, l'on aperçoit la vive et passionnée figure du joueur de violon ; il est couronné de fleurs et le seul qui porte cette distinction. Son mouvement animé fait assez voir combien il est pénétré de l'impression qu'il veut produire avec les puissantes vibrations de ses cordes effleurées par son archet : il y a dans toute sa stature un entrain, une chaleur d'action qui fait vivement ressortir son inspiration et son désir de la communiquer au dehors. On voit que l'artiste s'est complu dans cette partie de son œuvre, qu'il s'y est attaché avec plus de force et d'âme, et qu'il a voulu porter là son coup de maître. C'est, en un mot, dans cette galerie de prix, le point culminant. L'archet que ce joueur de violon tient à la main droite est en fer, non en pierre, et il nous paraît dater du xiiie siècle, de l'époque même de la statue et de la maison. La pierre n'aurait pas pu se prêter, sans se briser, à cette forme déliée, mince et évidée, de l'archet.

Si aux instruments de musique de nos jours nous comparons ceux qui ont été en quelque sorte ciselés dans ce grand travail, nous trouverons dans ces derniers, pour la forme et le volume, des changements qui ne sont peut-être pas, autant qu'on le croit, à l'avantage des nôtres. Mais l'expérience a sans doute prononcé sur ces innovations successives, et ce ne sera pas certes par ces détails d'objets nécessairement modifiables que nous chercherons à provoquer un retour à des formes qui ne sont peut-être plus propres à nos usages. Cependant tout se lie dans les civilisations, dans ces laborieux enfantements de l'intelligence humaine. Rechercher quels étaient le mérite et la valeur des ressorts, si minimes qu'ils fussent, mis en œuvre par notre passé national, ne serait point une entreprise à négliger : elle sera faite par d'autres avec succès.

Cette belle série de sculptures, que nous venons de parcourir; ce petit musée d'antiques, plus précieux que beaucoup de ceux de nos plus riches collections, nous offre encore à considérer les baies ouvertes entre les niches, et l'arcature qui les couronne à la hauteur de la naissance du toit. Les croisées, comme l'indique leur nom, sont divisées par une croix de pierre en quatre compartiments, deux inférieurs plus grands et deux supérieurs plus petits. Chacune d'elles est terminée en haut par deux linteaux extérieurs dont l'une des extrémités vient poser sur le meneau vertical ou fût de la croix. Ces linteaux ont peu d'épaisseur; ils sont doublés à l'intérieur d'une large traverse de bois de très-fort équarrissage et qui est destinée à porter un arc surbaissé d'allègement, partie d'un segment de cercle un peu distendu. Une telle disposition est extrêmement ingénieuse, et très-propre à diminuer le poids de la maçonnerie qui, sans cela, pèserait trop sur les vides. Les ébrasements des croisées sont occupés de chaque côté par des bancs de pierre placés en regard l'un de l'autre, auxquels on accédait par un degré soit pour le travail ou pour satisfaire la curiosité. Les habitants du nord ont conservé, dans leurs maisons, cet arrangement auquel une glace habilement placée, vient ajouter une commodité de plus. Dans ces petites retraites d'intimes et secrets entretiens vient souvent se cacher celle dont on pourrait bien dire sans médisance : « et se cupit ante videri. »

Enfin ce grand cadre de la façade porte comme couronnement une arcature trilobée en pierre avec les retombées de ses nombreux arcs artistement travaillées : l'ornementation de ce bandeau supérieur, simulant une élégante corniche, est en grande partie remplacée maintenant par des assises de moellon piqué. Puis vient en dernier lieu la charpente, dont un léger prolongement en saillie sur la rue tend à préserver la hauteur du mur des eaux pluviales : la charpente a été elle-même plus ou moins modifiée dans plusieurs de ses divisions.

4

Il n'en est pas ainsi des planchers; sans remonter à la primitive construction, ils n'en sont pas moins d'une époque assez ancienne : les corbeaux ou consoles qui soulagent les poutres, les solives rapprochées et simplement posées sur ces dernières, la hauteur des étages, sont autant de conditions qui font remonter ces plafonds à une date reculée.

Après cette description, reste-t-il de l'incertitude sur l'importance d'un édifice auquel on a apporté tant de soins? Nous n'avons pu croire que la maison des Musiciens fut une construction vulgaire. Sa noble décoration, son développement, la place qu'elle occupe dans la partie la plus recherchée de l'ancienne ville, le nom traditionnel qui lui est resté, le rapprochement qu'on peut faire entre elle et un autre monument d'usage analogue, à savoir la Manécanterie de Lyon, dont le premier étage réunit aussi à lui seul toute l'œuvre artistique; tout nous rassure sur le choix que nous avons fait pour notre troisième livraison. Ce spécimen si beau en lui-même a encore l'avantage d'être entouré d'autres ruines de son temps qui témoignent, par les débris de leurs sculptures, de la splendeur de ce quartier, de la richesse et du bon goût de ses habitants, et des inspirations qui leur étaient communiquées par ceux qui portaient à cette époque le sceptre des beaux-arts. Empire ou sacerdoce, l'art a une mission à remplir, une souveraineté à exercer. L'histoire nous montre par mille exemples que les civilisations s'en vont, s'il laisse tomber sa couronne. Fasse le ciel que notre temps ne soit pas une preuve de plus de cette triste vérité?

FERME DE MESLAY

PRÈS DE TOURS

TREIZIÈME SIÈCLE

Parmi les édifices domestiques que nous avons pu recueillir dans nos voyages, aucun, à notre sens, ne peut offrir plus d'intérêt réel que celui qui fait le sujet de cette notice. Une construction agricole qui a résisté à six siècles de durée, tous les malheurs imprévus et involontaires, à toutes les chances des guerres incessantes de nos provinces au moyen âge, aux réparations, aux altérations de tous genres amenées par le temps, et enfin aux derniers coups de la baliste révolutionnaire, est un de ces types précieux à conserver qui doit naturellement trouver place dans notre recueil. Mais si à toutes les considérations précédentes vient encore se joindre, comme motif principal de notre choix, une importance artistique de haute portée pratique, une véritable valeur d'application possible aux exploitations rurales de notre temps, on comprendra facilement pourquoi, dès l'abord de notre publication, nous nous décidons en faveur d'un objet si digne de fixer l'attention sous tous les rapports. Les bâtiments de l'usage le plus communément utile dans nos grandes et moyennes cultures auraient complétement disparu de nos contrées, si quelque hasard heureux ne nous en avait conservé ces restes plus ou moins tronqués dans leur ensemble que beaucoup de campagnes possèdent encore. La conservation presque entière de la ferme de Meslay est un de ces rares accidents de la fortune que nous voulons mettre à profit, et nous espérons que nos lecteurs jugeront, comme nous, que ces beaux débris du passé peuvent être destinés à servir de modèles à l'avenir.

En effet, que ne gagnerions-nous point à revenir à l'ancien mode de construire, mode si complétement éprouvé par le temps, qu'il n'a fallu rien moins que cette épreuve même pour lui conquérir, malgré les plus vivaces préventions, tant de nouveaux admirateurs? Des granges entières, murs, toits et piliers, sont restées debout; des enceintes, souvent crénelées pour servir de défense contre l'humeur guerroyante de voisins remuants, sont demeurées intactes avec leur porte assez semblable à celles d'une petite forteresse; des étables, des écuries, des maisons voûtées, sont conservées avec leurs ornements mâles et toujours appropriés à leur simple destination; des colombiers, des réserves, des viviers, des instruments de labour, de charroi et autres travaux champêtres, sont venus jusqu'à nous, partie d'un côté, partie de l'autre. En rassemblant ces morceaux épars, il nous sera facile de reconstruire un corps entier de bâtiments ruraux dont la convenable disposition et la pittoresque harmonie ne s'éloigneraient en rien des prescriptions d'économie que la propriété actuelle doit avoir toujours en vue eu égard à ses conditions de précaire existence. Meslay nous présente plusieurs de ces membres séparés d'une grande organisation que les anciens et premiers maîtres avaient, avec tant de bonheur, comprise dans un intérêt et pour un bien qui s'étendaient assurément au delà des limites de leur institution. Nous l'exprimons comme nous le sentons; rien de plus beau et de plus saisissant que l'abord, au milieu des champs, de ces édifices dont l'aspect grandiose et le caractère sévère, les vastes et hautes proportions, le solennel isolement, semblent annoncer comme un autre temple de la Divinité. Je ne sais quels souvenirs confus des temps primitifs et de la vie patriarcale viennent se mêler à cette impression mystérieuse qui vous fait unir ainsi dans la pensée et l'habitation de l'homme et la demeure de Dieu. De tous ces sentiments qui se pressent à la fois en nous naît pour l'âme une source d'indéfinissables délices.

Tel est pour notre part le charme que nous avons éprouvé à la vue de ces ruines magnifiques que la France, plus qu'aucun autre pays sans doute, possède encore aujourd'hui. Les royales abbayes de Longchamps, de Maubuisson; les riches prieurés de la Brie, de la Picardie et de bien d'autres provinces, nous ont laissé des restes importants de ce qu'ils avaient édifié avec un goût parfait pour le service de leurs terres. Mais, entre toutes ces fondations, il n'en est point qui nous aient transmis un plus riche legs, au point de vue de l'art et des convenances de tous genres, que l'antique abbaye de Marmoutier. A ce propos, remarquons en passant que ces modèles de constructions, échappés jusqu'ici à la main destructive du temps et des hommes, nous ont été gardés plus encore par l'esprit de conservation des fondateurs, que par l'intérêt privé qui trouvait heureusement satisfaction dans leur inattaquable solidité. Chose merveilleuse en vérité! les fruits de tant de labeurs séculaires, de tant de prospérité dans l'ordre intellectuel, moral et matériel, ne se sont jamais plus altérés que sous l'influence de leurs derniers possesseurs; comme si les vieilles murailles et leurs lambris, rappelant leur origine reculée, eussent suscité d'incommodes souvenirs à ceux qui sont venus vivre récemment à leur ombre.

Le ciel a permis que la ferme de Meslay, depuis le changement de ses desti-

nées, n'ait point eu à subir ces dégradations malheureuses, déplorable abus des
droits de la propriété. Les mains auxquelles elle est tombée en ont respecté
jusqu'aux moindres détails dans tout ce qui leur en est échu. L'intelligence
élevée de son nouveau maître a su la préserver de toute atteinte regrettable.
S'il manque à l'ancien ensemble des bâtiments la maison du fermier, renouvelée
au XVI⁰ siècle, et d'autres parties moins importantes, ce n'est point à M. Drouet
que nous aurons à nous en prendre, pour articuler nos reproches et exprimer
nos regrets. Hélas! l'esprit de stérile innovation et d'inutile renversement avait
commencé à exercer ses séductions dans ces vieux instituts, dépositaires obligés
des anciens usages comme de l'inviolable tradition. Les bénédictins de Marmoutier
avaient eux-mêmes renversé beaucoup de leur premier ouvrage. Cette fois donc,
l'honneur de la conservation reviendrait tout entier au goût naissant de quelques intelligences d'élite pour nos antiquités nationales. Nous devons le faire
remonter surtout à celui qui a sacrifié les brillants succès d'une savante carrière
dans l'armée, aux modestes avantages de la culture de ce domaine. C'est à lui
que nous sommes encore redevables de ces renseignements historiques qui
jetteront un jour de plus sur notre description. Ainsi il nous a appris que les
Anglais, en 1437, ayant envahi la Touraine, au milieu de nos dissensions civiles,
avaient brûlé la charpente de la grange dont toutes les parties en pierre heureusement n'en sont pas moins demeurées solides. Peut-être y eut-il alors d'autres désastres à déplorer. Mais les archives particulières se taisent à cet égard.
Ne serait-ce point à cet incendie qu'il serait possible de rapporter les renouvel-
lements signalés tout à l'heure, et que pour cette raison, l'art et la science n'auraient plus à imputer qu'à la barbarie des gens de guerre qui ravageaient toute
cette contrée sous Charles VII?

Une enceinte quadrilatérale, d'une vaste étendue, renfermait autrefois tous les
bâtiments de la ferme de Meslay : elle était flanquée d'épais et massifs contre-
forts qui primitivement étaient, selon toute apparence, surmontés d'un parapet
percé de meurtrières et d'une galerie de circulation pour les combattants. Des
créneaux pouvaient couronner ce mur de défense, complément nécessaire, à cette
époque, de toute habitation importante et isolée. Contre le parement intérieur
de cette muraille protectrice, se trouvaient disposées, suivant le besoin, toutes
les constructions qui devaient accompagner une exploitation aussi considérable.
De tout ce qui composait la partie habitable de cette vaste ferme, écuries, étables, bergeries et autres lieux, hangars pour resserrer les instruments aratoires,
boulangeries, celliers, maison du fermier et de toute sa famille, il ne reste plus
rien aujourd'hui. Ces diverses dépendances, construites au XIII⁰ siècle, ont été
remplacées successivement par des bâtiments modernes que nous n'avons pas
cru devoir indiquer sur notre plan d'ensemble parce qu'ils sont absolument
dépourvus de tout caractère intéressant. Il nous suffira de faire remarquer qu'ils

occupent certainement la place des anciens, et qu'ils ont à peu près conservé le même ordre d'arrangement, de convenance et de commodité.

Vers le milieu du côté méridional du rectangle élevé en forme de fortification, les bâtiments d'exploitation sont interrompus par un portail monumental d'un aspect vraiment grandiose. Une grande arcade en plein cintre s'ouvre au rez-de-chaussée pour servir de passage même aux chars portant leurs plus hautes et plus larges charges. Cette porte, d'un caractère mâle et sévère, est encadrée d'une moulure vigoureuse dont les extrémités viennent se perdre dans des animaux fantastiques, bizarrement enroulés. Trois rangs de claveaux ont leur arête abattue par un simple biseau, et forment toute la profondeur ou voussure de cette arcade qui rappelle encore par ses beaux et grands traits le style roman.

Le soubassement de ce portail se compose d'une roche extrêmement dure, dont la première assise au-dessus du sol s'arrondit en quart de cercle et constitue des bornes de la plus grande solidité, destinées à préserver les parties latérales de l'entrée du choc des voitures. Toute cette imposante base se fait remarquer par sa rare simplicité et sa parfaite convenance. Malgré l'empreinte générale des formes, rien ne rappelle trop ici cependant ces façades d'églises ou autres monuments de ce siècle consacrés à l'expression d'une pensée religieuse. L'emploi du plein-cintre à un terme déjà avancé du XIII⁰ siècle, les formes amples, larges, simples de l'arc d'ouverture, le but bien déterminé des fortes moulures, l'économie scrupuleusement observée de tout ornement, un gros cordon de ceinture préservatrice à la base, et, à la partie supérieure, de hautes lignes pyramidales, tels sont les traits principaux qui indiquent à la première vue de ce bel édifice la destination qu'il a reçue et conservée ; et ce n'est certes pas un médiocre mérite pour une œuvre de ce genre d'annoncer ainsi son usage en l'exprimant au premier regard, de si loin qu'on l'aperçoive.

Au-dessus du bandeau qui couronne ce soubassement, s'élève un étage éclairé sur deux de ses faces, l'antérieure et la postérieure, par deux fenêtres semblables. Une colonnette formant meneau, divise en deux parties l'espace de ces baies, et reçoit les retombées des ogives qui la surmontent à droite et à gauche. Un profil d'un très-beau galbe encadre le tout en venant reposer sur deux têtes d'un caractère ferme et vif. Cette fenêtre est en pierre de taille ainsi que les angles de ce pavillon ; mais toutes les parties intermédiaires sont construites en moellon, que l'on distingue des autres matériaux par sa teinte un-peu grisâtre et ses lignes de joints plus multipliées.

A la naissance des rampants du pignon, par dessus l'ogive que nous venons de décrire, recommence l'appareil régulier en pierre de taille dans lequel a été refouillée une rosace feinte à douze compartiments. Plus haut encore, une fenêtre à bords coupés en biseau, longue et étroite, sert à éclairer le grenier et à aérer la partie supérieure de la charpente. Un rampant en belle pierre, à jet

d'eau et à boudin, termine ce qui est comme le fronton de cette entrée monumentale. Puis enfin, du sommet de ce triangle orné et de ses extrémités inférieures partent des fleurons fort élancés que la grâce de leurs formes et la délicatesse de leurs sculptures dessinent admirablement dans le fond bleu du ciel.
Ces choux terminaux, qui ont un peu plus d'un mètre et demi de hauteur, sont
formés de plusieurs morceaux, retenus les uns aux autres par des goujons de
fer, dont la rouille, inévitable phénomène d'oxidation, joue le rôle de corrosion
lente que nous lui connaissons. Quelques-uns de ces remarquables ornements
ont entièrement disparu; d'autres ont perdu la petite pyramide octogonale, à
facettes courbes ou concaves, qui en faisait la pointe extrême, et l'on voit à
présent sortir des faîtages la tige métallique qui devait les retenir. Un ou deux
de ces pyramidions se sont cependant maintenus intacts et nous ont rendu facile
la restauration de ceux qui manquent. Toute cette partie du couronnement de
l'entrée est d'une irréprochable proportion et produit le plus agréable effet dans
le paysage qui l'environne.

Nous ne blâmerons point dans cette construction civile et rurale l'air d'église
ou de chapelle de village que lui donne, un peu trop peut-être, la rosace en-
taillée dans le pignon. Ne serait-ce point là plutôt un mérite de plus ajouté à
ses autres beautés? car elle aurait par là l'avantage d'exprimer en quelque sorte
d'un seul trait son origine dérivant d'un institut monastique. La tendance cons-
tante de l'art, à la renaissance duquel nous vouons nos efforts, était de rendre
saisissable extérieurement le sens et l'usage de tout ce qu'il produisait. Nous
n'aurions donc point à vous plaindre ici, comme le pourrait faire une critique
irréfléchie, de ce qu'une signification plus complète, une harmonie plus parfaite
de rapports a été imprimée au frontispice même de l'œuvre que nous considérons. D'ailleurs la grande et belle salle, qui avait précisément au premier étage
la même étendue que le porche voûté en berceau, n'était-elle point un lieu de
retraite pour l'abbé de Marmoutier et d'autres dignitaires du monastère venant
visiter cette partie à si juste titre préférée de leurs domaines? La charpente
ogivale qui la recouvre, et qui était jadis décorée de planchettes peintes; la vaste
cheminée, en partie détruite à présent, élevée contre une des parois latérales; le
tuyau circulaire qui continuait celle-ci en s'élevant jusqu'au niveau du toit; la
simplicité élégante de tout ce qui servait d'ornement à cette pièce, la place
qu'elle occupait comme point d'observation facile et ses diverses vues sur les
cours et la campagne, suffisent pour montrer qu'elle était une portion recherchée du séjour des maîtres de ce lieu.

Les constructions modernes substituées aux anciennes, et qui s'appuyant sur le
flanc droit du portail, ne devaient pas se développer dans une moindre longueur
que celles du côté gauche, se reliaient évidemment à ce centre que nous venons de
décrire, comme point principal de l'habitation; en sorte que cette division des

bâtiments devait être, comme une maison des champs, ouverte à ceux des religieux que leur cloître, à cause du voisinage de la ville, pouvait ne point assez préserver des importunités du dehors. Les solitaires eux-mêmes, malgré la rigueur de la règle, surtout au temps de leur plus grande prospérité, n'étaient pas toujours à l'abri des sollicitudes du monde, ni des maux et des ennuis qu'il pouvait leur susciter. C'est pourquoi le repos au sein de la campagne, l'isolement parfait, ou plutôt la seule compagnie de Dieu, voilà le bien que ces reclus volontaires pouvaient venir chercher dans ces lieux que leurs prédécesseurs avaient sanctifiés de leurs sueurs et de leurs prières.

Si l'on se reporte à un siècle en arrière, si l'imagination reconstruit tout ce que la haine aveugle et brutale a renversé de ce qui était renfermé dans l'enceinte de cette grande exploitation agricole; si, d'un mouvement de notre esprit, nous l'animons de tout ce qui en faisait alors la vie, le travail, la simplicité des mœurs, les méditations, les chants religieux, les études graves elles-mêmes; si nous relevons, à l'aide des souvenirs toujours vivants des contemporains de la chute des bénédictins de Marmoutier, les murs abattus de leur ferme de Meslay, les clochetons renversés, les voûtes affaissées, les ornements mutilés, les colonnettes brisées; puis, à ce tableau idéal, joignant le tableau réel de ce qui a traversé tant de dangers, et nous reste malgré les périls engendrés par l'ignorance, les préventions systématiques, et tous les intérêts mis en jeu, nous aurons, dans cette vue ainsi reproduite de tant de beaux et considérables objets, une image assez fidèle d'une des plus magnifiques fondations qui aient été consacrées à l'agriculture par nos ancêtres. Qui donc ne s'honnorerait aujourd'hui de compter au nombre de ses pères, dans la civilisation, ces moines qui ont assaini et défriché tant de vastes portions de notre sol? N'est-ce pas à la sainte et persévérante industrie de leurs successeurs dans le dur labeur de la fertilisation de la terre qu'il a fallu naguère s'adresser pour obtenir des bras capables d'arracher les ronces de notre Afrique et les remplacer par des épis? Quand on voit la faiblesse des moyens conduire à de si grands résultats, qui n'abandonnerait ses préjugés et ne se rendrait à l'évidence pour rendre justice à de si utiles et si féconds dévouements?

Nous ne sommes encore qu'au seuil d'une de ces métairies cultivées de la main même des fils de saint Benoît, à peine sortons-nous du vestibule de celle qu'ils n'ont peut-être pas élevée avec le plus de magnificence, et déjà nous avons rencontré sous nos pas et sous chacun de nos regards, sans qu'il y ait la moindre profusion, mille objets qui sollicitent l'étude et l'admiration. La porte n'était pas ouverte, qu'un spectacle d'un véritable intérêt se présentait à nous. Le porche lui-même, dans toute sa face du dehors, réunit tant de convenances et d'agréments, qu'il a dû nous arrêter plus qu'aucune des autres parties qui restent à exposer. Il est rare de rencontrer une aussi belle entrée de ferme ; peut-être est-elle la seule qui subsiste aujourd'hui aussi intacte et aussi facile à reproduire, dans ses plus minces détails. Ces motifs nous ont déterminé à nous appesantir davantage sur cette portion de l'édifice entier. Le modèle accompli qu'elle nous offre aurait ses chances d'application, si quelques-unes de ces rares fortunes de nos jours se sentait inspirée de fonder un établissement proportionné aux besoins de ces pays qui sollicitent leurs sacrifices dans leur pénurie ou leur abandon.

A peine aurons-nous pénétré au delà du second arc d'entrée, celui-ci, en cintre surbaissé faiblement, par opposition au premier qui devait avoir pour l'œil des visiteurs une forme plus noble dans son contour tout à fait semi-circulaire, immédiatement au fond de la cour, et un peu vers la droite, non loin de la grange qui appellera bientôt toute notre attention, on aperçoit une large tour : c'est le colombier, appendice nécessaire de la pleine propriété, ou de la possession seigneuriale. Les terres entièrement affranchies avaient seules le privilége de porter ces sortes de constructions. Meslay était de ces biens auxquels pouvait être attribué cet avantage ; mais le colombier que nous voyons là n'est point celui qui a existé d'abord. La base de l'ancien jusqu'à une certaine hauteur, a servi de point de départ à la partie récente de la tour actuelle. Nous regrettons que cet innocent donjon [1], qui dominait sans doute tout ce qui l'entourait, sans avoir rien de menaçant pour la vie des hommes, ne nous soit point parvenu dans son état originel ; les dévastations dont nous avons parlé plus haut, ont pu le faire disparaître comme d'autres bâtiments d'une plus réelle utilité. S'il nous fallait reproduire dans une ferme nouvelle une de ces adjonctions d'un effet d'ordinaire si pittoresque, nous en trouverions en maints endroits de bons exemples à imiter. Port-Royal-des-Champs, au milieu de ses ruines déplorables, a gardé la tour qui protégeait les nombreuses couvées de ses pigeons ; c'est là tout ce que les solitaires de cette champêtre et savante retraite ont laissé de ses pierres non renversées à ceux qui prétendent encore aujourd'hui suivre leurs traditions et leurs traces. Les Vaux-de-Cernay, dans la charmante vallée de Chevreuse, ont eu le même avantage. Il ne serait donc point difficile de retrouver maintenant les formes précises et la physionomie de cet accessoire qui donne tant de mouvement et de vie à l'entour de lui.

Mais la partie la plus intéressante de toutes les constructions si bien groupées sur les différents côtés de la cour, à tous égards, c'est la grange. Sous les beaux arcs de l'entrée, du dehors même, un peu à gauche de l'axe du portail, l'on découvre ce vaste bâtiment. Par ses grandioses proportions, il domine tout ce

---

[1]. Les habitants du Maine, qui ont conservé jusqu'à ce jour, dans leur langage, beaucoup de nuances caractéristiques des expressions ayant un sens féodal, appellent un colombier une *fuie*. C'était ainsi qu'ils désignaient, sans ironie du reste, le donjon des petits seigneurs, comme ils réservaient aussi le simple nom de « logis » à leur demeure, et celui de « château » à l'habitation des grands vassaux.

qui l'environne, comme l'abbatiale d'une riche abbaye s'élève au milieu d'un hameau qu'elle protége et nourrit. Et puis, par sa destination, n'est-il pas le réceptacle, le temple, pour ainsi dire, de la moisson matérielle, comme l'Église est la réserve commune de la moisson spirituelle des âmes. N'attire-t-il pas en effet de suite tous les regards par sa grandeur, comme le sanctuaire plus élevé des édifices religieux de nos campagnes appelle vers lui la pensée de celui qui passe.

Quel plus noble aspect donc que celui de la première façade de cette grange, et quel assemblage de mâles beautés à son frontispice! C'est une porte à plein cintre, dont les vigoureux profils et l'archivolte à têtes grimaçantes semblent annoncer comme un arc de triomphe; c'est cet avant-corps en pyramide qui touche presque le faîte, et sert de contre-fort puissant à cette partie de l'édifice. Ce sont ses cinq baies, toutes si pures et si variées de forme, ouvertes pour éclairer et aérer l'intérieur. Ce sont encore les rampants fortement accentués du pignon, qui gagnent, après avoir fait en quelque sorte le cadre sans base d'un noble fronton, des parties droites singulièrement propres à ajouter de part et d'autre à ce superbe développement. Trois fleurons d'un excellent caractère complètent cette simple et charmante ornementation.

Si maintenant nous pénétrons au dedans, rien n'est plus imposant et plus ample à la fois que cet immense toit en ardoises étendant ses versants comme des ailes sur les cinq nefs destinées à couvrir cette aire magnifique : car c'est bien quatre bas-côtés qui règnent deux à deux à droite et à gauche, et appuient le vaisseau longitudinal où les chars tout attelés peuvent apporter à leur aise leurs charges de gerbes. Cette spacieuse voie du milieu n'est pas moins appropriée à recevoir ces cercles sans nombre de batteurs qui arrachent le grain des épis aux coups cadencés de leurs fléaux. Comme ces hommes simples, s'ils avaient conservé les vieilles et naïves mœurs, pourraient être fiers de voir leurs travaux abrités par cette toiture à laquelle rien ne manque pour l'étendue et la solidité! Après un incendie allumé par les mains de l'ennemi, alors victorieux sur ce coin de notre territoire, toute la charpente fut renouvelée au xvᵉ siècle. Elle est soutenue par quarante-quatre poteaux de bois reposant sur des dés de pierre; ces solides et gigantesques pieux ont été choisis parmi les plus beaux arbres de nos forêts; ils semblent être posés là pour protester, par leur inaltérabilité, contre la tentative faite de nos jours pour les remplacer par les colonnettes en fer de nos modernes constructeurs. Treize contre-forts étayent, de chaque côté, un mur peu élevé qui circonscrit cette enceinte; ils indiquent les douze travées qui la divisent en compartiments où sont rangées dans un ordre régulier les différentes céréales. Enfin, la face postérieure est elle-même consolidée par un massif quadrangulaire se bifurquant à angle droit en deux piliers butants, entre lesquels est une fenêtre, long parallélogramme, à bords taillés en biseau. Deux autres ouvertures moins hautes sont pratiquées latéralement. Tels sont, avec trois fleurons encore sur ce pignon, les seuls ornements qui décorent cette partie d'ailleurs difficilement aperçue.

Nous le disons hardiment, nous ne connaissons rien en architecture rurale qui puisse produire un tel sentiment d'admiration ; et pourtant cette grange était bien loin d'égaler celle qui dépendait de la maison-mère de Marmoutiers. L'abbé Hugues de Rochecorbon les fit élever l'une et l'autre entre les années 1211 et 1227. Sa sollicitude dut s'attacher davantage au bâtiment voisin de son abbaye ; il parvint même à faire de celui-ci une construction si remarquable, qu'elle fut toujours citée, depuis lors, comme le plus parfait modèle de ce genre qu'il y eût en France. Quel est aujourd'hui celui de nos grands propriétaires ou de nos opulents banquiers qui fasse de ses richesses et de ses trésors un usage dont les résultats soient aussi durables et aussi utiles? Hélas ! l'esprit de tradition des intérêts matériels s'est perdu lui-même à travers les ravages de toutes nos révolutions. La durée de la vie individuelle est la seule mesure que nous cherchions à appliquer à toutes nos entreprises. Il n'en était point ainsi, certes, dans ces temps qui nous ont transmis cette belle ferme de Meslay, encore debout aujourd'hui. Mais quels regrets surtout doit nous laisser l'incomparable grange de Marmoutiers entièrement détruite! l'anéantissement d'un pareil édifice est une perte irréparable pour les arts, et l'avenir n'aura que des malédictions pour ceux qui par convoitise ont porté le marteau destructeur sur tant de merveilles.

FONTAINES DE VITERBE

TREIZIÈME SIÈCLE

Les fontaines sont, sans aucun doute, les monuments que leur utilité publique rendra de plus en plus nécessaires à l'avenir, soit dans nos grandes villes, soit dans nos moindres centres de population. Leur usage multiplé, en répondant aux exigences de la salubrité et aux besoins de l'hygiène commune ; les conditions de convenance et d'embellissement qu'elles remplissent ; le bien-être qu'elles ajoutent aux plus humbles situations de la société ; les commodités intérieures de la vie qu'elles procurent avec plus de facilité même aux classes élevées, telles sont, entre autres circonstances, celles qui en feront sentir de jour en jour la plus grande nécessité et accroîtront incessamment leur nombre. Ce sont ces motifs principaux qui nous ont déterminé à ne pas rejeter plus loin la publication de plusieurs modèles recueillis par nous-même dans un pays où les édilités ont peut-être compris le mieux l'importance de pareils travaux. Les types auxquels nous nous attachons de préférence aujourd'hui appartiennent tous à l'Italie : une ville de troisième ou quatrième ordre nous les a offerts ; et vraiment, c'est admirable de voir à quel degré d'active fécondité s'élevait, sous ce rapport, la puissance municipale dans ces petites agglomérations que le moyen âge concentrait entre leurs étroites fortifications pour les défendre.

Pour choisir nos exemples, nous ne nous sommes point adressé à cette Rome si justement renommée par l'abondance et les merveilles de ses eaux qui, comme celles dont parle Bossuet, ne se taisent ni jour ni nuit. La triple rivière de sa Pauline au mont Janicule ; ses larges cascades de la place Trévi ; les flots bouillonnants des bassins voisins du Quirinal, les puissants jets des vasques de la colonnade de Saint-Pierre, ne sont point les œuvres que nous voulons proposer à imiter. Laissons à la ville éternelle l'incomparable richesse, l'inimitable grandeur de ce genre de monuments qu'elle s'est plu à multiplier dans ses murs. Mais en passant, disons à son immortelle louange, que nulle capitale au monde n'a compris aussi largement qu'elle cet ornement indispensable. Elle a su, en effet, par ses grandioses créations, faire de ces objets comme le symbolisme en pierre des sources divines dont elle seule dispose. Ses places, comme la Navonne,

s'inondent à volonté, ses rues s'assainissent, ses palais se rafraîchissent, ses habitants usent à loisir de ces cours d'eau qui leur sont de tous côtés dispensés sans
mesure. Certes, si édifier est l'une des plus nobles manifestations de la puissance
souveraine, et si l'ordre des conceptions artistiques en reflète mieux la majesté,
nulle part ce caractère n'est apparu plus sensible que dans cette commune universelle des peuples de la terre. Mystique confluent des canaux invisibles qui
partent du ciel, comme ceux du Nil de hauteurs inabordées, cette cité est bien
la cité des pontifes suprêmes, colonnes et arches de salut de l'univers moral.
Eux, ses rois et ses maîtres, n'ont point voulu déchoir des empereurs, qui lui
avaient amené des montagnes tant de beaux et impérissables aqueducs. A cette
gloire qu'ils ont continuée, ils en ont ajouté une plus grande encore. Seuls ils
ont eu la prérogative d'unir, par une double harmonie, le nom propre et générique de la ville par excellence à celui de l'univers, en laissant tomber de
leurs mains , comme d'une urne jaillissante, leurs solennelles bénédictions :
Urbi et orbi.

Cependant, c'est le domaine de saint Pierre, la patrie des papes Farnèse qui
va nous offrir les intéressants exemples que nous voulons présenter dans cette
livraison et la suivante. Si l'art ogival a enrichi Viterbe de tant d'originales
constructions, que n'avait-il donc point produit au chef-lieu même de cet étroit
empire de la terre? Singulière destinée! la papauté, cette immense paternité,
pour complaire à des enfants oublieux ou ingrats, n'a point fait difficulté de laisser
abattre sous ses yeux , de leurs propres mains , des monuments que son amour
pour la tradition ne voyait pas sans regret reconstruire sous une forme différente. Il n'en fut point ainsi plus loin d'elle, dans la sphère même de son action
temporelle. Viterbe, Orvieto, Pérouse, Ravennes et Bologne, sont là pour protester en faveur de son heureux génie de conservation; et dans ces lieux divers,
l'esprit de tradition qui l'anime, s'y reflète au point que nos yeux, trop accoutumés aux réparations sans cesse renouvelées, ne pouvaient voir, sans quelque
pénible impression, la teinte des siècles partout respectée jusqu'au scrupule ou
peut-être même jusqu'à la négligence et l'abandon ; car le peuple romain se
distingue par ce trait spécial, que, soit goût, indifférence ou autre cause, il laisse
avec soin aux œuvres qu'il a reçues des mains de leurs auteurs l'air extérieur,
la physionomie dont ils sont empreints. Enduire, peindre, badigeonner d'une
manière quelconque les murs de sa demeure est, grâce à Dieu, coutume presque ignorée de lui. Cette habitude de préservation, blâmée par les voyageurs de
ce temps, est précisément cette disposition si opposée à la nôtre, qui a sauvé
presque intégralement les trois belles fontaines, objet de ce rapide examen.

Qui ne s'étonnerait, en vérité, que le pays où semble avoir triomphé exclusivement la renaissance païenne, soit, sans aucun doute, celui où en même temps
se soient mieux conservés le plus grand nombre des beaux spécimens d'archi-

tecture romane et ogivale. C'est une profonde erreur de croire l'Italie privée de
ces monuments qui font notre orgueil. Nulle terre n'en a produit de plus originaux ni de plus nombreux : elle n'a point cessé, même sous ce rapport, d'être,
comme toujours, la terre des prodiges.

Oui, noble et chère contrée, tu peux être fière de tes trésors de tous les
âges. N'oublie jamais que, des Pélages jusqu'à nous, tu as tenu dans le monde
le sceptre des beaux-arts. Songe dans ton sommeil, sommeil passager, je l'es-
père, que ton triple diadème n'est point un vain fantôme. Il n'est royaume si
grand, peuple si puissant à l'avenir qui ne puisse t'envier ta couronne. Pour
moi, qui t'ai vu de près et trop peu, tu es vraiment la patrie commune du beau,
du bien et du vrai; car, dans ma pensée, les développements de ces trois divines
manifestations, sous l'action chrétienne, sont solidaires l'un de l'autre; et puisque
la victoire t'est acquise sans conteste dans le premier de ces trois ordres, je ne
puis douter de ta supériorité dans les deux autres champs des travaux que le
ciel a ouverts à ton génie.

Nous devions, avant tout, cet hommage à cette terre privilégiée. Nulle part
ailleurs l'art antique dans les monuments publics, et l'art ogival surtout dans
les édifices domestiques, n'ont laissé de plus belles traces de leur passage et de
leur domination. Les beaux exemples de ces derniers que nous proposons aujour-
d'hui, et plus tard les maisons particulières que nous présenterons aussi, seront
la preuve de notre assertion, en ce qui touche aux œuvres du moyen âge. Et
pouvions-nous en choisir une qui répondît mieux à notre dessein que la magnifique fontaine de la place aux Herbes, à Viterbe?

Du haut d'un espace en plan incliné, s'élargissant à sa base et plus étroit à
son sommet, ce bel ensemble de jets d'eau et de réservoirs, soit qu'on arrive de
Rome ou de Florence, soit qu'on vienne de divers points de la ville, frappe
immédiatement la vue par son originale et harmonieuse disposition. Un grand
récipient en forme de croix grecque, de trois mètres environ de côté, s'élève
à hauteur d'appui sur cinq marches qui suivent symétriquement ses contours.
Toute sa capacité se compose de quatre cuves carrées, rapprochées par deux
angles d'un de leurs plus longs côtés : les deux autres angles sont occupés, en

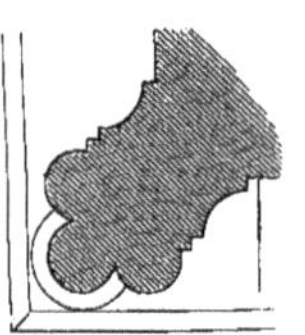

1. — Plan d'une colonnette d'angle avec boudins.

avant, par une forte colonnette que notre première gravure sur bois indique

en même temps que les gros boudins des compartiments des diverses faces.
Du milieu des quatre bassins, ainsi réunis, part une courte colonne en pierre
dont la base est à peine aperçue. Au renflement supérieur du fût se voit une

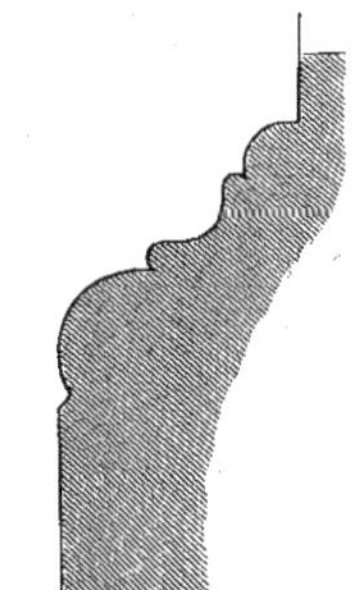

2. — Profil de la base de la colonne centrale.

bandelette circulaire avec une inscription dont les seuls mots lisibles sont :
ANNO..... MAGISTER BENEDICTUS FECIT ; au-dessous sont sculptées quatre magnifiques
têtes de lions à longues crinières. Le chapiteau est richement garni de deux rangs
de feuillages. Cette jolie corbeille, cette élégante ornementation du support cen-

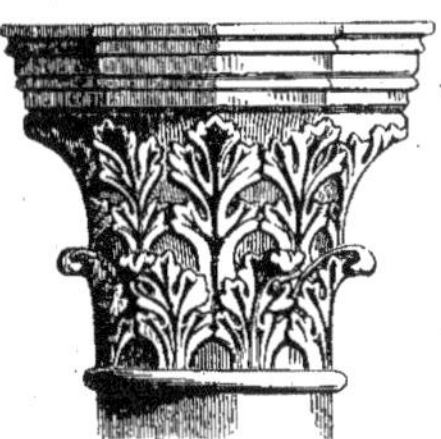

3. — Chapiteau de la colonne centrale.

tral, présente pour abaque ou tailloir une délicate corniche à feuilles très-fine-
ment refouillées. C'est sur cette ceinture ou guirlande qu'apparaît une première
vasque assez complexe : elle se compose de quatre demi-cercles réunis entre eux
par leurs extrémités. Des moulures, d'un excellent profil, ornent ce vase, premier réceptacle des eaux tombantes, et viennent se perdre sur la partie octo
gonale du plateau qui le porte. Dans le creux ou gorgeret d'une des plus larges

moulures de ce vase d'une singulière beauté, on voit gravée avec soin une inscription en caractères gothiques d'une conservation presque entière [1] ; son élé-

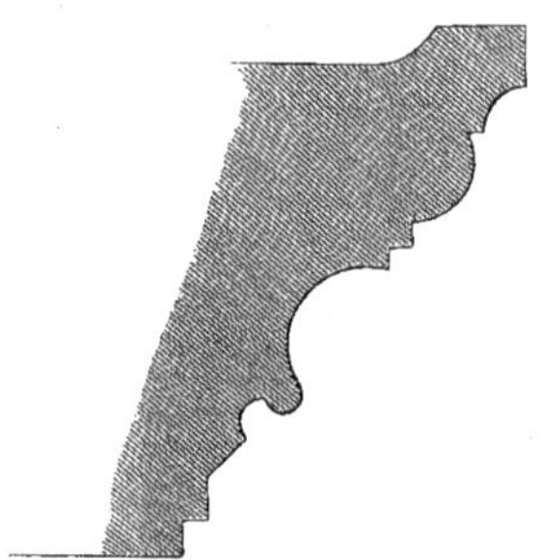

4. — Profil de la vasque moyenne.

vation, ses lettres comblées par des végétations noires ou verdâtres, ses parties rongées par le temps, nous ont empêché d'en recueillir nous-même le texte;
mais un écrivain érudit, dans u n grand et savant travail d'antiquaire qu'il a
laissé à son pays, a conservé ce qui nous aurait manqué sans lui : ce que la
vétusté nous avait ravi, l'abbé Féli ciano Bussi no us l'a rendu dans sa belle *His_
toire de la ville de Viterbe;* et nous n'avons point oublié la bienveillance empressée
qui a si heureusement secondé nos recherches en nous ouvrant, au Palais public,
la bibliothèque locale et les archive s municipales.

Après le plan inférieur, le premier étage en quelque sorte de cette fontaine
si gracieusement disposée en pyramide, nous voyons du fond de la première
cuvette quadrilobée dont nous venons de parler, se projeter une autre colonne

1. Voici cette inscription telle que nou s l'avons scrupuleusement copiée dans l'ouvrage intitulé :
Istoria della citta di Viterbo di Feliciano Bussi dei Clerici Regolari ministri degli infermi.

> Clara stirpe satus nat us de Monte Beatu s
> Restabat dignus mortis in nomine pœnis :
> Mille ducentenis cum septuaginta novenis
> Annis natalis decimi fontisque Sepalis
> Magnifice factus est in meliusque redactus
> Tempore prudentis clari dominique potentis
> Ursi regnantis Vitorbi prædominantis
> T... B.... H....... capitaneus urbis.

Ce texte ferait croire que la fontaine Senza Pari, appelée aussi Sepali , a été restaurée à une époque
qui pourrait, d'après le sentiment de l'auteur, remonter à 1279, peut-être sous un prince des Ursins.

centrale à chapiteau et à tailloir carrés, bien plus courte et plus mince que la première qui la porte. Quatre autres compartiments en demi-cercle se rejoignent encore ici par leurs cornes et leurs côtes pour former, comme inférieurement, une dernière et plus petite vasque à quatre lobes, alternant avec ceux de la précédente disposition harmonieuse rendue nécessaire par les têtes ou gargouilles qui occupent les angles rentrants. Puis enfin un clocheton composé

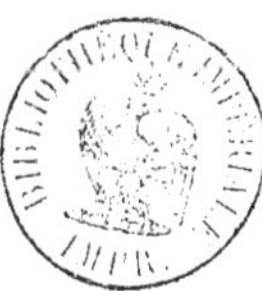

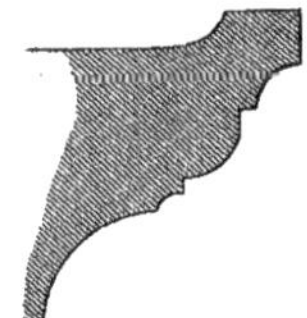

5. — Profil de la vasque supérieure.

de pignons superposés et terminés par un élégant fleuron, domine avec une grâce parfaite tout ce que nous venons de décrire trop incomplétement.

L'une des parties les plus intéressantes que nous ayons à considérer dans cet ensemble, est l'embasement du support de la cuvette moyenne. De la gueule des têtes de lion s'échappe un tuyau en plomb. La longueur de ce conduit a obligé

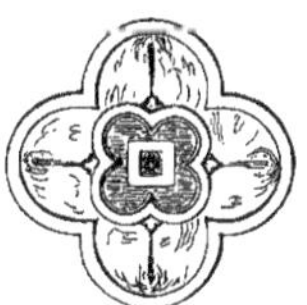

Plan des deux vasques quatrilobées.

de le faire reposer vers son milieu sur le chapiteau à feuilles palmées d'une colonnette octogonale qui descend dans le grand récipient. Ce conduit métallique, à son extrémité un peu inclinée, est armé d'un masque d'animal fantastique d'où l'eau jaillit dans le grand bassin inférieur qui se trouve encore rempli par les jets de deux mufles ciselés sur chacune de ses faces verticales : des ornements variés et des écussons remplissent les intervalles qui séparent ces sortes de petits mascarons de côté. Aujourd'hui, quatre obélisques d'un désagréable aspect portent d'aplomb sur les appuis en pierre des tuyaux; ils remontent seulement au premier quart environ de ce siècle. A cette époque, une restauration rendue nécessaire les fit élever à la place de deux chats accroupis et de deux chefs ou figures d'homme qui décoraient primitivement le dessus des chapiteaux servant

6

de soutien. Notre dessin général reproduit avec exactitude l'état actuel du monument; mais des détails à une plus grande échelle placés au-dessus du plan, indiquent quelle a dû être la décoration ancienne de ces diverses parties. On dit que cette fontaine se trouvait à son origine dans la cour du palais des Gatteschi, puissante et noble famille de ce pays [1]. Les chats sculptés ici, suivant la tendance singulière de ces temps à ce genre de symbolisme, faisaient sans doute allusion au nom de ces riches patriciens, habitants de Viterbe. Pour notre part, nous acceptons cette tradition ainsi expliquée, parce qu'elle nous semble entièrement conforme aux habitudes nationales d'une époque qui a laissé là de tous côtés de profondes et poétiques empreintes de ses mœurs et de ses usages.

La fontaine des Gatteschi est placée, non loin de la porte monumentale de Rome, sur l'un des points culminants de la ville, vers la partie la plus fréquentée et la mieux habitée de son centre : des conduits souterrains lui portent des montagnes voisines presque toutes les eaux destinées, soit à l'agrément, soit au service public des habitants : car le vaste bassin de sa base en fait comme un réservoir commun, d'où elles se répandent dans toutes les directions pour entretenir d'autres fontaines moins importantes. Il est digne de remarque que, dans les États pontificaux, les plus petites cités soient largement favorisées de ces utiles embellissements. Nous ne citerons que Toscanella, comme une preuve entre beaucoup d'autres de notre assertion. Sa population, de quatre mille âmes à peine, est mieux partagée, à cet égard des eaux, que beaucoup de nos capitales de l'Europe. Des acqueducs, des canaux en terre cuite cachés sous le sol, la mettent en communication avec le beau lac de Bolsena, distant de plus de cinq de nos lieues. Que ne nous est-il permis de dire à ce sujet combien d'autres conditions de bien-être ont été ménagées depuis des siècles aux déshérités de la fortune dans ces communes où l'élément municipal est demeuré comme un héritage impérissable des anciennes coutumes! Nous regrettons que ce ne soit point le lieu de parler de ces institutions populaires que la France essayait naguère en vain d'imiter [2] dans la dispensation légale de ses secours

1. La famille des Gatteschi existe encore aujourd'hui en Toscane où elle n'a point cessé de tenir un haut rang par sa fortune et sa considération. Elle a donné récemment à la science un jeune médecin qui sera un jour, par ses travaux, une des illustrations de Florence.

2. Les soins de la médecine par exemple sont assurés pour tout le monde sans exception, à Toscanella, au moyen de la plus simple organisation. Deux médecins ont un traitement fixe de deux cent cinquante écus romains; un chirurgien en a deux cents seulement. Le barbier, qui n'a point encore disparu du personnel chirurgical dans ce pays, en reçoit trente par an pour pratiquer toutes les saignées prescrites. Aucun honoraire n'est exigible en aucun cas. Nous devons ces renseignements à la gracieuse urbanité des trois docteurs de Toscanella : ils nous les apportèrent d'eux-mêmes avec le plus courtois empressement, ayant été prévenus par l'un d'eux, l'honorable M. Gilly, des liens de confraternité qui nous unissaient. Puisse leur parvenir l'hommage de ma gratitude, et le tribut de mon admiration pour l'heureuse simplicité de leurs habitudes de famille,

de toute nature, et que le pouvoir des papes a si bien su laisser naître d'elles-mêmes et se maintenir partout sans obstacle.

Mais ce n'est pas seulement l'abondance qui frappe dans ces sources intarissables que de généreux patriciens, d'habiles gouverneurs, sous le nom de gonfaloniers ou de podestats, ont fait de tous côtés jaillir de terre. Tout aussi, dans l'arrangement qu'elles ont reçu des mains de l'artiste, concourt à produire le plus grand effet pour satisfaire la vue et répondre en même temps aux exigences de la salubrité dans ces régions méridionales. Qui n'admirerait, par exemple, l'ingénieuse industrie de celui qui a conçu le plan et le dessin général de ce que nous appellerions, si nous l'osions, le feu d'artifice à fusées d'eau de la place *Degli Scalzi* [1]? Rien assurément ne peut être mieux conçu que le système de filets, de chutes et de jets adopté là pour satisfaire aux besoins de la vie, et rafraîchir en même temps l'atmosphère ambiante à la plus grande distance possible. Tel a évidemment été le problème assez complexe et difficile que l'on a voulu résoudre par l'habile agencement des diverses parties de ce monument.

Un fort cylindre de plomb monte dans le fût de la colonne centrale; il se prolonge jusqu'à l'extrémité du clocheton fleurdelisé à sa pointe. Un jet à tube recourbé part de ce point terminal. Aux angles du pyramidion, haut de cinq à six pieds, quatre têtes grimaçantes vomissent l'eau dans la cuvette supérieure, d'où elle s'écoule dans la vasque inférieure par quatre mufles de lion sculptés à la rencontre des parties semi-circulaires de la dernière ou plus petite cuvette à quatre lobes unis. Des bords de la première, qui est aussi quatrilobée, quatre tubes recourbés en dehors, comme celui du sommet, projettent les eaux dans le bassin inférieur. Aux jours de fêtes publiques, tous ces tuyaux à courbure peu gracieuse sont remplacés par d'autres tubes qui, dressés verticalement, donnent naissance à des jets s'élevant à une très-grande hauteur. Nous disons qu'une telle disposition offre des avantages qui ont été étudiés et compris sous un rapport aujourd'hui trop négligé, surtout dans nos provinces du midi; quel but, en effet, doit-on se proposer d'atteindre dans ces circonstances, si ce n'est de produire le plus de fraîcheur à l'aide des moyens les plus simples et les plus convenables? Or, les jets les plus rapides et plus ou moins ascendants, suivant le besoin, n'atteignent-ils pas beaucoup mieux cette fin, que ces flaques tombantes, ces larges nappes en miroir mobile, modes trop souvent préférés par notre goût moderne? L'air n'est-il pas plus assaini par la division qu'il subit, l'agitation

---

1. Ce n'est point sur la place aux Herbes qu'est placée cette fontaine, comme nous l'avons dit plus haut par erreur. Le lieu où elle a été élevée a souvent changé de nom. Il s'appelait anciennement *le Carbonere;* il devint la *Piazza Nuova,* et plus tard la *Piazza San-Barnardino.* La dénomination actuelle dei Scalzi (*des Déchaux*) lui vient sans doute du voisinage des carmes déchaussés. Du reste, la fontaine elle-même a été successivement désignée par les termes de *Fontana del Separi,* ou *del Sepali,* ou encore de *Fontana Grande* et de *Fontana Seuza Pari.*

qu'il reçoit dans cet ancien système, que par ces lames qui coulent lentement et mollement de gradins en gradins dans nos châteaux-d'eau? La supériorité n'est pas douteuse pour nous entre ces deux ordres de conceptions, et nous n'hésitons pas à l'accorder à l'œuvre si pittoresque, si originale que nous avons recueillie comme une fortune précieuse pour nous.

Un important accessoire vient compléter ce monument; c'est un ample dallage de ceinture, protégé lui-même par vingt-quatre bornes de granit : douze occupent les angles rentrants du réservoir commun, et les autres sont groupées trois à trois au milieu du passage qui conduit aux degrés du grand bassin de réserve ; la plus avancée au dehors de ces groupes est pourvue, dans le bas de l'emplacement, d'un jet continu remplissant une auge en grès qui sert d'abreuvoir pour les animaux ; celles qui lui correspondaient sur les autres faces présentaient sans doute autrefois le même avantage; car toutes les commodités domestiques étaient ménagées avec une recherche de soins qui témoigne du zèle des édilités locales en faveur du public. Et enfin, si à toutes les facilités pour puiser l'eau, si à toutes les aises de la vie qui en résultent, nous ajoutons qu'une rigole creusée en gouttière plate sur la première marche du pourtour, afin de laisser un libre cours à tout ce qui, du liquide, dépasse le niveau qu'il doit atteindre, que pourrait-on demander de plus, si ce n'est que ce ruisseau de dégorgement, au lieu de se perdre dans le prochain égout, continuât de couler dans les rues les plus déclives, contribuant ainsi à leur donner cet air de netteté qui leur manque peut-être un peu trop? Pour nous, Français, habitués au ton jaune ou blanc de notre pierre, la couleur fait encore ici défaut : une teinte brune ou noirâtre donne à toute construction un aspect sombre, et plus encore sans doute à celle qui nous occupe, à cause de l'humidité entretenue constamment sur ses parois. Mais si c'est là un léger inconvénient à signaler, ne le déplorons que dans une juste mesure, puisque, en ce pays, la répulsion pour tout enduit et toute couche factice, nous a assuré des conservations que nous ne trouvons nulle part aussi parfaites.

L'appréciation détaillée que nous venons de présenter ne sera pas moins victorieusement confirmée par des exemples de moindre importance, il est vrai, qui nous restent à exposer. Quelques faubourgs délaissés de Viterbe, des quartiers habités par les classes les plus pauvres du peuple ont été embellis par l'art du xiii⁰ siècle de plusieurs autres fontaines. Toutes sont autant de spécimens qui doivent appeler notre attention par plus d'un côté : elles consistent en une pyramide hexagonale ou octogonale reposant sur une colonne à chapiteau dont le pied baigne dans un bassin circulaire. Le type de ce genre le mieux préservé de toute atteinte, est la fontaine de la place Carlano. Son fond est exhaussé sur un socle rond dont les larges degrés, au nombre de deux à trois, sont en dalles volcaniques. Une auge de décharge enfoncée jusqu'à son rebord suit près du

pavé le contour de la dernière marche que l'inégalité du sol rend incomplète :
à l'une de ses extrémités se voit une sorte d'évier, également enfoui jusqu'à
fleur de terre. Il serait difficile, en vérité, de rien concevoir de mieux approprié par sa simplicité à son usage et à son emplacement.

Un chapiteau, s'épanouissant comme une touffe au-dessus du bassin, s'arrondit
en corbeille ornée de crochets enroulés : il est recouvert d'un tailloir à six pans qui
supporte une moulure avec têtes de clou étoilées. Sur cette moulure servant de
base s'appuient six colonnettes torses qui reçoivent autant d'arcs trilobés entre lesquels des mufles de lion avec pattes pendantes laissent couler l'eau. Une pyramide
brisée avec quatre beaux rangs de crochets et fleuron ovoïde sert de complément à
cet édicule, si heureusement placé par son auteur sur la pente d'un terrain qui
descend rapidement vers la vallée voisine. Il y a dans cette modeste composition,
plus de goût peut-être, plus de véritable intelligence de l'utile et de l'agréable,
par rapport au lieu et à la destination, que dans beaucoup d'autres de ces
grandes créations du moyen âge et des siècles plus rapprochés de nous. Avec
une dépense toujours et partout accessible, avec l'emploi aussi réduit qu'il
peut l'être des matériaux, il serait impossible de produire, en suivant ce modèle,
une œuvre qui atteignît un plus haut degré de perfection relative. L'art et toutes
les convenances se réunissent en ce type pour déterminer les plus petites localités
qui veulent s'occuper de leur embellissement, à le préférer à tout autre, et à le
reproduire avec les modifications commandées par les lieux et les circonstances.

Cette délicieuse piscine n'est pas la seule de son genre que nous eussions
voulu proposer à ceux qui partagent nos vues; mais entre celles que nous
avons recueillies au même endroit, il en est encore plus d'une qui pouvait
offrir de l'intérêt pratique. Néanmoins, nous nous sommes bornés là, nous réservant d'en indiquer deux ou trois autres en quelques mots seulement : situées
dans les rues les plus populeuses et les plus reculées, elles ont à peu près le
même développement, et portent la même empreinte artistique que la précédente : peut-être se distinguent-elles encore par une plus sévère économie d'ornements; mais il est certain que toutes ont ce cachet d'originalité qui empêchera
de jamais les confondre avec aucun des travaux entrepris depuis dans un semblable but d'utilité hygiénique.

Quels avantages une population nombreuse ne tire-t-elle pas de ces réservoirs
tout préparés pour rester intarissables par les soins intelligents d'administrations
vraiment paternelles? Exposée, par son agglomération même, à de plus fréquents
accidents au milieu des ardeurs d'un soleil d'été, quels biens de toute sorte ne
doit-elle pas attendre de cette abondance d'eau qui lui est versée des montagnes par tant de canaux creusés de main d'homme? Puisque nous sommes
arrivés à une période d'entreprises multipliées pour favoriser les développements
de l'hygiène publique, mettons à profit ce qu'un passé si fécond par ses belles

et ingénieuses créations nous a légué avec tant de profusion. L'art, en ce que nous proposons, ne peut guère induire les communes en de grandes dépenses : loin de là; il s'accommoderait aisément aux plus faibles ressources, et les ornements qu'il voudrait imiter parmi nos détails, ne seraient qu'un gage assuré de plus de la durée et de la conservation des œuvres qu'il aurait à produire analogues à celles que nous venons d'exposer.

Il est une autre fontaine, à Viterbe, d'une date beaucoup plus récente, qui, par son développement et le lieu qu'elle occupe, semble, au premier abord, offrir plus d'intérêt et d'importance; c'est celle de la Porte de Florence, élevée aux plus beaux temps de la renaissance, sur la grande place de la Rocca. Le plan de son vaste soubassement est octogonal : quatre de ses faces sont appuyées par un degré de cinq marches qui mèuent à la vasque du centre ser-

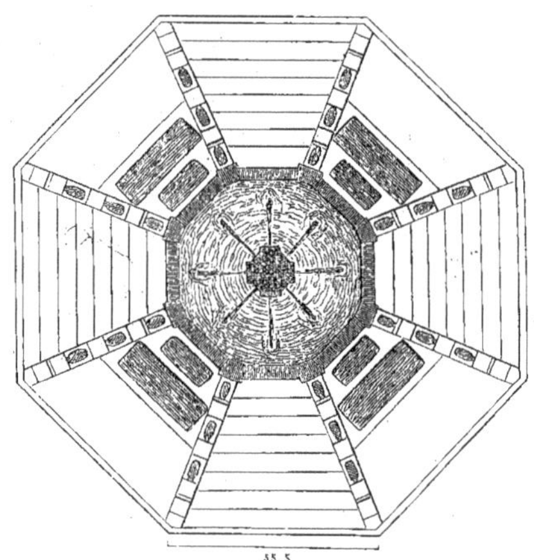

Plan général de la fontaine de la Rocca.

vant à puiser l'eau. A deux parois opposées des huit côtés de cette vasque on trouve répétée dans les mêmes termes cette inscription :

Pii V Pontificis Maximi anno I
Aqua Respulia opus ab Hyppolito
Estñsi card. legato incoiiatum
Alexandro Farnesio cardinal.
Legato perpetuo absolutum.

Entre les gradins, quatre cuvettes alimentent, par un orifice pratiqué au bas d'une fleur de lis, autant de bassins disposés à la fois en lavoir et en abreuvoir,

pour remplir les autres côtés de l'octogone ; une grosse tête de lion sculptée dans
le profil de la vasque centrale offre encore au milieu un jet qui leur apporte son
contingent avec plus d'abondance. Sur la première, la troisième et la cinquième
marche se dresse un socle ou dé, plus haut que large et profond. Un étroit tube de
plomb le parcourt dans son épaisseur ; il vient se perdre dans la bouche béante
d'un petit mascaron pour former jet ou filet en cascatelle : et c'est à son aide que

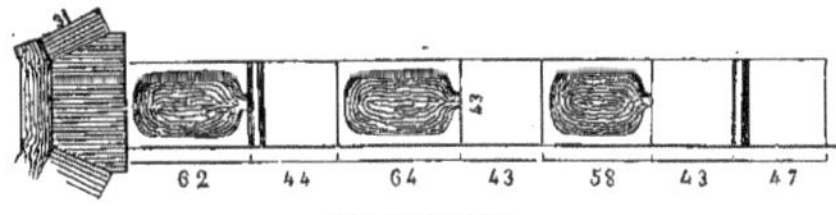

Plan de Cascatelles.

trois gouttières, excavées en assiettes oblongues dans ces cubes de couleur
de lave, se dégorgent les unes dans les autres ; mais inférieurement un simple
sillon tracé en retour sur le côté aboutit à l'abreuvoir sans former ni chute ni
cascade. Les derniers dés en bas, pour mieux maintenir tout l'ouvrage, sont
contrebutés par une sorte de piédouche orné d'une large feuille d'acanthe. Les
excavations des cubes de pierre sont aussi surmontées en arrière d'une espèce
de volute ou enroulement d'appui, traversé par un tuyau métallique que l'on
aperçoit dans la bouche arrondie d'une tête sculptée vers son sommet replié.
Ces diverses parties paraissent maintenant nues et découronnées : le complément
qui les terminait aura sans doute disparu à cause de sa délicatesse même. C'était
peut-être une pomme de pin, ornement fort en usage en Italie : car on voit
encore des traces de scellement qu'un examen attentif nous a fait découvrir
sous des couches de mousse et de poussière durcie comme un ciment.

La grande cuve octogonale, qui repose en plein sur le soubassement précédent,
est d'une profondeur d'un mètre environ. Une forte moulure en forme le bord,
que relèvent encore, sur les côtés non correspondants aux escaliers, ces têtes
de lion à mufles d'écoulement que nous indiquions tout à l'heure. Au milieu de
ce grand réservoir s'élève un socle à huit pans alternativement saillants et rentrants ; de ce gros tronçon part un autre support qui a comme des cannelures
et d'autres ornements d'un goût ionique. Celui-ci semble composé d'une série
de balustres aplatis dont la poire sert de point d'attache à une forte guirlande
de fleurs qui en fait le tour. Il porte une autre grande vasque ronde de moindre
diamètre, cependant, que la première. Huit mascarons ou masques d'un travail
soigné donnent naissance à de longs jets bien nourris. De la vasque moyenne
surgit un cippe renversé qui va porter comme le troisième étage de notre monument. Ce pied octogonal, avec sa décoration de fleurs, de feuillages et de têtes
ailées, est destiné à recevoir la vasque supérieure qui affecte entièrement la
forme et la disposition de la précédente. Enfin, à son tour, cette urne terminale

projette de son centre une pyramide assez élancée qu'une fleur de lis arrose de ses filets d'eau naissant et tombant de la jonction de ses quatre corolles réunies en faisceau. Peut-être un jet perpendiculaire et très-élevé manque-t-il aujourd'hui à l'extrémité de cet élégant et gracieux échafaudage : Il n'était pas moins commandé dans cette fontaine qu'à celle de la place *Degli Scalzi*. Mais la profonde différence qui existe entre les deux, nous suffit-elle pour expliquer comment il aurait pu manquer ici?

C'est sans doute la beauté de la fontaine de la Rocca qui a fait perdre à sa rivale du moyen âge son vieux titre de supériorité, et son privilége bien mérité d'être appelée sans pareille. On lit dans Lanzelloto, ces mots : *Anno* 1206, *fu fatta la Piazza Nuova, et fu futta la fontana Seuza Pari*. C'était la fontaine de la place *Degli Scalzi* qu'il désignait ainsi. Giacomo Barozi di Vignola lui fit perdre cette insigne appellation par son admirable projet de la Rocca, qu'il exécuta en 1566. Les dessins de cet artiste célèbre nous ont laissé là un éclatant témoignage de son talent et de son goût, et assurément cette œuvre n'est pas celle qui aurait dû ajouter le moins à sa renommée. Nous nous félicitons d'avoir pu mettre en regard l'un de l'autre deux spécimens, deux modèles si remarquables appartenant à deux époques si distinctes, et recueillis dans les mêmes lieux. Notre choix prouvera, nous l'espérons, qu'il n'entre point d'exclusion systématique dans le plan de notre travail, et que partout où nous rencontrerons le sujet d'un hommage mérité à rendre dans notre publication aux meilleurs temps de notre architecture, nous n'hésiterons pas à accomplir un devoir qui sera la mesure de notre tâche.

Chose digne de remarque, si Vignole a voulu être entièrement original dans le plan que nous étudions et tous ses agencements, cependant, on le voit, il ne s'est point éloigné de la donnée qui nous a déjà frappé, de jets et de filets, préférés aux nappes et aux bouillons, dans la distribution de ses eaux. Ce rapprochement entre son œuvre et celle d'un siècle qui ne faisait plus guère autorité pour lui, a dû appeler notre réflexion, et nous croyons avoir saisi, à travers le silence gardé par lui-même sur ce point pratique, l'intention qui l'a dirigé. Mais, à la Rocca il a su joindre une utilité de plus, sans nuire en rien à l'effet artistique qu'il voulait produire pour l'agrément de la vue. Ainsi, à la facilité de puiser l'eau de tous côtés à des robinets toujours coulants, d'abreuver des animaux à ses bassins inférieurs, il a pu ajouter l'inappréciable avantage de laver le linge à son gré à diverses cuves séparées et admirablement disposées à cet effet; en sorte qu'il ne lui est échappé aucune des commodités commandées par les besoins de tous, si ce n'est pourtant encore, pour rafraîchir les rues voisines, l'emploi des dernières eaux qui vont se perdre, par une pente convergente vers le centre, dans un aqueduc de décharge au pourtour de la fontaine. Tel est le splendide théâtre d'eau que recèle une ville de quatorze mille âmes à

peine, et que pourraient lui envier plus d'une de nos plus importantes capitales.
D'autres richesses, moissonnées par nous sur divers points des États Romains,
désormais ne seront plus perdues pour ceux qui comprennent et apprécient
nos préférences. Nous essaierons de réparer les dédains et les omissions de
l'ignorance systématique, et nous parviendrons à prouver jusqu'à l'évidence
que l'Italie est loin d'être stérile, comme on le pense trop généralement, en
types excellents du moyen âge

  Que Viterbe [1], avant de la quitter, reçoive de nous un dernier tribut d'admiration : nous le lui devons payer pour ses restes précieux d'un art, objet de
nos plus sincères prédilections. Ce nous est une peine vivement sentie de ne
pouvoir donner les dessins de cette loge, d'un style ogival si pur, dépendance
de son palais archiépiscopal. Comme l'air et la lumière devaient animer cet
admirable assemblage, se jouer à travers ce riche treillis de colonnettes aujour-
d'hui couvertes d'indignes enduits. Quel riant paysage devait se dérouler sous
les yeux, du fond de cette galerie enchantée qui laissait entrevoir, à travers les
évidements sans nombre de son couronnement, la verdure et les rochers du ravin
creusé aux pieds de sa cathédrale. Omettrais-je les anciennes ruines pendantes
à des murs nouveaux, les chaires abandonnées de la porte de ses plus vieilles
églises, les terres cuites de six et sept siècles encadrant encore les croisées
romanes et les fenêtres gothiques de tant de maisons presque inhabitées et toujours
jusqu'ici respectées. Enfin pourrais-je oublier ces chefs-d'œuvre de peinture et de
sculpture que renferment jusqu'à ses plus modestes temples et ses monastères.
Mais entre les souvenirs qui se sont ineffaçablement gravés dans ma mémoire,
qu'il me soit permis surtout de rappeler en finissant l'impression que m'ont
laissée les beaux traits de ses habitants et leur langage si noble et si doux.
Viterbe, puisque tu les possèdes, garde avec orgueil, entre tous, deux des plus
précieux dons que le ciel ait départis à la terre : la plus belle langue parlée
par les plus belles bouches qui soient au monde.

  1. La fontaine Senza Pari, du xiiie siècle (et non Seuza Pari, comme il a été imprimé plus haut),
et celle de la Renaissance, due au génie de Giacomo Barozzi di Vignola, que renferme ce chef-lieu
du domaine de Saint-Pierre, sont deux modèles que notre époque trouverait facilement l'occasion
d'imiter, en ornant le voisinage de nos monuments de même date.

PALAIS BUONSIGNORI

A SIENNE,

TREIZIÈME SIÈCLE

La province de Sienne est un des pays de l'Italie où les édifices du moyen âge présentent le plus de variétés sous le rapport des matériaux employés dans la main-d'œuvre. La brique, les terres cuites, la pierre et le marbre y sont combinés de la manière la plus habile et la mieux entendue à l'endroit de l'économie. Il en est de même à Lucques, à Pise, et à Pistoie et autres lieux circonvoisins. L'abondance ou la rareté des matériaux a donc eu ici comme ailleurs une influence prépondérante sur l'architecture proprement dite. A Florence, au contraire, la facilité de se procurer des blocs énormes, a évidemment conduit les architectes à élever ces constructions colossales et massives, d'un aspect même un peu abrupt, dont le palais Pitti est l'un des plus remarquables exemples. Les carrières peu éloignées de cette capitale et les matériaux d'excellente qualité qu'elles fournissent, nous expliquent ces différences marquées entre les villes d'un petit État comme la Toscane qui est traversée en tous sens par tant de montagnes et sillonnée par tant de ravins.

En revanche, du côté de Sienne et des autres villes que nous citons avec elle, les terres se prêtent à merveille à la fabrication de la brique. Conséquents avec leur principe de convenance, et désireux avant tout d'atteindre une sage économie, les artistes du moyen âge ont voulu mettre à profit cette condition du sol qu'ils ne semblent en aucune façon avoir regardée comme un désavantage sous le rapport de l'art. C'est par ce motif qu'ils ont construit les anciens quartiers des moyennes ou petites cités presque entièrement en briques, et en terres cuites d'ornement. Les palais de la renaissance dans ce pays, il est vrai, sont en pierre; c'est que déjà, au temps où ils furent bâtis, les moyens de communication pour les transports étaient plus faciles et moins dispendieux. Mais parmi les édifices des époques antérieures, on ne pourrait citer à Sienne que le soubassement de quelques maisons destinées sans doute à porter des tours, et le grand palais Piccolomini qui soient en pierre. Tout le reste de la vieille ville est en brique et en terres cuites. Il ne faut pas tenir compte dans l'ensemble de quelques parties comme les bandeaux, les colonnettes et leurs chapiteaux en marbre blanc, ou en pierre; ces détails ne sont rien, si on les compare à la masse entière des murs et des fondations.

Au nombre des constructions civiles où la brique et les terres cuites sont employées à l'exclusion presque complète des autres matières propres à construire, il faut citer en première ligne le palais Buonsignori, situé à l'extrémité de la via San-Pietro, à Sienne. Nous avons préféré ce type à tout autre en commençant, parce qu'il nous présente des caractères d'immédiate application, que nous n'aurions pas rencontrés dans un autre choix. Sa belle façade se développe comme à regret dans la rue étroite d'où on la découvre. Ce n'est qu'en se plaçant à une plus grande distance, près du parvis d'une petite église du voisinage, que l'on parvient à juger un peu mieux de tout son effet. Sa longueur est de plus de vingt-trois mètres et demi. Trois grandes baies ogivales et quatre autres de même forme mais de plus petite dimension, s'ouvrent au rez-de-chaussée. L'ouverture centrale de deux mètres et demi sert de porte d'entrée et donne accès à un vaste vestibule.

Remarquons de suite la disposition des arcades, disposition qui est particulière aux édifices, et aux maisons de cette ville. Nous ne sachions pas qu'elle se reproduise nulle part ailleurs. Comme mode spécial de construction, elle doit attirer toute notre attention. Toutes les arcades ogivales sont d'une bonne proportion; elles sont formées de claveaux en briques qui, ne convergeant point vers le centre des segments d'arcs de l'ogive, comme il arrive le plus souvent, sont au contraire tous dirigés vers le point d'intersection de la ligne de naissance et de l'axe de l'ouverture. Ces claveaux sont simplement des briques ordinaires comme toutes celles de l'édifice, de vingt-neuf centimètres de longueur sur six d'épaisseur. L'ouvrier, avant de les poser, les a présentées une à une à la roue d'une meule à aiguiser, et les a amincies par le bout destiné à faire l'intrados de l'arc. Un cordeau partant du centre indique la direction à suivre pour donner l'incurvation convenable. Aujourd'hui encore, dans des constructions analogues, on procède par le même moyen; du reste, à Sienne, l'on est resté familier avec cette manière de procéder, en ce genre de travail Pour encadrer cet arc ainsi disposé, on a établi de doubles claveaux en terre cuite : les uns tout à fait plats avec un ornement en rinceau sont placés contre les claveaux en brique; les autres composés d'une gorge accompagnée de denticules forment encadrement, et s'étendent en retour au-dessus du profil en marbre qui constitue l'imposte. Un arc très-surbaissé, placé un peu en retraite, vient aussi retomber sur ce profil, et l'espace compris de la sorte entre les deux arcs est rempli par des assises de briques. Dans cette disposition ingénieuse, l'arcade ogivale sert à la fois de décoration et de décharge à l'arc surbaissé qui détermine l'espace ouvert ou libre de la porte.

Pour les deux autres grandes baies de soubassement, elles ont chacune seulement deux mètres et un tiers d'ouverture, et leur arrangement est absolument semblable à celui que nous venons de décrire. Celle de gauche seulement n'est obstruée que dans sa partie inférieure, la supérieure restant ouverte et garnie d'une grille en fer forgé; tandis que celle de droite a été entièrement obstruée dès l'origine parce qu'elle se trouvait en face du principal escalier. La baie centrale a un peu plus de largeur que les deux autres ; elle sert de grande porte d'entrée, et elle ne diffère en rien des précédentes. De petites fenêtres ogivales au nombre de quatre, sont régulièrement placées entre les trois grandes arcades. Deux écussons en marbre blanc sont encastrés au-dessus des deux petites ogives des extrémités : ils sont de forme quadrangulaire. L'un et l'autre se composent d'un cadre orné de délicates sculptures, entourant un griffon coiffé d'un casque; la patte de l'animal est posée sur un écu portant une croix en relief. L'animal héraldique n'est pas le même des deux côtés; à droite, c'est un lion; à gauche, c'est un aigle aux ailes déployées. Telles sont les armoiries de la noble famille qui possède ce palais depuis deux siècles et l'habite encore aujourd'hui.

Une rangée d'anneaux en fer très-simples est fixée dans une assise de pierre, à un peu moins de deux mètres du sol. Ces anneaux, que nous avons rencontrés dans presque toutes les constructions civiles de l'Italie, servaient, suivant toute apparence, à suspendre des étendards, des bannières ou de riches étoffes aux jours de fête. Dans certains cas ils ont pu être employés à maintenir des chaînes, quand les agitations de la place publique faisaient dresser ces barricades, si fréquentes dans la vie politique de ces petites républiques : ils différaient beaucoup selon leur destination. Ceux du palais Buonsignori, tous de petite dimension, ne paraissent pas avoir jamais servi à sa défense; ils étaient plutôt un ornement qui en appelait et en recevait un autre au besoin. C'est vraiment merveille de voir le luxe de travail et de matière de ces sortes de crampons attachés aux murs de certaines habitations particulières. Les plus beaux en ce genre que nous ayons vus sont en bronze ciselé avec un art infini; grâce à une loi protectrice, les murs qui les ont reçus à Sienne n'en peuvent plus être dépouillés: deux artistes de la Renaissance y ont consacré leurs soins, et la postérité reconnaissante n'a eu garde d'oublier leurs noms. Ce fait seul nous prouve à quel degré d'estime l'artiste s'élevait dans l'opinion publique, même pour les œuvres accessoires qui atteignaient leur type propre de perfection.

A l'exception du soubassement dont la saillie en avant forme siége suivant l'usage de ces temps, à l'exception encore de l'assise qui reçoit les anneaux de métal et de l'imposte des différentes arcades, le rez-de-chaussée tout entier est en terre cuite ou en briques : celles-ci ont vingt-neuf centimètres de longueur sur six de hauteur. Leur dureté est extrême ; leur couleur rouge et leur surface unie sont admirablement conservées, grâce à l'emploi d'une couche d'huile de lin, renouvelée à des intervalles réguliers de dix ans. On voit qu'elles ont été appareillées avec le plus grand soin. La moindre irrégularité ne se pourrait découvrir dans les joints de ce beau bâtiment. C'est en un mot le plus remarquable de ce genre qu'il soit sans doute possible de rencontrer ; et ce sont toutes ces conditions qui nous l'ont fait admettre au nombre des meilleurs exemples à produire : car ce qui doit nous préoccuper au plus haut point, c'est la mise en pratique des données que nous avons recueillies surtout en vue des besoins d'un très-prochain avenir.

Le premier étage du palais Buonsignori, est percé de sept fenêtres à ogive, semblables entre elles ; la disposition de leurs arcs étant fort intéressante, il nous a paru nécessaire de l'expliquer avec quelque détail. Un grand arc ogival, décoré des mêmes ornements de terre cuite que nous avons déjà vus à l'étage inférieur, vient encadrer trois petites ogives à redans d'égale dimension. Chacune de ces ogives est formée de deux morceaux de terre cuite se joignant par la pointe et ornés de petits modillons et d'une rose à cinq feuilles ; les deux colonnettes faisant meneaux, leur base et leur chapiteau sont en marbre blanc ainsi que l'imposte des arcades. Au-dessous de la corniche placée au bas des fenêtres, règne une petite arcature ogivale reposant sur des consoles. La construction de cette corniche est curieuse et demande que nous y arrêtions un instant notre attention. Les consoles en terre cuite entrent assez profondément dans la construction en briques ; elles y sont encastrées de manière à adhérer solidement à la muraille. L'arcature au contraire est tout simplement plaquée contre la construction en briques ; elle se compose de morceaux de terre cuite ayant fort peu de saillie et séparés par un joint à la pointe de chaque arcade ; ces morceaux n'adhèrent pas au mur et ne sont maintenus que par les consoles et par la corniche en marbre placée au-dessus.

Cette disposition quelque ingénieuse et économique qu'elle soit, n'offre cependant pas une grande solidité, et si l'on n'avait pas restauré ces arcatures récemment, nous n'en retrouverions que bien peu de parties à leur place primitive. Nous remarquons encore ici les anneaux en fer que nous avons déjà signalés : à chacun des trumeaux qui séparent les fenêtres, on voit deux crochets placés sur la même ligne, et au-dessous, un autre ferrement très-saillant portant une boucle placée à l'extrémité d'une longue tige de fer. On pouvait attacher des étoffes de soie à ces boucles, ou bien encore y passer des perches en bois

sur lesquelles on étendait les tapisseries ou les draperies employées à la décoration de la façade. Deux anneaux en terre cuite, placés à la rencontre des
petites arcades, servaient sans nul doute au même usage

En entrant un moment à l'intérieur pour examiner ces baies du premier
étage, nous trouverons, au lieu d'un arc ogival, un arc en segment de cercle
très-surbaissé : c'est toujours la même construction qu'aux arcades du rez-de-
chaussée ; seulement les trois petites arcades ont nécessité un arrangement un
peu différent, et l'arc surbaissé n'est visible qu'à l'intérieur. Il n'existe plus
aujourd'hui aucune des fermetures anciennes ; mais on a imité ou copié selon
toute apparence les châssis du moyen âge, lorsqu'on a été obligé de les refaire :
il nous a donc été possible de les reproduire dans notre feuille de détail. Des
dormants en bois étaient reliés aux murs et aux colonnettes par des scellements
en fer, et les fenêtres ne s'ouvraient que dans leur partie carrée, la portion
ogivale ou trilobée restant toujours fermée.

Le deuxième étage est entièrement semblable au premier ; on comprend facilement ici la raison de cette similitude voisine de la monotonie. Lorsqu'on bâtit
en terre cuite, le prix de la matière est peu de chose, comparé à celui des
moules. La grande variété des modes de bâtir en pierre au moyen âge était donc
nécessairement bannie des constructions en terre cuite, et, sous peine de faire
de grandes dépenses, il fallait se contenter d'un petit nombre de modèles. Ainsi,
pour le palais Buonsignori, il n'a dû être fait qu'un seul moule pour les ornements des grandes arcades, et deux ou trois moules pour les petites arcades,
dans le but de varier la rosace qui les décore.

Le couronnement de l'édifice se compose d'une arcature d'assez grande
dimension, disposée comme celle des étages inférieurs. Des créneaux soutenaient
un toit à chevrons fort saillants. Les vides entre les créneaux donnaient du jour
et de l'air à un étage supérieur, qui n'était pas destiné à l'habitation, mais pouvait servir à différents autres usages. Aujourd'hui cette disposition n'existe plus ;
on a pensé que les créneaux étaient trop faibles pour supporter le poids de la
charpente, et on a baissé le toit de plus d'un mètre ; en sorte que l'écoulement
des eaux est aujourd'hui difficile, et que le monument a perdu son caractère
primitif. Il est à regretter que le propriétaire actuel n'ait pas suivi les conseils
qui lui ont été donnés à ce sujet. La restauration qu'il a entreprise eût été à
peu près irréprochable sans la mutilation que nous venons de signaler.

Si, de l'extérieur, nous passons au dedans du palais, nous trouverons que
presque tout a été changé, et que les étages nouveaux ne correspondent plus aux
divisions anciennes ; toutefois ces modifications ont été faites sans détruire les
anciens planchers qui se retrouvent encore dans les greniers et sont parfaitement
conservés. Ils se composent de poutres principales soutenues par des consoles
en bois sculpté d'une grande richesse. Sur ces poutres maîtresses viennent se

poser des solives apparentes dans toute leur étendue ; des feuilles d'acanthe enroulées autour des consoles rappellent tout à fait le chapiteau corinthien. On ne peut guère supposer que ce soient là les planchers primitifs ; il est beaucoup plus probable qu'ils sont contemporains des constructions de la cour intérieure, fort différentes de celles de la façade. En effet, au lieu des formes pures et élégantes du XIIIe siècle, nous ne trouvons plus dans le vestibule ou péristyle que des chapiteaux grossiers, que des voûtes écrasées à pénétrations irrégulières. Il est probable que tout l'intérieur du palais a été remanié à la renaissance, et que l'on n'a respecté absolument que la façade. Néanmoins on a conservé la disposition ancienne d'un grand vestibule renfermant un large escalier droit, et d'une cour entourée de portiques ; ici le degré est moderne ; mais dans plusieurs palais italiens, à Lucques et ailleurs, nous avons trouvé des escaliers droits du XIIIe siècle parfaitement conservés, et presque partout aussi il existe des cours intérieures et étroites, entourées de colonades. Cet arrangement était nécessaire pour faciliter l'accès des pièces de service du rez-de-chaussée et pour éclairer les étages supérieurs.

Ce palais que nous venons de décrire est assurément un des plus beaux de Sienne ; c'est celui où, à notre avis, on a déployé le plus de goût ; mais il existe dans la ville une grande quantité de maisons du XIIIe et du XIVe siècle qui presque toutes offrent quelque chose d'intéressant. Le système de construction est toujours le même ; la brique, la terre cuite et le marbre blanc y sont combinés de la même manière. Les dispositions intérieures seules sont différentes : ainsi les maisons ordinaires ont généralement deux ou trois ouvertures sur la rue ; celle du milieu donne dans un vestibule au fond duquel se trouve l'escalier ; à droite et à gauche sont les magasins ; le plus souvent il y a trois ou quatre étages, et quelquefois une loge formée de trois colonnes supporte le toit saillant qui termine presque toutes les constructions italiennes.

Nous insistons d'une manière toute particulière sur l'architecture de Sienne, parce qu'elle nous paraît applicable dans les différents pays de l'Europe où la pierre est d'un prix élevé : dans le nord et le midi de la France, dans les Pays-Bas, en Angleterre, on pourrait tirer un grand parti de ce système de construction. Au lieu de cacher les briques sous des enduits ornés de refends simulant des assises, il faudrait arriver à fabriquer de bonnes briques, et ne pas craindre de les montrer à l'extérieur. Seule, nous l'avouons, la brique est un peu triste, et le préjugé qui existe contre elle ferait difficilement accepter des constructions sans aucun ornement ; mais en la combinant avec la terre cuite et la pierre, on arriverait à faire des constructions plus économiques et beaucoup plus saines que toutes celles qu'on élève de préférence en pierre de taille. Nous espérons que l'ensemble et les détails de cette livraison prouveront à ceux qui partagent nos vues, l'avantage d'imiter maintenant encore le système de construction qui a dominé dans cette contrée de l'Italie pendant toute la période du moyen âge, et qui serait d'une application aussi simple que facile et peu dispendieuse dans nos contrées.

Il ne nous a pas été possible de nous procurer des renseignements historiques sur le palais Buonsignori : les archives municipales sont restées muettes sur ce point, et les archéologues les plus distingués de ce pays n'ont pu, de leur côté, nous rien apprendre de précis à ce sujet. On pense que cet édifice fut élevé, aux frais de la république de Sienne, vers la fin du XIIIe siècle, et donné par elle à un général du nom de Squarcia Lupo, en récompense d'éminents services qu'il rendit à sa patrie. La physionomie générale de son architecture se rapproche beaucoup de celle du palais public de la même cité. Celui-ci date du commencement du XIVe siècle; les quelques années seulement qui les séparent nous expliquent assez comment l'un a réagi sur l'autre de manière à s'y reproduire avec un grand nombre de ses traits principaux. C'est ce que nous montrerons plus tard dans les deux livraisons que nous devons consacrer au monument civil le plus important de la ville de Sienne.

L'aspect d'ensemble de l'édifice que nous venons de décrire, nous donne le regret qu'il n'ait pas été simplement appelé casa ou maison, comme la demeure des Connestabile à Pérouse. L'origine de sa possession, si glorieuse pour celui qui en fut investi, plus encore peut-être que son importance, lui ont valu la dénomination de palais. Ses nobles et simples proportions, sa modeste étendue, sa décoration si heureusement ménagée, sont autant de caractères de perfection qui permettraient de reproduire aisément ce beau type dans une de nos villes de second ou même de troisième ordre : ce sont aussi ces côtés saillants des constructions italiennes du moyen âge qui rendraient possible leur appropriation à nos goûts, à nos usages, ainsi qu'aux besoins et aux exigences de nos récentes fortunes. Cherchons donc peu à peu à sortir de nos modes vulgaires de bâtir, et sachons, sans détriment pour les intérêts parcimonieux de notre temps, mettre à profit les traditions artistiques d'un pays et d'un passé si féconds en beautés de tous genres.

PALAIS DES PODESTATS

A ORVIETO.

DOUZIÈME SIÈCLE.

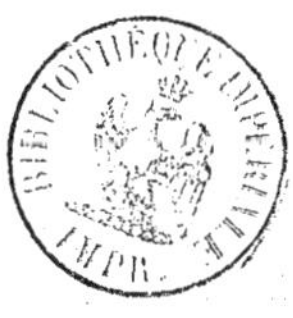

Que cette dénomination royale ou princière de palais n'apporte ici ni surprise, ni ombrage. La langue italienne n'a pas comme la nôtre une désignation intermédiaire pour indiquer l'habitation des grands qui n'ont pas titre de souveraineté. En France, l'on appelle hôtel la demeure personnelle, séparée et distincte, d'un riche personnage, qu'il soit prince sans sujets, ou gentilhomme, ou marchand enrichi des faveurs de la fortune. Il n'en est pas de même chez nos voisins. Dès qu'une maison s'éloigne un peu, par son développement, des constructions vulgaires, dès qu'elle revêt quelques apparences extérieures de grandeur et de luxe, aussitôt elle est élevée à une prétention, à une dignité de nom qui contraste trop souvent avec sa réelle importance.

Cependant les palais italiens sortent en général de la règle commune pour l'étendue et la décoration plus richement accentuée de leurs dehors. Ce sont d'ordinaire de vastes bâtiments qui annoncent la richesse ou la grandeur. S'ils n'ont point été à l'origine réservés exclusivement soit à la noblesse, soit aux pouvoirs publics, il est pourtant vrai de dire que les principaux d'entre eux ont reçu depuis des siècles cette destination de plus en plus restreinte. Notre précédente notice en est une première preuve, et celle-ci nous fera mieux voir encore comment les habitants d'une petite ville d'un coin retiré de l'Italie entendaient honorer leurs chefs, en leur donnant pour l'exercice de leur pouvoir, un asile digne des hautes fonctions qui leur étaient confiées.

Mais quelle était donc cette magistrature des Podestats, pour qu'un palais lui fût consacré au centre de tous ces petits gouvernements ? Quelle était cette puissance publique, pour que la demeure de ceux qui en étaient investis fût désignée comme l'habitation d'un monarque ? Un auteur, plus renommé peut-être encore par ses préventions philosophiques que par son talent d'écrivain et d'historien, va nous l'apprendre dans son grand et patient ouvrage sur les Républiques italiennes du moyen âge. M. Sismonde de Sismondi, dans une de ses plus belles et de ses meilleures appréciations des institutions de cette époque, dit sur le sujet qui nous occupe : « Presque toutes les Républiques italiennes avaient « aboli la magistrature des consuls, pour les remplacer par des podestats, tels « que les avait institués Frédéric Barberousse. Chaque ville appelait pour un « temps un chef étranger, gentilhomme et militaire, qui conduisait à sa suite « des archers et des soldats, et qui était dépositaire, moins du pouvoir judi- « ciaire que de la force publique, qu'il dirigeait alternativement contre les « ennemis intérieurs de l'ordre, et contre ceux de l'État.

« Quoique les bourgeois eussent une part plus immédiate à l'élection des « consuls qu'à celle des podestats, ils approuvèrent cette innovation, la trouvè- « rent avantageuse, parce qu'il ne fallait rien moins qu'une force militaire pour « mettre un frein aux factions turbulentes des nobles.

« Lorsque le podestat était instruit, par la renommée, de quelque délit public, « il suspendait aux fenêtres de son palais le gonfalon de justice, il sommait « par ses trompettes, tous les citoyens de prendre les armes ; il sortait lui-même « de sa demeure, à cheval, entouré de ses gardes ; et suivi par tout le peuple, « il entreprenait le siége de la maison du coupable, et après s'en être rendu « maître, il la faisait raser jusqu'aux fondements. Dans cette exécution prévô- « tale, quelquefois il punissait les coupables du dernier supplice : rien cepen- « dant ne rappelait les formes des tribunaux, ou la liberté d'une république « bien réglée. Au milieu d'hommes indépendants et en guerre les uns avec les « autres, le chef de l'État lui-même faisait la guerre aux citoyens rebelles ; et « c'était avec l'appareil d'un soulèvement du peuple qu'il maintenait dans la « république une espèce de subordination. Chacun attendait sa liberté de sa « propre énergie, et ne demandait au gouvernement que la répression d'un trop « grand désordre [1]. »

On le voit assez, dans ces temps où l'autorité souveraine était si peu délimitée et si mal définie, tout se concentrait dans la main du podestat, et il n'est pas jusqu'au pouvoir suprême que cette main, malgré les obstacles, n'ait peu à peu usurpé. Justice, commandement militaire, administration civile, chaque res- sort rentra successivement sous sa domination. Il n'est donc pas surprenant que, le prestige venant se joindre à la réalité du pouvoir, les peuples aient entouré cette haute magistrature de tous les honneurs et des avantages qui pouvaient y être attachés : les plus petites républiques elles-même ont eu à cœur de lui donner un abri digne d'elles ; et celle d'Orviéto, si peu étendue qu'elle fut, n'est restée en arrière d'aucun de ces États indépendants.

1. *Histoire des Républiques italiennes du moyen âge*, édition Furne, tome II, page 66.

Orvieto, cité charmante de cinq à six mille âmes environ, va nous présenter
le modèle d'une maison commune, *Palazzo publico*, ou Hôtel de Ville, tel qu'on
le comprenait alors à cette période de l'art en ce pays. Située au sommet
en cône tronqué d'un large rocher dont les pics et les parois lui servent de fortifications naturelles, et formaient pour ses habitants au moyen âge une enceinte
inexpugnable, elle est posée là comme un nid d'aigle ou comme une couronne
crénelée au front d'une symbolique et puissante personnification. Rien n'égale
la beauté de ses aspects : du haut de ses murailles élevées par la main de Dieu
même, ses horizons ne se déploient pas moins variés qu'étendus et magnifiques.
Des vallées, des ravins, des torrents, des villages, des hameaux, des monastères,
des champs fertiles et d'antiques forêts, tel est le tableau qui se déroule aux
regards le long de ses parapets et à travers ses portes gothiques. C'est surtout
du beffroi qui domine notre palais du podestat, que se présente cette superbe et
pittoresque vue : de là l'œil plane sur tout ce qui l'entoure, et semble embrasser
toute l'étendue d'un petit royaume, tant l'infinie multiplicité des objets se prête
à cette illusion.

Mais avant tout, disons quel est cet édifice, l'un des plus intéressants en ce
genre de l'époque qui nous occupe et nous attache davantage à ses œuvres.
Construit sur la Place du Peuple, non loin du centre de l'activité publique, il
consiste principalement en un vaste corps de bâtiment dont les murs sont très-
élevés. Le plan que nous en traçons, et que nous croyons avoir intégralement
reconstitué dans son ensemble, au premier coup d'œil ne paraît point présenter
un grand développement. Simple et facile à saisir, il consiste, comme on le voit,
à fleur de sol, en une série de cinq arcades consolidées en leur largeur par des
refends en contre-forts s'appuyant au dedans et au dehors contre les murs de
face. L'on aperçoit de suite combien à sa base une semblable construction
devait offrir de solidité : disposition par laquelle ce monument a bien mieux
lutté contre les efforts destructeurs du temps qu'il n'a résisté aux attaques incessantes dont il a eu tant à souffrir depuis plusieurs siècles.

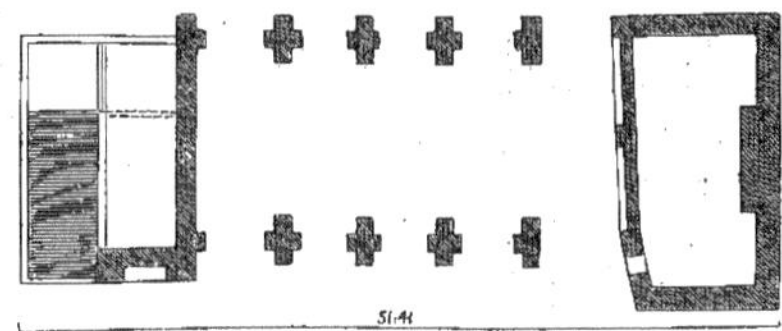

La façade principale est dans son ensemble d'un effet simple et grandiose : le
style en est roman et d'une beauté sévère. Cinq grands arcs en plein cintre, tous
inégaux entre eux, servaient d'entrée de ce côté à une salle basse ouverte à

tout air à l'origine. Il nous a semblé que cette espèce de halle pouvait être un marché ou lieu de réunion commune, comme il en existait tant autrefois en Italie sous le nom de *loggia* : c'est du moins ce que paraîtrait indiquer une immense arcade primitivement libre, obstruée maintenant et qui occupait tout un côté du passage des voitures, près de la tour : en cet endroit une voûte était jetée sur le chemin comme une arche de pont pour rendre plus faciles les communications des différents quartiers entre eux.

Au-dessus des cinq grands arcs du rez de chaussée règne un système de double arcature comme en voussure et en encorbellement : les différentes sections en sont reliées les unes aux autres par deux lignes superposées en avancement de petits corbeaux ou modillons; puis un peu plus haut une portion d'ellipse laissant quelque vide au-dessous d'elle pour allégement, vient aussi contribuer à supporter une galerie extérieure ou long balcon qui a peut-être été dans un autre temps abrité par un auvent ou quelque appendice accessoire. Aux extrémités est un mur plein à fortes assises ; à droite et à gauche un autre mur semblable se déploie sur une bien moins grande longueur; dans l'épaisseur de ce dernier est simulée une porte d'évidement un peu surbaissée, et au-dessus d'elle, non plus deux mais trois arceaux se surplombent successivement pour porter une tribune, faisant suite à une terrasse, d'où les magistrats pouvaient au besoin haranguer la foule.

Un fait notable doit ici trouver sa place : l'escalier qui conduisait au premier étage était élevé en dehors même de la tribune et de la terrasse qui lui sert de palier. Cette disposition était peut-être unique dans cette ville dont l'espace était si étroitement limité par la plate-forme sur laquelle elle s'élève. En effet tous les autres degrés sont compris à l'intérieur même des constructions; ce qui est précisément, comme nous le verrons ailleurs, le contraire de l'arrangement adopté à Viterbe dont la population se pouvait étendre avec plus de liberté, en reculant ou dépassant son enceinte fortifiée de main d'homme. Le palais des podestats, à Orvieto, se faisait donc remarquer par cette exception qui ajoutait encore à son aspect monumental. A Padoue où le terrain d'extension et de facile développement ne pouvait guère faire défaut, c'est quatre grands escaliers recouverts de galeries à jour, qui font accéder en dehors à l'immense basilique, ainsi que l'appellent les habitants de ce pays, prétoire de la justice et siége à la fois de toutes les magistratures et de toutes les administrations de cette république. La magnifique charpente formant la voûte de ce gigantesque vaisseau montre assez les tendances de tous ces peuples à produire de grandioses effets dès qu'il s'agissait surtout d'un monument d'utilité générale. Les Orviétains, qui n'ont pu ni voulu pour chacun d'eux se développer au large dans leur étroite circonscription, n'ont point consenti à subir cette nécessité de se restreindre ainsi, quand ils ont élevé le palais qu'ils destinaient à leurs gouverneurs ou podestats.

Là ils ont fait le degré à ciel ouvert, scala aperta, belle et générique expression
de cette langue si heureusement dérivée.

L'étage supérieur, quoique d'un seul jet d'élévation, se subdivise néanmoins
en deux parties distinctes ; mais les plafonds qui les séparent ne sont en aucune
manière accusés à l'extérieur. La principale et la plus belle de ces deux parties
se compose d'une suite de six baies romanes. Quatre colonnettes partagent ces
ouvertures en trois compartiments égaux : elles sont accouplées deux à deux en
profondeur et servent de retombées à des arcs légèrement ogivaux qu'encadre
une forte corde en boudin prolongée tout le long de leurs montants. Deux
roses à six feuilles et à jour, trois plus petites et simplement évidées dans la
pierre, ornent la portion pleine du cintre commun : puis un très-large damier,
caractère d'architecture particulier à cette localité par son développement même,
fait un ruban plat de pourtour, qui, avec l'arc et les impostes à feuilles grasses
et palmées, constitue une décoration dont le goût simple, noble et mâle tout
ensemble, frappe vivement le spectateur. Six fenêtres en arc un peu surbaissé,
percées au-dessus des précédentes ouvertures, moindres qu'elles en tous sens,
éclairaient une sorte d'attique pratiquée au-dessus des grandes salles d'apparat.
Vient ensuite une corniche assez saillante sur laquelle reposent des créneaux
travaillés avec soin. Cette vigoureuse balustrade, qui paraît avoir été destinée à
la défense armée, régnajt sur la crête des deux faces et passait autour du beffroi ;
elle s'arrêtait, à l'opposé, au pignon peu élevé dont les rempants tracent la pente
des versants de la toiture recouverte en tuiles romaines.

Cette maison commune, pour nous servir de l'expression la mieux appropriée
à nos usages et la plus conforme à l'importance réelle de l'objet, s'appuyait à
l'autre extrémité contre un fort épais massif de maçonnerie. Le mur de ce côté
recevait encore à sa partie moyenne le renfort d'une large saillie qui se voit
non en dehors mais en dedans d'une salle basse, et qui a toujours existé dans
toute la hauteur. Un semblable renflement avait évidemment pour but d'ajouter
à l'espace consacré à renfermer ou abriter les cloches : car celles-ci ne se trouvaient point placées dans une tour à proprement parler ; elles étaient simplement
suspendues, suivant la coutume assez générale de ces contrées, dans une arcade
ouverte suivant le sens de l'épaisseur de ces murs surélevés de façon à remplacer
les tours, les campaniles et les clochers. Le mode primitif de ce genre de construction dominant ce qui l'entoure pour répondre mieux à sa destination,
n'a point au palais public d'Orviéto l'aspect mesquin et peu gracieux qu'il
offre dans les églises de tant de villages et celles même de villes importantes. Loin de là ; l'artiste, à force de soins et par les plus ingénieuses ressources, est parvenu à dissimuler ce défaut même à l'œil le mieux exercé : il
ne faut véritablement rien moins qu'une attention prolongée pour le découvrir,
tant il y a d'harmonie en ce qui relie ce point culminant au reste de l'édifice. La

cloche cachée à cette hauteur peu considérable, sous des auvents de tuiles, a été fondue en l'année 1316; on ne la peut atteindre qu'avec difficulté par les greniers: elle rappelle beaucoup par sa forme assez originale celle qui a été montée vers le même temps dans l'armature en fer du beffroi du palais public, à Sienne. Peut-être ont-elles été coulées l'une et l'autre par le même fondeur, ces deux cités ayant pu appartenir alors au même maître; leur état intact nous fait espérer qu'elles seront conservées longtemps encore. Ce sont pour la fonderie en bronze des types précieux à signaler.

Tout ce que nous venons de faire passer sous les yeux du lecteur n'existe plus que par lambeaux et en ruines éparses çà et là. Un crochet, une moulure, un redent, un filet, un angle de chapiteau nous ont conduit à la reconstruction intégrale du projet primitif. Ce travail a été l'un de ceux qui nous ont demandé le plus de soins et d'application. La peine qu'il nous a donnée sera pour nous sans regret, si nous parvenons à faire comprendre la valeur de ces sujets d'étude qu'une mutilation de plus rendrait à jamais impossible à reproduire. Mais qu'est donc devenu à travers une série non interrompue de modifications plus ou moins profondes un édifice si remarquable à tant de titres? Par quelles transitions arrivera-t-il jusqu'à nous sans être anéanti? Des gouverneurs militaires en auront sans doute fait au commencement leur séjour ou un lieu de retranchement contre les attaques des ennemis du dehors. Plus tard, les offices civils, dans les temps de paix, y auront trouvé leur place, comme le prouve la dénomination qui lui reste attachée. Et enfin, de nos jours, dans ce vaste local, une œuvre de charité par excellence, un établissement de bienfaisance publique a succédé à ses premières destinations. Un mont de piété occupe maintenant toute l'étendue du rez de chaussée qui faisait loge, halle ou marché. Au-dessus de la porte du bureau qui reçoit dans les urgentes nécessités la portion encore disponible de la dépouille du pauvre, on lit le distique suivant :

Sumpserat hinc lætus cerealia munera pauper
Gaudia nunc inopi sumpta moneta dabit.

Ces deux vers sans aucune ponctuation suivant les exigences du style lapidaire, disent avec assez d'élégance latine l'usage profondément chrétien de ce lieu. Une autre inscription se voit dans un cadre ou cartouche très-récent qui se trouve appliqué contre un des piliers des arcades inférieures : elle est ainsi conçue :

A. M. D. G.
Ut pauperum inopiam
Sublevaret
Et
Judæorum usurariam pravitatem
Deprimeret
Montem hunc pietatis

Pio II. P. M. permittente,
Urbsvetana pietas
Erexit dotavitq.
Anno sal. MC DLXIII.
Ut autem pignorum et
Ministrorum incolumitati
Consuleret
E mansionib⁴ angustia olido
Graviq. situ laborantibus
Ad has ampliores salubrioresque
Restituendos
Innocentio X P. M. regnante
Fausto Polo S. R. E. Card. et
Hujus civitatis ep°. annvente
In pleno ac gen^li consilio decrevit
S. P. Q. W.
A. S. M. D. L. I.
Jacobo Covellio J. V. D. et sacerdote   } presidentibus
Franc. Saracinello militiæ S. Stephani priori }
Franc. Monaldense peditum ductore curante
Ac præst. XX nobb. virorum numero
Ad hoc pium opus ascitis.

Nous retrouvons, dans plus d'un endroit de ces lignes dont le sens général est néanmoins facile à saisir, malgré les abréviations d'usage, l'ignorance et l'inhabileté de main de celui qui les a gravées. Nous avons copié scrupuleusement ce texte, et nous l'avons dû calquer, pour ainsi dire, puisqu'il est à lui seul un historique succinct des dernières phases par lesquelles a passé l'édifice communal, militaire et politique qui présente le plus d'importance et d'intérêt de toute cette région. A plusieurs milles à l'entour, il n'est rien, sans contredit, en architecture civile qui puisse lui être comparé. Qu'Orviéto, cette petite commune si bien délimitée dans ses contours, et qui a eu aussi un instant l'ambition d'être une république vivant de sa propre vie, garde avec sollicitude, tout mutilé qu'il est, cet héritage de ses ancêtres : par lui elle méritera la reconnaissance du voyageur et du savant, justes appréciateurs des œuvres de bon goût d'un autre âge.

Un théâtre, avec tous ses accompagnements obligés de coulisses et de tréteaux, a été organisé dans les grandes et belles pièces de l'étage supérieur. L'ancien escalier, *scala aperta*, ainsi qu'il devait être communément appelé par sa position à ciel ouvert, a été entièrement changé : un appentis moderne en recouvre toutes les marches, qui n'ont plus à présent ni l'ampleur ni la direction de celles qu'elles ont remplacées. Le palier en terrasse et la tribune avancée en saillie sur la place du Peuple, ont été transformées en un informe galetas qui conduit les spectateurs à leurs loges et aux bancs du parterre. Cet étrange amas de toiles peintes, de planches mobiles, de poutres, de chevrons et de voliges à nu, produit une des plus pénibles impressions qui se puissent ressentir : par bonheur le gouvernement pontifical a pris des mesures pour faire disparaître ce déplorable état de choses.

Une salle de spectacle est presque achevée en ce moment dans un autre quartier, et contribuera bientôt à délivrer le palais public d'une destination en désaccord avec son glorieux passé. Espérons aussi qu'il ne sera pas apporté une seule pierre pour la consolidation ou la restauration de ce précieux édifice, sans ce soin intelligent que nous avons vu présider partout en général aux travaux d'entretien et de réparation qui s'exécutent sous les auspices de l'autorité. Là, grâces en soient rendues au ciel, tous jusqu'à l'homme du peuple, ont ce goût et ce tact heureux qui non-seulement peuvent prévenir d'irréparables destructions, mais peuvent encore bien mieux conduire à des conservations dont le prix est par eux comme instinctivement senti.

A la vue de ce grand bâtiment délabré, avec son beffroi démantelé lui-même à son sommet, l'on se sent pris de bien vifs sentiments de regrets pour ses richesses passées et ses beautés perdues. Avec les éléments qui restent épars sur sa surface, nous n'avons pas hésité à tenter une restauration de son plan, de son élévation principale et de ses détails : Nous espérons que ce travail satisfera aux plus rigoureuses exigences de l'art et de l'archéologie. Qu'y aurait-il, nous le demandons, de plus applicable en ce moment que cette construction remarquable par tant de bons côtés. Il n'est pas de gros bourgs en France qui ne veuillent avoir dans un prochain avenir leur hôtel de ville, tant ils mettent d'ardeur à rivaliser avec de plus considérables centres de population. Pour nos mairies, ou maisons communes des petites villes, n'avons-nous pas rencontré à Orviéto un type parfait du genre. Soit pour l'importance et l'étendue, soit pour l'ornementation si gracieusement ménagée, il résulte de l'aspect général de l'ensemble, une de ces heureuses impressions de convenance et d'harmonie, qui font qu'on ne saurait résister au désir de proposer à suivre les rares et bons exemples du genre de celui que nous avons recueilli.

Combien cette petite ville d'Orviéto renferme d'autres objets non moins dignes d'étude et d'admiration. Il nous revient à la mémoire d'avoir vu au palais bien plus récent des Monasdelchi, des volets intérieurs de fenêtres dont les panneaux étaient sculptés d'ornements les plus exquis de l'époque de la Renaissance. Les rinceaux formés de feuilles, de fleurs et de fruits, les figurines fantastiques, et les arabesques variées qui couvrent ces vanteaux de bois, sont autant de traits saisissants de l'inspiration artistique qui les a conçues et réalisées. Le temps nous ayant fait défaut, nous n'avons pu que constater à la hâte la perfection de ce travail délaissé aujourd'hui en des mains ignorantes qui savent pourtant encore le respecter comme une relique.

Mais disons encore qu'après le palais, nous n'avons pu passer devant la simple habitation d'une pauvre famille, sans arrêter quelques instants notre attention sur tout ce qu'elle pouvait nous offrir de réel intérêt : c'était près de l'église de Saint-Pierre, dans la rue du même nom. Là, se voit une maison d'une modeste et très-agréable apparence : on sent que l'aisance la plus commune a dû présider à sa construction, et cependant l'économie la mieux entendue n'en a point exclu une convenable ornementation. Nous donnerons sans doute plus tard ce spécimen d'un bâtiment particulier du xiie siècle, afin de faire bien comprendre que l'art en ce temps, sans s'effacer entièrement, savait se proportionner aux plus modiques fortunes. L'artisan à la fin de sa carrière, ou le cultivateur retiré de ses champs, pouvait trouver dans cette humble retraite tous les moyens de satisfaire à ses désirs des commodités de la vie. Tel est peut-être le terme extrême de simplicité que l'artiste pouvait atteindre dans ses conceptions les plus élémentaires, comme l'autre extrême de richesse, de variété, de délicatesse et de fini se rencontrait dans ce seul contrevent commandé autrefois par les Monasdelchi, et que nous venons de signaler en passant à pas rapides.

Une petite ville confinant à l'Ombrie, où nous avons à peine quelques jours concentré nos recherches, est peut-être le lieu qui réunit le mieux et de la manière la plus frappante, cette opposition tranchée que nous venons de tracer en deux traits ; et certes nous y avons trouvé d'autres termes de comparaison d'une perfection plus grande encore : nulle part, sans aucun doute, l'art n'a suivi en si peu d'espace un si long parcours de développement, depuis sa manifestation la plus unie dans la maison romane de la rue de Saint-Pierre, jusqu'à l'époque de ses plus fines créations dans les inimitables marqueteries des stalles et les mosaïques sans prix de la cathédrale d'Orvieto ; et avant d'aborder cet extraordinaire monument, cette châsse de marbre toute couverte en dedans de sculptures et de peintures du premier ordre, n'oublions point qu'à son chevet se dérobe avec une humilité bienséante son palais épiscopal, vieil édifice qui a vu s'élever devant lui ce temple magnifique.

Pour nous, cet antique manoir des évêques renferme des beautés empreintes de ce caractère mâle qui nous les a fait recueillir comme de bons exemples à produire dans notre publication. Nous avons trouvé à sa base des parties remontant peut-être jusqu'au xie siècle, et qui ne nous ont pas paru offrir le moindre intérêt d'application pratique. Nous nous sommes attachés de préférence à reproduire celles qui ont été entées au xiiie siècle sur les premières ; ce sont spécialement des fenêtres à deux colonnettes servant de meneaux et surmontées d'élégants quatrefeuilles, caractère d'ornement tout local par son agencement. Leur heureuse proportion ; le large damier, que nous retrouvons dans leur encadrement ; leur suite non interrompue autrefois pour éclairer de vastes salles ; leur situation à un premier étage qui repose sur un soubassement vigoureux et presque sans ouverture, si ce n'est une baie étroite, haute et isolée sur une vaste surface ; leur voisinage enfin d'un arc largement surbaissé, ouvert jadis, maintenant obstrué, et qui semble annoncer une galerie de communication ménagée primitivement entre les diverses pièces des grands appartements ; les détails délicatement soignés des découpures ; les roses finement refouillées dans la pierre ; les profils hardis des chapiteaux des colonnettes, voilà ce qui reste encore, après de bien profondes mutilations, de cet ancien séjour des évêques d'Orvieto qu'abritait la grande ombre de sa cathédrale.

Combien le style ogival, quoi qu'on dise, se trouvait convenir à ce climat, en diminuant suivant l'utilité les espaces lumineux sans retrancher rien de la grandeur nécessaire des cadres d'ouverture ; et si l'on ajoute à ces ingénieuses dispositions l'avantage de vitraux fortement colorés, l'on se fera peut-être une image assez ressemblante de ces intérieurs sombres et mystérieux qui devaient être recherchés surtout sous ce ciel si pur, eu égard à la vivacité de la lumière et à la chaleur qui l'accompagne. Ce palais était assurément une merveilleuse combinaison de tous les moyens les plus propres à combattre les influences dont nous venons de parler, en usant avec discrétion des ressources d'un art que nous avons trop cru jusqu'ici presque exclusivement approprié à nos contrées.

Avant de quitter ce rocher escarpé, d'où se projettent vers le ciel tant de tours, de palais et de temples, qu'il nous soit permis encore de jeter un simple coup d'œil sur celui de ses monuments qui domine tous les autres par sa hauteur, de même qu'il les surpasse par la merveilleuse beauté de son vaisseau. La cathédrale, qui surgit presque au centre même de la cité, montre au dehors de son grand portail une élégante et riche parure de mosaïques, telles qu'il n'en existe pas même au frontispice de la splendide métropole de Venise. Les sujets de ces admirables et indestructibles représentations sont tous pris de la vie de la sainte Vierge ; ils annoncent dès l'abord que cette église est dédiée à la Mère de Dieu dans sa glorieuse Assomption. Près des trois principales portes d'entrée, dans quatre trumeaux assez hauts et peu larges, on voit des reliefs de marbre blanc, dont la finesse exquise atteint la perfection des œuvres de même genre les plus admirées de l'art antique. Quelques-unes de ces sculptures à petits personnages manquent encore aujourd'hui d'explication suffisante, malgré le soin apporté par les traditions locales à ne laisser ignorer à personne le sens d'aucune œuvre importante. Trois de ces tableaux surtout portent à des degrés divers le sceau du génie de leurs auteurs : chacun d'eux dénote une main que dirigeait une noble émulation, et dans toutes leurs parties on reconnaît l'empreinte du ciseau d'un maître habile. Un seul de ces compartiments n'a pas le même cachet de supériorité ; il semble n'avoir été placé là que pour faire mieux ressortir encore le mérite de ses voisins.

Des colonnettes torses, incrustées dans la gorge de leurs spirales de verres ou pierres de couleurs variées, occupent avec les tores d'égal volume, qui leur font suite dans les cintres d'ouverture, la place réservée aux grandes statues et aux statuettes des voussures de nos portiques. Ces fûts si minces, ciselés comme un sceptre de roi ou comme un bâton pastoral, se font remarquer de suite par les patients détails de leurs ornements : ce sont des feuilles, des fleurs, des fruits, qui s'élancent en guirlandes sur leurs contours taillés de petits losanges ou d'autres figures en zigzags. Matière et main-d'œuvre, tout est en harmonie dans ce travail si délicat; il ne fallait rien moins qu'une destination religieuse et sacrée pour inspirer de si gracieuses conceptions et les réaliser à un tel degré de perfection.

Mais ce qui cause encore davantage de surprise, c'est ce que nous oserions presque appeler le grand émail qui se déroule à la partie supérieure de la façade de la cathédrale d'Orvieto ; ce mélange d'assises de marbre noir et blanc, alternant entre elles depuis la base jusqu'au sommet, et formant comme autant de couches ou zones distinctes que le cours des siècles aurait ainsi déposées régulièrement; ces grandes compositions, produits du génie romain perpétué par l'Église, copies inaltérables à l'air et aux rayons du soleil des plus illustres maîtres; quelques groupes de bronze posés sur de larges consoles; un fronton ou plutôt un pignon, triangle qui est élevé comme une simple décoration, puisque les rampants sont loin d'indiquer la pente du toit placé beaucoup plus bas; des bouquets, des fleurons, des pinacles élancés, et mille autres fantaisies de l'imagination des artistes, tous ces objets se trouvant perçus d'un même coup d'œil, il devient facile de comprendre comment le regard charmé ne saurait se détacher de tant de merveilles réunies; car tel est le frontispice de cet immense reliquaire qui semble n'avoir été fait avec tant de magnificence que pour en contenir un autre d'un prix mille fois plus grand encore, dit du saint Corporal. La foi a entouré ce dernier de tant de vénération, qu'il n'est donné qu'aux souverains de le voir à découvert selon qu'ils en marquent le désir. Il n'est laissé à l'admiration des étrangers qui le peuvent apprécier qu'un seul jour chaque année : c'est celui de la fête instituée pour perpétuer la mémoire du miracle de Bolsène que Raphaël, à sa manière, a immortalisé par son divin pinceau. Cet édicule du xive siècle doit être sans doute un prodige de l'orfévrerie de ce temps, si l'on en juge par la splendeur du monument consacré à le recevoir.

Nous ne dirons rien des divers trésors que renferment les murs et les voûtes de cette église; l'intérieur tout entier est une mine féconde pour l'histoire de l'art. La nef éclairée par des plaques d'albâtre coloré à la place de vitraux, les transepts couverts dans toute leur étendue des fresques de Jean de Fiesole, de Benozzo Gozzoli et de Luca Signorelli; les verrières du chœur et tant d'autres richesses, les chapelles des bas-côtés remplaçant, par une disposition assez heureuse, les contre-forts et les arcs-boutants, tout en un mot contribue à former dans ce lieu une collection d'œuvres en tous genres du plus haut intérêt.

Pour ne rien omettre de ce qui a dû se graver dans nos souvenirs, citons encore à la hâte les vastes salles voisines et presque dépendantes du palais épiscopal, aujourd'hui abandonnées, que les Papes qui les élevèrent, pendant leurs différentes résidences à Orvieto, destinèrent peut-être aux grandes assemblées qu'ils voulaient réunir près d'eux et présider. On les attribue à Urbain IV et à son successeur. Enfin le *Puits profond*, avec ses deux escaliers en spirale, creusé dans le roc par l'ordre de Clément VII, près de la citadelle, est un ouvrage vraiment digne des anciens. Ses deux rampes conduisent par une pente douce jusqu'au niveau des eaux du fond de la vallée : c'était alors surtout un grand bienfait pour les habitants qui n'ont encore aujourd'hui à leur discrétion que des citernes insuffisantes. Une inscription latine en consacre la mémoire et redit les sentiments de la cité reconnaissante.

L'architecture civile en Italie a tiré des partis infiniment heureux de l'art ogival ; en cela elle a été mieux inspirée que l'architecture religieuse, qui a trop souvent sacrifié l'élégance, la légèreté, la grâce et l'harmonie à l'effet produit par des masses colossales et des espaces grandioses. Nous n'irions point chercher assurément un type d'église gothique en Italie ; mais nous devons reconnaître que toute cette région est immensément riche en édifices civils du moyen âge, et en habitations particulières qui peuvent en tout point répondre aux exigences du goût le plus scrupuleux : tant il est vrai que ce centre de la Péninsule, par-dessus tout, a manifesté par la naissance de ses plus grands artistes et la prodigieuse multiplicité de leurs chefs-d'œuvre, une fécondité que nul autre pays n'a montrée au même degré, ni avant, ni depuis le temps que la Providence a dévolu à cette terre promise des beaux-arts, pour ses sublimes enfantements.

MAISONS A CLUNY

DOUZIÈME, TREIZIÈME ET QUATORZIÈME SIÈCLES.

A ce nom de Cluny, quels souvenirs et quels regrets se réveillent à la fois dans l'âme de ceux qui se sentent touchés d'intérêt pour notre art national! Mais en même temps que d'espérances avec les nôtres se peuvent rattacher dès à présent aux ruines de la cité romaine dont nous allons aujourd'hui retracer les traits les plus saillants entre tous ceux qui la distinguent! Si nous nous reportons d'abord à ses premières années, que nous oserions presque appeler ses temps héroïques, nous apprenons que quelques pauvres moines, disciples de saint Benoît et sévères observateurs de sa règle, en jetèrent les fondements. Ces exilés volontaires du monde étaient loin de prévoir les destinées qui attendaient leur sainte entreprise. Assurément ils ne travaillaient point pour ces fils de princes et de rois qui devaient tant changer, par le lustre de leur naissance et le faste de leurs richesses, le régime de cette sainte et savante retraite.

Les pieux solitaires eurent à peine bâti leurs premières cellules qu'ils se virent entourés d'hôtes nouveaux dont ils durent accueillir la présence comme une sécurité de plus pour eux dans leur isolement. La sainteté, le travail et la prière étaient autant d'attraits qui exerçaient alors leur irrésistible influence jusque sur les hommes même les plus étrangers à la vie cénobitique; et l'on voyait souvent ainsi la force matérielle se rapprocher de la force spirituelle afin de s'unir dans un but de défense commune et se prêter un mutuel appui pour le soutien d'intérêts bien divers.

Si une belle page de littérature archéologique vient s'offrir à nous sur l'un des sujets que nous entreprenons de traiter, si de plus cette page nous offre une synthèse exacte et succincte, comme un raccourci de ce que nous nous proposons de dessiner et de décrire, nous ne pouvons, nous ne devons point résister au désir de la retracer en entier. Tel est le remarquable début de l'histoire de l'abbaye de Cluny, par M. Lorain, écrivain connu par son goût pour nos antiquités et son zèle à en propager les souvenirs. Certes il a fallu à l'auteur une inspiration bien vive et bien sentie pour atteindre le succès qu'il a obtenu dans l'excellente entrée en matière que nous voulons citer ici de lui.

« A quatre lieues de Mâcon, dit-il, et presque sur les confins de la Bourgogne
« méridionale, la jolie petite ville de Cluny se cache entre de grandes monta-
« gnes couvertes encore de forêts. Bâtie elle-même sur le penchant d'une haute
« colline, elle s'abaisse doucement dans une riante vallée, embellie et fécondée
« par les mille sinuosités de la Grosne. Cette rivière court des monts Beaujolais
« à la Saône, du midi au nord, arrose en passant les prairies clunisoises,
« embrasse la ville dans ses replis, et vient former, comme à ses pieds, une
« large et bruyante cascade, inconnu Niagara, admirée seulement par les maîtres
« d'une usine moderne qu'elle enrichit. A voir les murs presque intacts qui
« tournent autour d'une enceinte déserte, remplie de jardins et de champ labou-
« rés, aussi étendue pourtant que celle de Mâcon ; à voir les bastions, les tours
« rondes ou carrées qui interrompent et gardent les murs ; à regarder ces portes
« antiques tant aimées de l'artiste, ornées encore de leurs machicoulis ; à suivre
« de l'œil enfin des rues étroites, sombres, sinueuses, escarpées, et les débris
« des clochers qui survivent partout à d'autres ruines, la pensée remonte invo-
« lontairement au temps du moyen âge, et se demande si Cluny ne fut
« pas quelque chose à cette époque si profondément oubliée aujourd'hui,
« que la mode seule ressuscite un peu parmi nous, mais dont nous reste-
« rons toujours séparés par deux abîmes : l'ignorance et l'intérêt d'un siècle
« positif. »

Cette ville, où nous allons pouvoir errer par la pensée à travers le plan assez
peu prévu, assez peu ordonné de ses voies publiques, a dû, par son ancienneté
même et le rare mérite de ses restes, fixer un de nos premiers choix. La gravure, soigneusement exécutée au trait, que nous donnons de ce plan [1], nous
permettra d'entreprendre de suite cette course de premier aperçu de l'esprit, qui
disposera beaucoup mieux à saisir le détail obligé de nos descriptions. Située,
ainsi que nous le venons de voir, au fond d'une riche vallée, entre des bois et
des montagnes qui limitent ses perspectives, Cluny appartient à l'ancienne
Bourgogne, et aujourd'hui au département de Saône-et-Loire. Comme le fait
ressortir la première planche de ce travail, elle est loin d'offrir cette régularité
de percées qu'on rencontre dans plusieurs autres villes de fondation quelque
peu postérieure. Aucune de ses rues primitives n'a été tracée en ligne droite ;
toutes aussi sont inégales de largeur dans le trajet sinueux qu'elles parcourent.
Ses places ne sont point symétriques, non plus que les parvis de ses églises.
Rien n'annonce cette conception d'ensemble que l'on trouve au xiiiᵉ siècle en
des lieux fort éloignés les uns des autres, heureuse et notable disposition que
nos savantes Annales d'Archéologie nous ont fait connaître. Cette dissemblance
a dû nous frapper, et nous la devons faire remarquer immédiatement, comme

1. Planche xix.

une preuve du défaut d'ordonnance préconçue dans les développements successifs de Cluny.

La plus grande et la plus importante part de ce qui nous a été conservé de
cette petite cité, si oubliée de nos jours, a manifestement été élevée aux meilleurs temps de l'architecture romane. Ce n'est pas qu'on ne rencontre çà et là des
vestiges assez beaux du xiiie et du xive siècles, et même aussi des deux siècles suivants. Mais ces exceptions rares après tout ne servent qu'à mieux faire ressortir
le grand et beau style que nous signalions à l'instant et la frappante unité de ses
caractères architectoniques. La grande église de l'abbaye surtout, qui occupe
une si large place dans notre plan général, devait comprendre à elle seule toute
la perfection de l'art que les Carlovingiens nous avaient légué. Fondée par saint
Hugues, en 1089, cette abbatiale qui ne le cédait en honneur qu'à celle du
Mont-Cassin, fut dédiée ou consacrée en 1131. Le haut degré de perfection qui
s'y reflétait se retrouvait sans doute encore dans le cloître et le monastère, et
dans les autres dépendances qui formaient ce vaste établissement. Mais à peine
reste-t-il trace à présent de tant de travaux. Si le transept méridional et le clocher qui lui attient n'étaient là pour témoigner de leur valeur artistique, ces
gigantesques monuments nous laisseraient à peine le souvenir de leurs dimensions, tant ils ont été effacés de la surface du sol : car telle est la fatalité qui
s'est attachée jusqu'à ce jour aux œuvres que nous étudions de préférence, que
si le dessin n'en a donné une représentation fidèle, la plume, quelque habile
qu'elle soit, ne peut qu'être impuissante à en reproduire une image satisfaisante
pour l'esprit.

Le temps et la barbarie, grâce au ciel, ne nous ont pas tout enlevé : cinq et
six siècles ont laissé là, en dehors de la clôture, de la circonscription béné-
dictine et du domaine de ses religieux habitants, des constructions civiles du
plus grand prix pour nous. Nous ne dirons qu'un mot des fragments de fortifications qui remontent au règne de saint Louis, et qui formaient alors une enceinte
protectrice pour toute la ville. Il est resté debout quelques pans des plus anciennes
murailles avec des tours à créneaux et à machicoulis du plus pittoresque effet.
Les monastères, ces séjours de la méditation, de l'étude et de la paix, étaient
souvent eux-mêmes des lieux très-fortifiés, bien qu'ils ne dussent prendre
aucune part à cette guerre universelle et permanente, qui était le fait domina-
teur de cette époque. Mais les abbés de Cluny, en assurant ainsi leur repos,
avaient voulu couvrir en même temps leurs vassaux et leurs voisins contre les
attaques incessantes des ennemis du dehors; ce qui fit que les murs de défense
s'étendirent bien au delà de leur résidence sous le sage gouvernement de Théo-
bald ou Thibaud de Vermandois, l'un des plus hauts et puissants personnages
qui aient porté le sceptre abbatial. Grâce à lui, les habitants de Cluny furent mis
à l'abri des guerres civiles, des meurtres, des incendies, des vols d'église, par

ces vastes murailles, revêtues de bons fossés, défendues par quinze tours disposées à intervalles inégaux et percées de huit portes principales. C'est ainsi qu'à Cluny la fin du xiiᵉ siècle préludait dignement aux graves événements de l'ère suivante.

Si maintenant nous nous transportons dans la ville telle que ces temps agités ont permis de l'édifier pour l'avenir ; si nous parcourons ses places, ses rues, ses édifices de tous genres, en nous les représentant dans l'état où ils ont été élevés de la main même de leurs fondateurs, il ne sera pas impossible de constater que son origine première remonte à une époque encore bien plus reculée. Diverses parties datent peut-être de Charlemagne ou de son successeur immédiat, ainsi que tendent à l'établir les vieilles annales qui renferment les éléments de son histoire. C'est pourquoi nous ne serons point surpris de voir l'arcade romane se montrer presque partout avec la grâce et la noble simplicité de ses ornements. Assez souvent encore on rencontre la plate-bande de même création, soutenue dans sa longueur par de courtes colonnettes et des pilastres carrés, ou bien quelquefois l'ogive largement ouverte et à peine cintrée qui n'a point commencé à se transformer en élégant tiers-point. Vingt-cinq ou trente maisons de cette période nous sont parvenues à travers mille dangers de destruction. Chacune des plus importantes et des plus remarquables est indiquée par un chiffre répété au point qu'elle occupe dans le plan général. Il n'en est pas une de celles-là qui ne porte un cachet spécial. Partout elles se font distinguer par des traits bien tranchés de toutes les autres constructions qui les avoisinent.

Nous avons dû accorder la préférence à quelques-unes d'entre elles, soit pour les décrire, soit pour les dessiner ; et celle [1] que nous choisissons d'abord pour notre part de description est assurément l'un des plus précieux spécimens que nous puissions nous attacher à reproduire. Habilement rendue la première par la main du graveur, elle fera ressortir mieux qu'aucune autre les avantages et le mérite que nous voulons y faire découvrir. Placée au milieu d'un groupe de trois maisons qui ont manifestement été construites à une centaine d'années environ les unes des autres, celle du centre porte les caractères les plus marqués que nous avons reconnus appartenir à l'époque romane. Quatre étages bien délimités, sans compter un considérable soubassement, lui donnent une élévation qui lui fait dépasser de beaucoup le sommet de ses deux voisines. Près du sol, une ogive abrupte, imparfaitement tracée, sert d'assez large entrée à une boutique ou magasin ; puis tout à côté est la porte de l'escalier.

Immédiatement au-dessus de ces ouvertures inférieures, l'on aperçoit quatre petits arcs en plein cintre, séparés les uns des autres par des colonnes courtes, à corps ou fûts richement travaillés et à chapiteaux très-ornés : seuls avec deux

---

1. Cette maison est désignée dans le plan général par le nᵒ 6, répété dans la planche xx.

oculus carrés, ménagés plus haut encore pour la commodité de l'habitation, ils constituent toute la décoration de cette partie du premier étage. Tout cela est en pierre choisie et comme enchâssé dans une maçonnerie de moellons recouverte d'un bon enduit de sable et de chaux. Au second, on observe une même disposition; mais il y a vers la droite une légère déviation de l'axe des ouvertures qui ne correspondent pas exactement avec leurs analogues percées plus bas. On voit encore à cette hauteur cinq fenêtres supplémentaires, deux latéralement placées près des arceaux, et trois au-dessus d'eux. C'est là que l'air et les rayons du soleil semblent se jouer plus librement à travers ces baies, au gré des désirs de ceux qui veulent en ressentir la douce influence. Enfin le troisième étage est loin de présenter les mêmes agréments : il n'a reçu qu'une seule fenêtre plus grande que les autres, et presque entièrement dépourvue d'harmonie et de similitude avec elles. Le linteau de cette dernière touche à peu près les chevrons avancés du toit, qui se fait remarquer par une saillie de plus de trois pieds et sa pente très-peu rapide.

La seconde maison [1] qui se présente à considérer dans l'ordre de nos dates offre cette singularité frappante, que sa cheminée s'élève au premier étage en avant-corps ou saillie extérieure, entre deux baies géminées d'excellente proportion. En effet, dans les belles fenêtres de celle qui sollicite notre examen en ce moment, nous voyons quatre petites arcades séparées entre elles par des colonnettes et pleinement cintrées, dont l'ornementation est empreinte d'une physionomie toute romane. L'arcature qui dans toute la largeur les encadre par le haut, ainsi que celle qui se voit au lieu de corbeaux à la base extérieure du foyer, des traces encore sensibles de zigzags, de têtes de clous étoilées et de dents de scie, achèveraient au besoin de nous faire connaître approximativement le temps qui les a pu produire. C'était, au reste, celui de la plus grande prospérité de l'abbaye et de la plus favorable extension de son influence : alors elle attirait autour d'elle avec des habitants paisibles, des marchands, des chefs d'industrie ; et nul doute, suivant certains signes qu'on reconnaît encore bien en ce bâtiment à saillie si régulièrement placée en son milieu pour son premier étage, que son rez-de-chaussée ne fût destiné, au gré de ceux qui l'occupaient, à servir de dépôt ou de magasin, appropriation qui en aurait pu faire à bien des égards un lieu d'un emploi commun à plusieurs commerçants.

La maison voisine [2] de la précédente a été faite, selon toute apparence, pour le même usage que cette dernière. Comme à côté, l'unique pièce de son rez-de-chaussée ne pouvait être qu'une boutique; du corridor qui lui était contigu et qu'éclairait suffisamment une porte et son oculus percé au-dessus d'elle, il était facile, suivant les habitudes simples de ces temps, de gagner le premier étage

---

1. Cette maison est désignée dans le plan général par le n° 23.
2. Cette maison est désignée dans le plan général sous le n° 24.

par un escalier à rampe droite et en dalles d'une seule jetée. Comme à côté aussi, il n'y avait en haut qu'une ou deux grandes chambres pour le logement de toute la famille. Une claire-voie de six arcades romanes donnait vue sur la voie publique. Trois colonnettes isolées qui alternent avec deux faisceaux de colonnettes accouplées par une chaîne de perles, servaient de retombées à de très-beaux arceaux romans; et de plus quelques roses, sculptées en relief sur le champ des linteaux, rompaient de ce côté, avec une arcature supérieure, la monotonie et la nudité de cette façade à cette élévation : puis enfin un grand espace de mur permet à la charpente d'avancer de plus de trois pieds en auvent, de manière à écarter la chute des eaux pluviales et de préserver de leur atteinte ceux qui passent sous son abri. Tel était le système bien modeste, comme on le voit, d'embellissement de ces habitations particulières, qui ont eu un sort bien différent de celui que les nôtres subissent à notre honte chaque jour sous nos yeux.

Dans un autre endroit, peu distant du point où nous étions tout à l'heure, il existe une maison de même style et de facture entièrement analogue [1]; sa physionomie bien caractérisée demande que nous nous y arrêtions quelques instants. Elle se présente avec deux étages reposant sur un rez-de-chaussée assez élevé. Son importance apparaît au premier coup d'œil, eu égard à sa plus grande étendue et à certains détails que nous ne retrouvons que là. Elle est percée en bas de trois différentes ouvertures : la première à gauche, conduisant à l'escalier, se distingue par deux linteaux en pierre un peu séparés l'un de l'autre; l'inférieur peu épais et le supérieur extrêmement fort, au contraire, forment le cadre assez petit d'un châssis à vitraux. La seconde de ces ouvertures est un large portail en arc surbaissé, qui, à notre sens, devait recevoir une devanture de boutique et une fermeture en bois que nous avons reproduites en entier avec les volets armés de pentures en fer. A la suite vient une fenêtre assez large et peu haute; par elle peut-être la lumière arrivait à un cabinet qui à l'aide d'une simple cloison en briques ou en planches se trouvait ainsi réservé au service du magasin; c'est du moins ce que nous avons pu conjecturer d'après les indications recueillies par nous sur les lieux, et que, grâce à de nombreuses analogies, nous avons jugées d'ailleurs assez vraisemblables.

Au-dessus de ce que nous venons de voir règne, dans toute la largeur du bâtiment comme marque de séparation, une tablette à fortes moulures. Sur cet appui reposent huit colonnettes dont trois se groupent à part pour constituer un faisceau plus fort; elles sont accompagnées d'un soutien plus robuste encore que celles qui sont accolées entre elles, sorte de pilastre parfaitement équarri; des rinceaux gracieux courent sur le fût de celui-ci, à sa face antérieure; de

---

1. Cette maison est désignée dans le plan général sous le n° 1.

grasses sculptures représentant deux griffons se font remarquer au côté anté-
rieur du chapiteau qui fait son couronnement; ces animaux fantastiques se
tiennent par une de leurs pattes et tordent le cou en arrière comme pour saisir
l'extrémité de leurs ailes; une petite rose sépare leurs têtes, qui supportent une
abaque ou tailloir à dents de scie profondément entaillées. Tout ce travail est
d'un faire exquis et dénote autant d'habitude d'exécution que de vigueur et de
richesse de dessin. Ces six supports, dont le premier vient de nous arrêter un
moment, sont chargés de cinq beaux linteaux de pierre, fermant la partie supérieure d'autant de fenêtres dont le rapprochement ne rendait pas facile une
distribution en plusieurs pièces bien séparées. Plus haut on voit un large espace
tout uni; les joints d'un appareil soigné qui s'y aperçoivent indiquent que cette
portion appartient à la première construction même. Ce grand nu de mur
monte jusqu'à un dernier cordon, qui était sans doute autrefois le signe de
démarcation de la toiture.

Mais aujourd'hui le bâtiment s'élève davantage; une espèce d'attique en
forme de second étage a été faite en moellons ou en blocage revêtu d'un enduit.
Deux croisées avec leurs montants et leurs croisillons en pierre ont été ménagées vers le milieu à très-peu de distance l'une de l'autre. Le toit, qui s'avance
beaucoup, leur projette son ombre et laisse apercevoir en dessous de longs
chevrons qui supportent les tuiles creuses de la couverture; une cheminée,
restaurée par nos soins, domine la charpente peu inclinée. Telle est dans son
entier développement cette quatrième maison, qui nous a paru un bon modèle de
cette époque romane que nous ne saurions trop proposer à l'admiration des vrais
appréciateurs. Il y a certes, ici, plus de goût et d'originalité, plus de simplicité
et de sage économie que dans les œuvres en plâtre moulé de nos jours. Puissent
donc ces exemples, d'autant plus rares qu'ils se découvrent plus loin de nous
dans le passé, servir enfin à nous faire sortir de nos déplorables errements.
Entraînés à notre insu par nos propres préventions, sachons bien, si nous per-
sistons à les suivre, qu'elles nous exposeraient aux chances d'un irréparable
discrédit; et puisque nous appelons un passé si glorieux à nous instruire, faisons en sorte que, à notre honte et pour notre malheur, tant d'efforts ne restent
pas stériles, et que tant de trésors ne demeurent pas enfouis dans l'oubli.

Il nous est loisible dès à présent de constater un fait important qui se reproduit dans toute localité où les maisons s'agglomèrent entre d'étroites fortifications pour la protection commune; c'est le peu d'étendue de toutes les façades,
circonstance qui s'explique aisément par le peu d'espace laissé à chacun dans
la circonscription des murailles. Aussi ne remarque-t-on pas de suite combien
on a souvent voulu gagner d'agrandissement, en prenant pour ainsi parler sur
le ciel ce que le terrain restreint par la nécessité même de la défense refusait
en surface? La maison qui vient de passer sous nos yeux est un exemple frap-

pant de ce mode singulier d'extension en hauteur, sens de développement
opposé à celui qui est le plus communément préféré. Plusieurs autres choses
sont encore à noter en cette occasion : tous les linteaux sont en pierre choisie ;
il en est de même des chambranles, montants, arcs et pourtours des ouvertures
qui se distinguent par un appareil soigné et de très-beaux profils.

Parmi les plus beaux legs de cette période romane, nous ne devons point
omettre, avant d'en rechercher d'un autre temps, de citer encore la grande
entrée de l'Abbaye. C'était en ce point spécialement que devait s'annoncer dès
l'abord l'importance de cette fondation. Deux arcades en plein cintre, supportées par des colonnes avec cannelures à moitié torses et à moitié droites,
composaient ce portail et le transformaient comme en un arc de triomphe. Les
deux portes ainsi rapprochées l'une de l'autre constituaient un double passage
qui rendait l'accès de cette retraite plus facile à tout venant. Elles étaient autrefois surmontées d'un étage de plus petites arcades qui faisaient attique sur
l'ordre inférieur, seul demeuré debout aujourd'hui. Des dessins exacts, qu'une
main habile et une prévoyance intelligente nous ont laissés, représentent cet
ancien état de choses. La ressemblance était frappante avec la plupart des portes
romaines qu'il nous a été donné de voir dans nos voyages, et principalement
avec la porte d'Arroux à Autun. Cette dernière a dû servir de modèle pour
élever celle que nous signalons ici en passant plutôt que nous ne la décrivons.
Ces rapports n'ont pu nous échapper ; ils avaient frappé des esprits attentifs
avant nous ; et ils restent comme un témoignage de la puissance de la tradition
dans l'ordre des créations artistiques. Les arcades [1] qui subsistent servent
maintenant d'entrée à la demeure d'un savant modeste, que l'amour de l'étude
et de nos antiquités a rapproché de ces débris pieusement conservés par ses
soins. Nous redirons plus tard, et pour d'autres services encore, les titres de
M. le docteur Ochier à la reconnaissance de ses concitoyens.

Après ces quatre ou cinq échantillons profondément empreints des caractères appartenant aux meilleures phases de l'architecture romane, nous arrivons,
par une transition presque insensible, à ceux d'une époque non moins originale
et féconde. Ces derniers seront au nombre de deux seulement. Le XIIIᵉ siècle
pouvait nous en offrir davantage ; mais l'abondance même de ses richesses
éparses çà et là à travers cette cité ruinée, dans l'embarras de notre choix,
nous imposait des limites plus réservées. Notre but n'est point d'épuiser un
sujet aussi étendu que celui d'une ville ancienne, quelque important que soit
tout ce qui en est demeuré debout ; il consiste plutôt à demander à des lieux
divers la part qu'ils renferment d'objets spéciaux que nous reconnaissons
propres à entrer dans le cercle des applications pratiques de notre temps. Le

[1]. Elles sont indiquées sous le n° 27 dans le plan général de la ville.

reste ne nous importe qu'à titre d'études curieuses, revendiquées à bon droit par l'archéologie.

Le bâtiment qui va nous occuper ne surprend pas moins par son appellation singulière que par son aspect inusité. Son nom de Maison des Fours banaux suffit pour indiquer de suite son usage; et en effet, l'idée que donne immédiatement une telle désignation est bien celle d'une boulangerie publique, ou mieux encore d'un lieu de cuisson commune pour le pain de toutes les familles d'un même voisinage. Deux portes légèrement ogivales donnaient entrée à une sorte de grand vestibule. De là l'on passait en deux vastes pièces du rez-de-chaussée où s'ouvraient sans doute les bouches de deux fours destinés aux besoins des habitants.

Deux escaliers aux deux tiers intérieurement placés, s'élevaient symétriquement des deux côtés de la salle basse du devant. Ils conduisaient à un premier étage très-commodément disposé pour le service des distributions quotidiennes. Une grande cheminée chauffait la chambre en forme de galerie, qui régnait au-dessus des baies ogivales : elle s'accusait au dehors, sur la rue, par un encorbellement que supportaient de puissants corbeaux à quelques pieds au-dessus des ogives inférieures. Le principal corps de ce chauffoir devant recevoir le foyer avait une largeur convenable; il se rétrécissait sensiblement au tiers inférieur de sa hauteur, dont le reste n'était plus qu'un simple tuyau de conduite pour la fumée et les vapeurs du charbon. Qui n'admirerait le soin ingénieux avec lequel les divers degrés d'utilité de cette cheminée se trouvaient traduits extérieurement d'une si frappante manière? Un tel arrangement, propre surtout à accélérer le courant d'air pour entretenir l'incandescence du feu, n'était pas rare alors. Nous l'avons retrouvé souvent ailleurs. Qu'on ne s'imagine pas qu'il déparât en rien la façade qui le portait. Celle qui fixe notre attention en ce moment reçoit de cette construction en saillie, à mi-hauteur environ du mur, un caractère d'originalité qui, joint à l'espèce de claire-voie qu'elle partage en deux côtés parfaitement semblables, ne se peut comparer à rien de ce que nous avons rencontré jusqu'à ce jour.

Au-dessus du degré de droite est un huis fermé de volets de bois. C'était peut-être par là qu'autrefois le pain était remis en certaines circonstances à la foule qui venait le réclamer; l'on voulait éviter ainsi, sans doute, ces envahissements tumultueux qui se renouvelaient trop souvent dans les disettes, malgré le respect plus grand alors de l'autorité publique. Si nous remarquons en outre que les portes des escaliers étaient rendues d'un accès difficile pour l'attaque, les premières marches qui y conduisaient étant extérieures et sans palier; qu'à la hauteur de la dixième environ, deux petites fenêtres en parallélogrammes à bizeaux bien taillés, éclairaient sans châssis la pièce de passage pour aller aux fours, les grandes ouvertures étant protégées par de puissants vanteaux de bois; qu'une troisième fenêtre, entièrement pareille à ces dernières, percée à peu près dans l'axe de l'escalier de gauche, à la partie supérieure du premier étage, était pratiquée sans inconvénient en cet endroit élevé pour mieux diriger de ce côté les pas de ceux qui montaient, nous aurons, avec ce qui précède, le tableau exact de la face antérieure de ce bâtiment, l'un des plus complets et des mieux conservés qui soient à Cluny. Nous aurons de plus quelque idée des précautions prises contre ces émeutes locales que la faim, et non la haine mal conseillée du peuple, suscitait à l'occasion. On sait que la boulangerie jouait un rôle très-important dans la police administrative de cette civilisation passée. C'est là ce qui nous explique la physionomie mâle et sévère de cette construction, le soin avec lequel tout ornement a été banni de sa surface, ses abords abrupts et presque sauvages, de même que sa singulière et expressive dénomination indique si bien son but d'utilité commune et son usage populaire. Quelques signes assez vagues, quelques traits peu marqués aux chapiteaux de ses colonnettes ainsi qu'à leurs bases, nous la font rapporter, si ce n'est au commencement du xiiie siècle, au moins à la fin du siècle précédent. C'est pourquoi elle nous peut servir de moyen de passer à la description d'un autre bâtiment plus avancé, sans crainte de rompre trop l'enchaînement que nous devons observer pour tâcher de rendre plus intelligible une matière déjà trop aride en elle-même.

Deux maisons flanquent des deux côtés celle que nous avons présentée la première comme un modèle parfait de notre style roman. L'une et l'autre n'ont plus que deux étages. A droite, ne serait-ce qu'à l'aide d'un trilobe aveugle terminant une petite fenêtre placée latéralement en bas, presque à hauteur d'appui, on reconnaît de suite l'empreinte du xiiie siècle, et à gauche le cachet du xive. Les titres de possession avec la tradition vulgaire font foi de ce que nous avançons à cet égard. C'étaient encore là des habitations particulières. Elles étaient sans aucun doute occupées par des marchands, si l'on en juge par leurs dimensions presque toujours égales, leur position, leur place et leur arrangement général. Nous retrouvons en bas de grandes ouvertures servant d'entrées principales : celles-ci sont en arc surbaissé et formées de claveaux en avant. Dans leur ébrasement devaient évidemment s'exposer les marchandises près des fermetures en bois que nous avons rétablies.

Mais, comment reconnaître les dates approximatives que nous leur assignons? comment déterminer avec quelque précision l'origine de chacune d'elles? Les traits qui lés différencient sont-ils si distincts qu'un œil exercé les puisse saisir au premier aperçu? Nous n'hésiterons point à dire que les difficultés à ce sujet disparaissent bien vite devant un regard attentif. La délicatesse des chapiteaux de ce que nous sommes convenus d'appeler leurs claires-voies, des moulures diversement accentuées suivant les temps, des profils bien tranchés, tels sont

les éléments qui ont servi de base à notre jugement. De plus, les contrats d'ac-
quisition, les archives municipales, lambeaux tout mutilés de celles de l'antique abbaye, l'ont pleinement confirmé. Ce sentiment est encore partagé par
les archéologues les plus distingués de ce pays. Les renseignements que nous
devons à leurs bonnes grâces doivent trouver place à côté de nos appréciations. Que le savant docteur Ochier reçoive en particulier nos remerciements
pour les documents précieux qu'il s'est plu à mettre sous nos yeux.

Les parties principales de ces constructions, telles que tablettes, montants,
arcs surbaissés, ogivaux ou cintrés, colonnettes, encadrements et linteaux,
étaient en pierre de taille d'un grain fin et d'un ton que le temps n'a point
affaibli : tout le reste était en pierre de plus petit appareil que recouvrait souvent un enduit de chaux et de sable d'une extrême solidité. Il n'est rien qui
satisfasse autant l'esprit que cet état presque entièrement intact de bâtiments
privés qui ont traversé six siècles et plus pour arriver jusqu'à nous. Leur intégrité ne doit pas moins faire notre admiration que l'heureuse conception de
leurs plans et de leurs élévations agréables autant que solides; il ne leur manque aujourd'hui, pour nous peut-être, que ce degré de commodité auquel les
exigences de nos habitudes nous ont trop accoutumés; mais dès là qu'ils répon-
daient aux besoins de leurs premiers maîtres, nous n'avons pas à leur demander
d'autres conditions que celles qu'ils ont si convenablement remplies. C'est en
les modifiant suivant nos vues présentes et nos usages, que nous parviendrons
pour ainsi dire à nous les assimiler et à rendre, par des développements successifs, leurs dispositions conformes aux nécessités de notre industrielle civilisation. Quel excellent parti ne pourrait-on pas tirer, pour nos modernes magasins surtout, de ces claires-voies qui se prêteraient si merveilleusement à éclairer
les longues galeries où s'entassent chaque jour les produits enfantés par
l'ardeur toujours croissante du luxe et du gain. Comme nos petits étages, dans
les grandes villes, s'accommoderaient de ces ouvertures rapprochées et si peu
élevées; et comme aussi, d'un autre côté, leur superposition, aidant à multiplier l'espace, exprimerait avec avantage et convenance ces grands compartiments de marchandises disposées par rayons, que la commodité et le désir de
frapper les yeux de la foule des clients empêche de séparer par des planches;
et pourtant, nous n'avons point vu jusqu'à présent qu'on ait nulle part mis à
profit les gracieuses et tout à la fois ingénieuses combinaisons d'un art qui
semblerait avoir été plutôt créé pour nous que pour nos ancêtres, tant il y entre
de sage économie de l'espace, de science des longues durées, et d'intelligence
des dépenses de toute nature.

Chose qui surprendra peut-être : ce moyen âge, si actif, si fécond et si facile
à se laisser entraîner aux séductions de ses artistes, subissait déjà lui-même les
exigences parcimonieuses des intérêts de la petite propriété. On le voyait éviter

soigneusement les grands frais pour les petites fortunes par le choix des matériaux communs, tels que moellons et blocages avec crépis ; mais il savait encla-
ver dans ces grosses maçonneries des parties en pierres qui ne manquaient ni
d'élégance ni de délicatesse : comme nous le voyons dans les façades des maisons de Cluny. Là nous apercevons encore par quel moyen il parvenait à diminuer les charges onéreuses qui auraient pu peser sur ceux dont les projets
avaient en vue plus encore leur postérité qu'eux-mêmes. Leur procédé habituel
pour arriver à ce but consistait à diminuer beaucoup l'épaisseur des murs, en
adaptant à l'intérieur un système d'arcades surbaissées ou en plein cintre,
hautes, larges, profondes et séparées seulement par détroits piliers, nous pourrions presque dire par de minces meneaux. Nous avons à Paris une large et belle
imitation de ce mode si simple de consolidation dans le grand monument de la
bibliothèque de Sainte-Geneviève. Cette série de contre-forts élevés en dedans et
reliés entre eux, comme par des arches d'appui, laisse libres des espaces dont il
est toujours aisé de faire un utile emploi. C'était, de la sorte, retrancher à la quantité de matière employée sans nuire, ou plutôt en ajoutant à la solidité ; c'était
par là même atteindre un haut degré de perfection, puisque de ces évidements
si habilement ménagés dépendait un profit incontestable, avantage goûté dans
tous les temps.

Ces grandes arcades, mode déjà bien ancien d'allégement et de consolidation
en même temps, étaient loin de produire à l'intérieur une impression désagréable
à la vue. Leur effet avait quelque chose de grand qui ajoutait singulièrement à
l'étendue des pièces et à l'espace destiné surtout aux siéges de la famille : car des
bancs de pierre étaient toujours ménagés latéralement sur leurs parois, afin de
rendre les entretiens plus faciles et le travail plus agréable. Chacune des hautes
et larges arches de soutènement en dedans embrassait à la fois deux des arcs,
ou des baies à linteau droit de ce qui formait à l'extérieur ce que nous avons
appelé la claire-voie. Chacune comprenait de plus encore à sa partie supérieure
l'oculus surajouté dans l'axe de la colonnette ou meneau. Ces oculus étaient
de simples trous de forme variée, destinés sans doute à éviter l'obscurité complète quand les contrevents étaient fermés.

Pour notre climat où presque jamais le soleil n'est trop ardent, cette série
d'ouvertures, rapprochées comme pour éclairer et aérer mieux une galerie, convenait à merveille dans ces petites villes, plus restreintes par les limites mêmes
de leurs fortifications, enceintes resserrées où le développement se refusait aux
besoins de l'hygiène publique et privée ainsi qu'aux prétentions envahissantes
de la fortune. Nos architectes français ont longtemps conservé cette gracieuse
disposition de galeries à jour vers la rue. Le château de Moret, miraculeusement
transporté des bords de la forêt de Fontainebleau à Paris, vers l'extrémité méridionale des Champs-Élysées, Anet, Gaillon et tant d'autres royales fantaisies ont

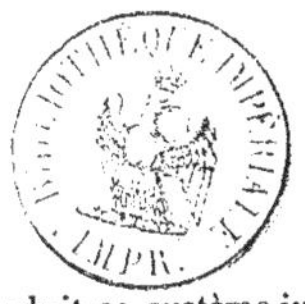

reproduit ce système jusqu'à la renaissance avancée. Mais la grâce, la recherche capricieuse qui ont caractérisé ces résidences princières n'avaient pu évidemment apparaître au même degré dans les habitations de simples commerçants ou de modestes propriétaires.

C'étaient là, qu'on nous passe l'expression, des réminiscences artistiques, suscitées par les œuvres originales d'un autre temps, filiations faciles à suivre en remontant jusqu'aux maîtres novateurs de notre ère chrétienne. C'étaient autant de souvenirs, embellis peut-être, illustrés d'un autre tour d'imagination qui avait bien aussi, il est vrai, son incontestable et propre fécondité. Toutes ces élégances architecturales des règnes de François Ier et de ses successeurs sont des richesses qui ont leur point de départ générateur dans des créations antérieures dont nous revendiquons à bon droit la gloire pour leurs auteurs. Le rapprochement que nous faisons de ces conceptions si distantes par le temps, prouve jusqu'à l'évidence que le génie dans l'ordre des beaux arts a ses conditions de paternité ou de transmission en quelque sorte héréditaire, qui rendent à tous les égards les différntes stades d'une civilisation solidaires les uns des autres. La renaissance, plus heureuse en cela que les siècles qui l'ont suivie, ne nous a laissé tant de trésors de grâces dans ses édifices surtout, qu'à cause des emprunts nombreux qu'elle fit à ses devanciers immédiats. Nous voyons maintenant où nous ont conduit ses efforts pour faire revivre parmi nous l'antiquité classique. Dégagés de tout esprit systématique, ne devons-nous pas avouer que ses succès ont été funestes ; et ne faut-il pas désirer que son influence affaiblie disparaisse enfin devant les tentatives récentes d'une autre renaissance plus nationale et plus vraie que, pour notre part, nous ne saurions trop appeler de nos vœux.

Nos planches de cette troisième livraison des maisons de Cluny prouveront à nos lecteurs comme à nous, combien est fondée l'opinion que nous venons d'émettre presque à regret. Non, certes, l'imitation du roman que le XVIe siècle, suivant nous, s'est attribuée en diverses parties, en y ajoutant quelque fond pris aux sources grecques et romaines, ne pourra plus être contestée, après que l'on aura vu les trois façades d'habitations privées que nous voulons donner encore aujourd'hui. Il sera facile de comprendre comment et pourquoi nous nous attachons avec tant d'insistance à ces beaux types, si l'on considère la convenance et l'harmonie qui règnent dans ces pittoresques constructions, et surtout si l'on y voit avec nous l'origine de ces charmantes galeries à jour qui, sous les Valois, devinrent l'ornement presque exclusif de nos palais et de nos châteaux. Et, à ce sujet, remarquons à la hâte qu'avant et sous saint Louis, et plus tard encore, les arts savaient se prêter merveilleusement aux besoins des plus modestes fortunes sans crainte ni de s'abaisser ni de s'amoindrir, puisque nous les voyons déployer leurs richesses jusqu'aux portes des boutiques d'humbles marchands et aux demeures des plus simples habitants de la cité. Les trois exemples nouveaux que nous produisons à ce terme de notre travail seront une démonstration suffisante de notre assertion sur ce point : elles confirment également et le bon goût des artistes de ces temps, et le sens exercé de ceux qui savaient recourir à leurs inspirations, et enfin l'intelligente rectitude du jugement public qui savait alors encourager les uns et les autres par son approbation méritée.

Des trois maisons que renferme la dernière gravure d'ensemble de notre travail sur Cluny, les deux qui sont placées à gauche sont attenantes l'une à l'autre. La troisième que nous avons rapprochée de celles-ci, quoiqu'elle soit située à une assez grande distance, dans une rue différente, a dû nécessairement rentrer dans ce cadre, à cause des rapports d'importance, de style et de date, qui semblent en faire comme l'œuvre d'un même maître. Notons, avant toutes choses, que nous retrouvons toujours la même simplicité de plan. De plain-pied, une seule pièce en avant, une autre en arrière, et deux autres en haut, auxquelles on parvient à l'aide d'un escalier droit en pierre qui rampe le long d'un côté de l'habitation. Il n'y avait rien de plus dans le corps de logis spécialement destiné à la demeure de la famille : car il ne peut être question de quelques accessoires, dépendances de service qui pouvaient être adjointes au bâtiment principal au fond d'une cour toujours peu étendue quand elle existait. Le rez-de-chaussée tout autour était sans doute consacré aux affaires de ce petit négoce qui occupait une si large part de l'activité commune au moyen âge. Nous y voyons antérieurement deux larges devantures de magasin ; l'une se distingue par l'ampleur de son ogive peu accusée, et l'autre se fait remarquer surtout par son linteau en pierre d'un seul jet, objet unique en son genre dans cette localité, et qui, par ce motif même de rareté, devait avoir sa place parmi nos choix. L'importance d'un tel morceau se trouve relevée encore par le voisinage de plusieurs couronnements de portes qui, comme monolithes, sont loin d'avoir la même valeur, puisqu'ils n'ont guère en effet que celle d'un simple degré des escaliers de ces maisons. Partout ailleurs, les plates-bandes de cette étendue étaient formées de poutres en bois qui n'avaient pas moins de solidité, si nous en jugeons par leur intégrale conservation. Nous avons restitué les fermetures avec leurs châssis de vitraux en losanges, et les trois divisions de l'embrasure, l'une servant d'entrée et les deux autres recevant les marchandises exposées au-dessus de l'appui en forte maçonnerie qui les limitait inférieurement.

Nous voici revenus encore à ces percées à jour qui portent l'air et la lumière dans des galeries plus longues que larges, et propres à recevoir tous les services domestiques. La première comprend quatre arcades assez hautes et parfaitement semblables entre elles, avec roses refouillées dans leurs tympans ; elles sont séparées deux à deux par une colonnette qui se trouve redoublée au milieu pour apporter une plus grande résistance en ce point. Sept arceaux moins élevés et de moindre diamètre composent la seconde avec cinq colonnettes, plus deux fais-

ceaux de fûts géminés et accouplés, et un pilastre presque central orné de cannelures, de dents de scie et de têtes de clous. Toute cette ordonnance de part et
d'autre repose sur un bandeau bien profilé qui se reproduit plus haut sur une
arcature, décoration ordinaire de ce genre de façades. Le mur, en fort bel appareil, continue de s'élever jusqu'au toit saillant d'un mètre environ, comme il
arrive souvent. Le caractère roman est profondément empreint dans ces deux
constructions contiguës; en les reportant au xıᵉ siècle, c'est à ses meilleures
années que nous devons en attribuer les principaux motifs, harmonieuses inspirations où nous aimons à reconnaître, ainsi que nous l'avons déjà dit, l'origine
première de celles qui, quatre cents ans plus tard, feront de nouveau notre
admiration. En architecture surtout, il est vrai de dire qu'il y a plus de combinaisons nouvelles d'idées que d'inventions proprement déterminées.

Il ne nous reste plus, pour achever cette description, qu'à parler de cette troisième habitation privée qu'il nous a fallu aller chercher en une autre partie de la
ville. Comme il est facile de l'admettre dès son premier aspect, elle ne pouvait
être que la demeure d'une famille qui voulait, après des travaux prospères, jouir
du repos et de l'aisance, fruits bien mérités de ses efforts. Une porte exhaussée
sur trois marches qui la dépassent et commencent le rampant d'un escalier droit;
une espèce de meurtrière sur son linteau , un soupirail rectangulaire laissant
arriver quelques rayons à une salle basse ou cellier, voilà le peu d'ouvertures
qui s'aperçoivent au bas de cette maison, ainsi protégée contre toute atteinte du
dehors. Au premier étage, une double fenêtre à colonnette mitoyenne, dont le
chapiteau sert de retombée à deux cintres délicatement sculptés en avant, trois
roses à fond plein, par-dessus cela, une arcature ayant à peu près pour limite les
impostes, telle est, sur la face antérieure, la seule vue que les habitants aient du
côté de la rue ; au second, la disposition serait entièrement la même, si les trois
roses d'ornement en relief n'y manquaient aux archivoltes. Où pourrait-on
rencontrer rien de plus simple et de plus frappant par sa singulière et pittoresque
physionomie? Est-il muraille aussi unie et de pareille apparence qui ait jamais
reçu depuis si bonne part de sculpture en si peu d'espace? L'art ne se montre-t-il
pas sans dédain jusqu'au milieu de cette maçonnerie en moellons que le temps
a rongée çà et là sur sa face en respectant ce que le ciseau a si bien travaillé? et
n'est-ce pas là sa mission d'embellir tout abri de l'homme, que ce soit l'humble
toit d'un sujet ou le palais d'un souverain. Mais il faut qu'il sache lui-même
mesurer son intervention au degré d'importance de l'objet qu'il veut déco-
rer; et cette sage dispensation de ses faveurs qu'il a si bien su faire chez
nos aïeux, pourquoi ne la renouvellerait-il pas pour nous, si nous savions
nous en rendre dignes comme eux dans les différentes sphères de nos conditions sociales. Quelle serait notre satisfaction de voir nos efforts contribuer à
l'accomplissement de ce vœu et de cette espérance!

Nous le voyons, les trois plus beaux siècles du moyen âge ont apporté à l'envi dans cette étroite enceinte de Cluny l'inépuisable tribut de leurs œuvres. Les précieux legs que chacun d'eux y a laissés sont presque égaux en nombre; il ne nous a pas paru qu'ils le fussent en importance; sous ce rapport, la période romane paraît avoir un avantage marqué. Quels intéressants exemples ne nous a-t-elle pas fournis depuis la dernière maison que nous venons de voir dans son exiguïté, jusqu'à celle qui est décrite plus haut avec son riche et mâle pilastre à griffons. Entre ces deux spécimens, que de variétés de modèles cette époque ne nous a-t-elle pas présentées, et combien n'avons-nous pas trouvé à imiter parmi ses débris où se rencontrent tant de formes que nos habitudes nous rendent tout prêts à accepter. Le cintre, en effet, et la plate-bande, sont plus conformes à nos goûts que l'ogive, trop généralement reléguée par nos contemporains dans les monuments religieux.

Si quelques parties nécessaires ou accessoires ont entièrement disparu de la place qu'elles occupaient, nous avons pu les restituer à l'aide de parties analogues qu'il nous a été donné de recueillir ailleurs. Ainsi, de toutes ces grandes et belles ruines, pas une cheminée ni complète, ni même assez peu démantelée, n'ayant pu parvenir jusqu'à nous, nous avons dû recourir à d'autres restes moins mutilés de cette importante portion de nos édifices domestiques. Une dépendance bien conservée du chapitre du Puy-en-Velay, nous a fourni ce qui nous manquait à cet égard. L'abbaye de Morlac en Berry, nous est aussi venue en aide dans cette circonstance; à Provins même, lieu si rapproché de Paris, nous avons pu découvrir encore des éléments propres à faire d'entières restitutions de ces tuyaux construits avec tant d'originalité pour conduire au dehors la fumée des foyers.

Mais tout ce qui a été dévasté ou détruit dans ces habitations ne l'a pas été au même degré que les couronnements de leurs cheminées dont il n'existe pas trace aujourd'hui. Partout, avec ce qui a résisté aux diverses causes de mutilation, il nous a été possible de réintégrer ce qui faisait plus ou moins défaut. Pour les objets absents ou altérés, il nous a été loisible de recourir à ceux qui leur correspondaient et qui sont demeurés plus ou moins intacts chacun en son lieu. Nous n'avons omis aucun soin pour rendre à chaque chose son vrai caractère et sa physionomie propre. Notre scrupule est allé sur ce point jusqu'à représenter tel qu'il nous est parvenu un lambeau de maison romane, qu'une sollicitude inespérée a respecté en le faisant encastrer dans le mur d'une maison moderne, dont nous avons déterminé la place dans le plan général [1]. C'est une fenêtre cintrée, taillée dans un grand morceau de marbre blanc; un beau damier règne au-dessus de l'arc, et des ornements d'un bon goût sont sculptés en tout son

---

[1]. Elle est indiquée par le n° 13.

pourtour ; deux moitiés de roses et des modillons constituent avec les feuilles palmées de ce riche contour la curieuse ornementation de ce débris échappé sans doute à quelque édifice que sa splendeur même aura plutôt fait abandonner. Nous regrettons que le nom de celui qui l'a préservé de la destruction ne nous soit pas connu, pour lui rendre l'hommage qui lui est dû. Cet attachement à nos antiquités, trop rare encore parmi nous, n'en a que plus de droits à notre gratitude et à nos encouragements.

Une autre sollicitude, déjà reconnue et proclamée par nous en plusieurs pages de cette notice, a pu sauver en entier une belle claire-voie qui éclairait sans doute autrefois le premier étage d'une habitation particulière du xIVᵉ siècle. Pilastres, colonnes, bases, chapiteaux, tout cela a été recueilli et préservé de l'anéantissement par la seule mesure qui l'en pût garantir. En les encadrant dans la construction récente d'une serre, la main intelligente qui a su protéger ces intéressantes reliques, leur a donné un but d'utilité charmante. Par cette convenable destination, elle ne pouvait les approprier à un usage mieux compris, puisqu'elle en faisait une longue façade, devant recevoir les rayons de nos soleils d'hiver au profit de plantes et de fleurs venues de régions plus chaudes. De ces membres ainsi séparés, nous avons fait graver plusieurs chapiteaux dont le galbe et la structure ne peuvent rien laisser à désirer pour l'élégance et l'harmonieuse proportion. Si l'on jette un moment les yeux sur la planche qui les contient, on nous rendra de suite cette justice de n'avoir attaché de prix qu'aux choses qui en avaient en réalité par elles-mêmes. Toute notre tâche consiste en effet à ne rien admettre dans nos dessins qui n'ait un véritable intérêt pour ceux qui savent où tendent nos désirs et nos efforts.

Après avoir traversé ce labyrinthe de ruines et ce mélange d'œuvres de tous les temps de notre histoire artistique, nous devons chercher à résumer en quelques mots les traits les plus frappants de ce qui a passé si rapidement sous nos yeux. Il sera bon de concentrer davantage les impressions que l'ordre même dans lequel nous les avons reçues et exprimées n'aura point rendues immédiatement assez saisissantes : et d'ailleurs, ces tableaux, vus en raccourci , ne présenteront-ils pas les points pratiques que nous voulons faire ressortir avec intention, mieux à tous égards, que ces longs récits où nous nous sommes trop complu peut-être. Si l'on se rappelait quelques-unes de nos réflexions jetées çà et là en considérant, dans une localité presque oubliée de nos jours, le tribut payé par chaque siècle de l'art gothique à une ingrate postérité, ne serait-ce pas là tout l'effort que pourrait faire l'esprit le plus bienveillant et le mieux disposé à l'indulgence pour nous? Achevons donc notre tâche par quelques lignes de plus, en faisant en sorte qu'elles soient un abrégé succinct des détails où nous avons cru devoir entrer. Nous tenons pour certain qu'il n'y a d'enseignement pratique à tirer dans le cercle où nous nous sommes renfermés que des rapprochements rendus faciles à saisir par quelques considérations précises qui les relient brièvement entre eux au terme de chaque article.

Les maisons du XIIᵉ siècle à Cluny étaient presque exclusivement la demeure et la propriété de commerçants ou d'artisans en relation habituelle avec le public. Leur disposition est assez communément la même quant au plan. Au rez-de-chaussée, on voit s'ouvrir une large baie, souvent ogivale, quelquefois en arc surbaissé, plus rarement fermée par un linteau en pierre de grande dimension, mode que nous avons rencontré dans une seule maison [1], ainsi que nous l'avons déjà fait remarquer. Ces grandes portes presque en forme de portail, avaient assez fréquemment aussi pour limites par en haut une forte et longue pièce de bois, comme on en emploie aujourd'hui dans les constructions particulières de nos villes industrielles. Mais les artistes du moyen âge, fidèlement attachés au principe de ne rien dissimuler de leur œuvre au dehors, se sont gardés de recouvrir leurs poutres de briques, de plâtre ou de mortier, ainsi que cela se fait aujourd'hui dans le but mal conçu de plaire davantage aux yeux ; l'ancien procédé n'a point empêché la conservation de ces pièces importantes, qu'à tort, sans doute, nous voulons trop soustraire au contact de l'air.

Quelques maisons, en plus petit nombre, ont en bas, près du sol, deux grandes ouvertures qu'un simple pilier séparait l'une de l'autre. Il est probable que ces édifices, dont la façade prenait plus d'étendue, étaient destinés à quelque usage public. Les fours banaux dont nous avons parlé en leurs lieu et place, en sont un exemple. A côté de la principale ouverture destinée à la boutique ou au magasin, il y en avait une autre de moindre dimension ; c'était la porte par laquelle on atteignait le degré qui conduisait à l'appartement supérieur : elle était fermée à son sommet par un linteau en pierre, et était ordinairement surmontée de cet oculus carré que nous avons noté à dessein comme accessoire très-propre à éclairer les marches supérieures. En outre encore, il existait quelquefois une petite fenêtre supplémentaire, rectangle par lequel la lumière arrivait à l'escalier quand la devanture était complétement close, ou obstruée par les objets exposés aux regards des chalands.

Tous les escaliers sans exception étaient droits : leur rampe se déroulait sur un côté de la maison qui en aurait été le pignon, s'il y avait eu entier isolement. Si quelques-uns sont ronds ou polygonaux, c'est qu'ils ont été renouvelés à une époque relativement récente. Avant saint Louis, les cages circulaires étaient peu en usage dans les maisons de Cluny, et la disposition dite en colimaçon étant d'ailleurs peut-être la plus dispendieuse, ce motif devait suffire pour la faire communément abandonner. On rencontrait, au niveau de chaque étage, des paliers qui conduisaient aux appartements. Une vaste chambre occu-

---

1. Celle qui est désignée au plan général sous le nᵒ 15.

pait toujours la façade entière; elle était éclairée par une série de fenêtres qui n'étaient interrompues entre elles que par des colonnettes. Les pierres de Bourgogne étant résistantes, des linteaux d'un seul bloc ont été partout employés pour couvrir les chapiteaux des galeries à jour; mais ils sont en général évidés semi-circulairement de manière à présenter en apparence la forme d'une arcade. Beaucoup n'ont reçu aucune espèce d'ornement; il n'en était pas de même de ceux qui appartenaient à une maison aujourd'hui détruite et qui formait l'angle d'une des plus belles rues. L'on en a conservé une vingtaine lors de la démolition, sans doute parce qu'ils étaient couverts de sculptures; nous avons été assez heureux pour en retrouver un des plus intéressants dans le transept de l'abbatiale, où il gisait pêle-mêle avec maints autres objets non moins curieux. Les délicats ornements qu'il porte entrent comme spécimen dans la planche de détails tirés de l'inépuisable fonds où nous avons déjà tant puisé. Des pilastres à chapiteaux et à bases fort riches soutenaient ces nombreux linteaux, suivant le rapport de ceux qui les ont encore vus debout. Ajoutons que nulle part nous n'avons observé de claveaux, les matériaux de ce pays se prêtant beaucoup mieux par leur solidité à la disposition précédente qui a l'avantage marqué d'offrir un aspect plus monumental.

La galerie proprement dite était la pièce la plus importante de ces habitations; c'était là où se trouvait la vaste cheminée au manteau en pierre qui, dans les longues soirées de l'hiver, abritait, en les inspirant, les intimes entretiens du foyer domestique; là se prenaient les repas de la famille, et là peut-être aussi logeaient ses principaux membres. Cette vaste salle communiquait d'ordinaire avec une ou deux chambres qui, avec l'étage supérieur, quand il existe, servaient de demeure aux serviteurs. Les toits ont toujours leur pente assez peu raide dirigée vers la rue; ils sont extrêmement plats; presque tous avancent de plus d'un mètre au delà du mur de face. La charpente est recouverte de tuiles creuses ou bombées telles qu'on en emploie dans les contrées méridionales depuis bien des siècles.

La population ne se composait presque que de commerçants; le voisinage de l'abbaye où affluaient tant de puissants et illustres visiteurs nous rend compte de ce grand nombre de marchands établis en ce lieu si favorable à leur négoce. Quelques rares habitants, étrangers à toute industrie, avaient fixé leur demeure au milieu de ces magasins de tous genres. La dernière maison que nous avons décrite était certainement occupée par un de ces heureux citadins qu'une modeste aisance avait déterminé à se préparer cette humble et jolie retraite; elle forme un si grand contraste avec tout ce qui l'entoure, qu'elle a dû devenir pour nous un type à part autant par sa destination que par sa simplicité même. La partie haute seule était occupée, le bas étant sans doute réservé à faire un cellier et à recevoir les ustensiles appropriés au service domestique. Elle appartient à ce temps de prospérité qui remplit la ville de constructions romanes, à ce point qu'à peine les siècles suivants purent-ils élever quelques bâtiments civils et privés dans cette enceinte resserrée. Cependant, la meilleure époque ogivale y a laissé deux ou trois maisons qui ne diffèrent en rien de leurs aînées par leur plan; mais elles s'en distinguent, comme nous l'avons vu, par le style de leurs sculptures, et par les moulures à trilobes qui décorent leurs linteaux rarement évidés.

Il nous a semblé que dans la suite, les riches particuliers furent encore davantage empêchés de bâtir au milieu de cette agglomération de plus en plus pressée d'habitants. On se souviendra néanmoins que nous avons pu recueillir un fort bel exemple de maison du xive siècle : des œuvres de ce temps, il ne reste plus guère d'ailleurs que des fragments épars çà et là. Les plus intéressants d'entre ceux-ci ont été rassemblés avec le plus louable zèle par un savant archéologue dont le nom, dans ce récit, s'est déjà plusieurs fois rencontré sous notre plume ; ces débris ont été heureusement employés à orner son magnifique jardin. Ce sont, on se le rappellera peut-être, des colonnettes alternant avec des pilastres, couronnés les uns et les autres par de superbes chapiteaux ; les supports ont été un peu plus distancés qu'ils ne l'étaient à leur primitif emplacement. Les linteaux qu'ils portaient ont été remplacés par des poutres en bois, et à l'aide de ces seuls changements, la galerie d'une habitation entièrement démolie est devenue la façade d'une jolie serre.

Le xve siècle a beaucoup plus marqué son passage dans cette intéressante localité; du moins, tout ce qu'il a édifié y a été plus respecté. C'est vers sa dernière moitié que l'abbé Jean de Bourbon fit élever le vaste bâtiment de la première abbatiale. La seconde ne tarda pas à être érigée par les successeurs de ce prince fastueux ; et l'on vit les cardinaux d'Amboise donner en ce pays une nouvelle impulsion aux travaux d'architecture. A cette date se rapporte un un grand et beau logis [1] ouvert au rez-de-chaussée par deux arcades en segment de cercle. Ses deux étages sont éclairés par des croisées à meneaux de dimension différente. Du reste, les dispositions sont les mêmes que dans les constructions plus anciennes. Non loin de là, on rencontre la demeure plus modeste que se firent, à la même époque, dans ce coin reculé de la Bourgogne, les ancêtres de l'illustre auteur des Méditations et des Harmonies Poétiques : ce ne fut que plus tard qu'ils se transportèrent à Mâcon, où nous retrouvons leur dernière postérité en possession du toit qui les y abrita; la porte en reste encore surmontée aujourd'hui du chiffre en fer battu composé de l'initiale redoublée du nom de Lamartine. Cluny n'a point oublié que cette famille habita ses murailles; il se plaît à redire les souvenirs qu'il en a gardés.

Enfin, pour terminer cette revue rapide que nous pourrions presque dire

---

1. Cette maison est indiquée dans le plan général sous le n° 57.

avoir faite à vol d'oiseau, nous ne passerons point sous silence une de ces anciennes et des plus curieuses maisons de Cluny [1]. Ce qui surtout la faisait autrefois remarquer, c'était la très-grande saillie de son toit. Cette partie avancée de la charpente était supportée par des pièces de bois qui venaient elles-mêmes s'appuyer sur des consoles comprises dans un fort bandeau de pierre, à la base du premier étage. Rien n'était plus original assurément que cette toiture ainsi prolongée sur l'espace libre de la rue, pour mettre à l'abri du soleil et de la pluie suivant le besoin. Cet arrangement, singulier en apparence, a peu à peu disparu chez nous; mais nous l'avons vu, avec quelques modifications, presque entièrement conservé à Pistoia et en plusieurs autres lieux de l'Italie. Transformé en auvent longuement étendu à mi-hauteur des habitations, il a dans ces endroits son incontestable but d'utilité : car dans les ouragans si fréquents partout au temps des équinoxes, il peut de plus préserver des tuiles détachées et brisées que l'on voit voler au-dessus des couvertures et des rues comme des feuilles d'arbre emportées par le vent; arrachés de leur place dans la tempête, ces tessons jonchant ainsi le sol, pourraient bien dire, s'ils parlaient, comme les hommes tombés moralement qui les voient en tremblant : « Et cecidimus, quasi folium, universi. »

Un autre avantage de cette grande couverture surplombant tout le corps de logis, était d'abriter des bancs décorés de têtes fantastiques, placés à l'extérieur pour la commodité du public. Cette importante demeure, qui avait par ce moyen ses fondations mieux préservées de l'humidité, annonçait en outre dans cet appendice une sorte d'hospitalité que ses maîtres entendaient donner à tout venant et passant, sans laisser franchir leur seuil aux importuns. De semblables siéges portaient d'ordinaire de beaux ornements, et ceux qui étaient restés là si longtemps avaient assez frappé les vieillards qui les ont encore vus, pour qu'ils aient pu nous en faire une description pleine d'intérêt; notre instinct nous avertissait que le leur ne les trahissait pas dans l'expression de leur admiration et de leurs regrets. La bienveillance des anciens jours s'efface de plus en plus avec les usages qu'elle amenait avec elle; les quelques traces que nous en retrouvons encore à la porte de nos riches hôtels ne tarderont pas à disparaître. Un autre mode de services prendra leur place. Nos trottoirs chercheront à les suppléer sans doute; mais ils n'auront jamais cet air d'utilité simple que nos ancêtres comprenaient avant tout, et qu'ils savaient pour ainsi dire exprimer avec une patriarcale bonhomie dans tout ce qu'ils faisaient.

Ces petits monuments de notre âge primitif, points de repos pour les promeneurs fatigués, chaises curules du pauvre attendant le secours qu'il n'implorait point en vain, doivent céder chaque jour aux mesquines exigences de nos

---

[1]. Elle est indiquée sous le n° 58 dans le plan général.

voiries. Nos mœurs ne comportent plus ces commodes et naïves coutumes ; malgré les inflexibles alignements, la fortune, aidée d'un peu de bienfaisante vanité, aurait pu néanmoins les maintenir ; mais loin de là, le présent les dédaigne, et ne nous permet plus que de les admirer dans le passé, sans espoir de leur retour dans l'avenir. Notre vie agitée n'a plus de rapport avec la vie calme et grave de nos pères ; et pourtant leurs bancs hospitaliers, avec des modifications conformes à nos besoins, ne seraient point aujourd'hui sans agrément et sans utilité, si surtout ils ne gênaient ni nos habitudes de mouvement ni la sécurité du dehors de nos grandes habitations. Que cette digression nous soit pardonnée ; elle n'est point étrangère à notre sujet : chercher à faire revivre, s'il est possible, un peu de poésie populaire dans nos conceptions et dans nos plans à venir n'est point hors de propos. Cet effort ne peut que mieux faire saisir le but où nous tendons : qu'il nous soit donc accordé de le faire entrer dans notre dessein de ne rien faire qu'en vue d'une pratique toujours facile, même au milieu des entraves administratives dont on nous entoure à chaque pas.

La mine féconde où nous avons puisé tant de matériaux pour notre travail, n'est point épuisée. Nous avons dû longtemps hésiter entre toutes ces richesses de Cluny. Celles que nous avons choisies au milieu de cette ville en ruines avaient pour nous une valeur spéciale, par le caractère des édifices domestiques et civils qui les recélaient. Mais les bâtiments claustraux et leurs adjonctions de tous genres l'emportaient de beaucoup en importance et en étendue sur tout ce qui les environnait au dehors. Un tel prestige s'attachait à leur valeur, qu'aujourd'hui même les appréciations qui en sont faites par les habitants sont empreintes d'une enthousiasme d'admiration qui ne recule pas même devant le plus inadmissible anachronisme. C'est ainsi que l'on n'a point cessé d'appeler bâtiment du pape Gélase une construction qui est évidemment du quatorzième siècle. Or, ce pontife, qui vivait au douzième, visita bien, il est vrai, ce lieu où princes et rois vinrent lui rendre hommage. Les souvenirs de son passage se sont tellement attachés aux pierres d'un édifice qu'il y éleva sans doute à ses frais, que celles qui les remplacèrent plus tard, malgré les changements de style, de forme et de destination peut-être, n'en ont pas moins hérité de sa mémoire, en gardant son nom. Les quelques travées demeurées debout ne sont que la portion minime de l'ensemble auquel elles ont appartenu. Elles forment en haut comme une façade percée d'une série de fenêtres ogivales que divisent des meneaux effilés : leur soubassement est très-élevé ; il est plein et parfaitement uni, c'est-à-dire aveugle ou entièrement privé d'ouvertures et d'ornements. La position de cette ruine est marquée au plan général et suffisamment désignée par la légende qui l'accompagne.

De quelque côté qu'on se dirige, à travers les ruines de cette ville, où nous voudrions encore errer en esprit avec nos lecteurs, vous n'entendez retentir à vos oreilles, dans la bouche des habitants, que le nom de l'antique abbaye. Mais de toutes les parties comprises dans cette vaste et puissante fondation, il n'en est aucune qui puisse attirer davantage l'attention que le majestueux vaisseau de son église. Si tout ce qui dépendait des moines pour leurs communs usages l'emporte sur toutes les constructions du dehors, à son tour la double abbatiale, d'une immensité qui ne se peut comparer qu'à la gigantesque basilique de Saint-Pierre de Rome, domine de part et d'autre et la ville et le monastère. Rien ne pouvait être imposant comme cette longue nef, précédée d'un narthex non moins étendu qu'elle; comme ces transepts appuyés de leurs tours avec leurs flèches élancées jusqu'aux nues; comme cette élégante abside en demi-cercle, qui terminait si noblement l'édifice divin en formant son sanctuaire. Il ne nous reste plus qu'à déplorer la perte de tant de grandeur et de majesté. Quelques fûts de colonnes gisant à terre, des blocs de maçonnerie tombés çà et là, des carrières ouvertes naguère dans les flancs déchirés du monument, des fondements à peine recouverts et dont l'œil suit encore la trace à des bandes de gazon moins vert et moins épais qu'alentour, tels sont les ravages que de vulgaires instincts continuent de faire dans ce saint lieu. Qui sait, grand Dieu ! si le peu qui a été arraché par hasard à cette destruction obstinée, n'est pas maintenant convoité par le déplorable désir d'un dernier gain, et n'en deviendra pas bientôt la proie.

Cependant, pour achever de faire comprendre, à notre point de vue même, l'importance d'un tel établissement, qu'il nous soit permis de recourir de nouveau à l'auteur qui nous en a laissé une histoire déjà citée, et d'en retracer encore quelques lignes d'un beau et trop rare style en archéologie. « Si l'on a passé, dit-il, « quelques heures dans l'intérieur de la ville, on ne tarde point à savoir le secret « de son ancienne existence. De quelque côté que l'œil ou l'oreille se tourne, il est « question d'abbaye. Que la population naisse, se marie ou meure, c'est à l'ab- « baye qu'on l'enregistre et qu'on la gouverne : car c'est là que se tiennent les « rôles de l'état civil et de la conscription, et toutes les séances de l'autorité « municipale. Aux jours des fêtes ou de la promenade, on court à l'abbaye « encore. De toutes les parties d'un vaste enclos, complétement fermé de grandes « murailles, égayé par trois pièces d'eau poissonneuses, planté de jardins, de « vergers et de grandes avenues d'arbres, ce que les habitants préfèrent, c'est « l'allée de *Provence*, ainsi nommée, je crois, parce qu'elle est située au midi. « Là, je m'en souviens, dans les dernières années de l'Empire, les pauvres pri- « sonniers espagnols allaient, enveloppés dans leurs manteaux bruns, se cou- « cher au soleil comme au soleil d'Andalousie, le long d'un grand mur tout « tapissé d'abricotiers et de vignes, percé de meurtrières, et couronné d'une « pesante galerie. L'école des enfants, la prison des malfaiteurs, la salle de bal « et des cérémonies, l'audience des plaideurs, les guinguettes et le jeu de quilles

« des artisans, le salon des spectacles : tout est réuni, confondu dans les
« immenses bâtiments de l'abbaye. Ce qui n'est pas destiné aux usages publics
« enrichit de plus d'un bail utile la caisse municipale. Il n'est pas jusqu'au
« moulin où se moud le blé de la ville qui ne se trouve aussi dans ce lieu ; et
« quand il pleut, cette bonne et hospitalière population, qui s'est divisé à l'infini
« l'héritage des moines, va se promener encore et se réfugier sous de vastes
« cloîtres, où s'étalent périodiquement tantôt les petites boutiques si fréquen-
« tées des jeunes filles, tantôt les provisions moins frivoles d'une halle aux
« blés ; tandis que l'espace renfermé entre les quatre faces du cloître, autrefois
« rempli de fleurs et d'eaux rafraîchissantes, sert encore, sous son ancien nom
« de *jet d'eau*, de place publique, de marché, prêt à se couvrir, à de rares inter-
« valles, des préparatifs d'un mesquin feu d'artifice, d'une ménagerie ambu-
« lante, d'un théâtre de polichinelle, ou de la maison de bois d'un entrepreneur
« de chambre obscure ou de fantasmagorie. »

Tant de richesses anéanties, tant de splendeurs évanouies, ne peuvent plus
nous laisser que de profonds regrets. A ceux qui, comme nous, n'en ont pu voir
les derniers restes, ne nous serait-il pas possible de donner quelque idée de
l'étendue de nos pertes, en rappelant à leur souvenir une page détachée, *magnum
Jovis incrementum*, une portion dérivée de cet ensemble monumental qui vient
de passer sous leurs yeux : nous voulons parler de ce bel hôtel de Cluny, que
l'Europe peut envier à Paris à plus d'un titre aujourd'hui. Cet édifice découle de
notre abbaye-mère de l'ordre de Saint-Benoît, et des fécondes inspirations d'un
de ces princes de l'Église qui l'ont gouvernée avec une gloire bien méritée. Nous
le devons à un cardinal d'Amboise, l'un des prélats de cette illustre maison qui
se sont, en leur temps, montrés si nobles et si généreux patrons de toutes les
grandes œuvres en France. La pourpre romaine, les hautes dignités de l'État,
l'éclat de leur naissance ne leur firent qu'étendre davantage ce puissant patronage, qui n'eut pas même leur vie pour limite, témoin les magnificences de leurs
chapelles sépulcrales. Du fond de leurs tombeaux, ces illustres morts inspi-
raient encore les beaux-arts. Leurs successeurs, n'en doutons point, en deçà
comme au delà du seuil éternel, les inspireraient à leur exemple, si l'esprit qui
vivifie se ranimait en nous. Les grands cœurs et le génie ne cessent jamais de
revivre, quand les peuples se rendent dignes de les recevoir de la main de Dieu.

GRENIER D'ABONDANCE

DE L'ABBAYE DE VAUCLAIR, PRÈS DE LAON

DOUZIÈME SIÈCLE.

Si la féodalité n'avait eu le christianisme pour contre-poids, nul doute qu'elle ne se fût aussitôt abîmée dans la plus irremédiable barbarie. Qu'était-elle autre chose que la force mise au service du plus brutal orgueil de domination? Dieu n'a pas voulu que la force fût jamais féconde, tant qu'elle ne serait pas vivifiée par l'esprit qui vient de lui. Réduite à soi, peut-être aurait-elle élevé les châteaux hérissés de créneaux et de mâchicoulis, les citadelles défendues de tours et de fossés, les puissants et sombres donjons qui couvrirent toute la surface du sol européen, pour le diviser et l'armer contre elle-même. Mais ce qu'elle n'aurait assurément point produit dans son isolement, c'est une civilisation tout entière, telle que celle qui sortit du sein du système féodal, fécondé par la pensée chrétienne. Le moyen âge n'aurait représenté que l'image d'un Hercule informe et repoussant, s'il n'avait eu pour l'adoucir, le relever et l'ennoblir, une autre Minerve, réelle et divine cette fois, la croyance inspirée du chrétien.

Et n'avons-nous pas un exemple saisissant de la stérilité de la force solitaire de l'espèce humaine, dans la permanence de l'état sauvage au milieu du monde? Une pareille dégradation, quelque part qu'elle se rencontre, n'est-elle pas une protestation sans fin ni trêve contre les prétentions insensées de ceux qui voudraient nous imposer aujourd'hui le dogme d'un progrès indéfini et spontané? Si ce dernier degré de l'abaissement de l'humanité, et la barbarie, son premier point de départ, sont, comme on l'a dit, les deux termes extrêmes de la civilisation, il est facile en vérité d'apercevoir la cause de leur néant dans l'absence de l'esprit de foi, mobile initiateur des sociétés modernes.

Mais dès qu'au principe féodal, si imparfait qu'il soit, se sera ajouté le principe chrétien, aussitôt l'on aura vu découler de cette double source tout ce qui constitue la vie sociale élevée à l'une de ses plus hautes expressions. Une langue nouvelle et un art nouveau sont sortis tout armés de cette union mystérieuse de deux éléments contraires, la force et l'esprit. Les forteresses, il est vrai, se dressent de toutes parts; monuments de servitude et de dissolution, partout les forts se protégent de herses, de bastions, de remparts, de tout ce qui peut, en un mot, assurer la destruction de l'homme par l'homme. Mais à côté d'eux, et sous leur protection avouée, pour ainsi dire, plus beaux et plus grands, plus hauts et plus sûrs, surgissent, avec les temples de Dieu, les retraites, les refuges, les asiles destinés à tous les besoins, comme à toutes les misères et à toutes les souffrances. Souvent même les murailles, percées de meurtrières, en renferment d'autres plus utiles sans doute et d'un aspect toujours plus rassurant : parmi celles-ci, les unes abritent les trésors de la science ou les biens plus précieux encore de la charité : d'autres contiennent ces réserves prévoyantes que nos pères savaient surtout ménager pour guérir les plaies si fréquentes des disettes. C'est une de ces vastes resserres, toujours remplies de ce qui pouvait alléger les cruels fléaux de la famine, protégée peut-être autrefois par des murs de défense contre de violentes et brutales agressions; c'est un de ces lieux bénis du passé dans les détresses publiques que nous allons décrire en cet article sous la dénomination justement populaire, chez nos ancêtres, de grange aux dîmes ou de grenier d'abondance.

Cette œuvre si grande et si belle, qui nous étonne encore aujourd'hui par ses proportions, n'était rien qu'une simple dépendance d'un de ces établissements, providence d'une contrée, que les populations d'alentour regardaient avec raison comme une de leurs communes propriétés. La grange de Vauclair est la seule partie qui soit restée jusqu'ici de l'abbaye de ce nom, qui relevait d'une autre plus puissante et plus étendue encore; c'était celle de Foigny. Par leur généalogie, elles étaient l'une et l'autre de l'ordre de Cîteaux, filiation de Clair-vaux. Voilà certes d'assez nobles titres de famille pour assurer à l'objet de notre présente description tout l'intérêt qu'on y peut attacher, autant par son origine que par son importance artistique et sa valeur même d'application : car il est difficile de séparer, dans nos appréciations des monuments, ce qui revient à ceux qui en ont inspiré la fondation, du tribut d'estime et d'éloges si justement mérité à leurs auteurs.

Quatre murs élevés à angles droits, dessinant un long carré, forment le plan par terre de la grange de Vauclair. Sur la ligne médiane, douze colonnes, et, entre la cinquième et la septième, vers la gauche, un mince refend, divisent ce vaste rectangle en deux nefs et quatorze travées. Un seul toit à deux versants, dont la pente est tracée par de hauts et vigoureux pignons, couvrent toute l'é-tendue de cette surface. Grâce à sa mâle simplicité peut-être, l'ensemble de ce grand corps de bâtiment a été respecté jusqu'à ce jour. Les destinées diverses qu'il a traversées et que nous raconterons, loin d'amener sa ruine, comme il aurait pu arriver, ont été la cause de sa conservation. Les petits intérêts qui au-

raient pu conspirer à sa perte, l'ont au contraire sauvé ; et c'est la première
fois peut-être que les éléments de destruction se trouvent transformés, par un
coup de providence, en moyens entièrement opposés à leur but.

Cette part du riche patrimoine que possédaient autrefois les disciples de saint
Bernard, était échue, dans la contrée, à un de ses habitants que le ciel a béni
d'une nombreuse famille. Sept enfants furent appelés à posséder, par voie de
partages égaux, l'héritage de leur père. Chacun d'eux ayant eu ses champs,
dut avoir aussi son aire ; et ce besoin-là même fit que les quatorze travées de notre
édifice rural furent attribuées deux à deux à leurs sept nouveaux possesseurs :
heureuse et salutaire circonstance jusqu'au moment où parmi eux un impitoyable
démolisseur ne voudra pas, mu par un intérêt pressant, renverser sa colonne,
sans être arrêté par la crainte de compromettre la stabilité de celle de son voisin.
Les points de résistance se trouvant surtout reportés aux extrémités, la moindre
solution de continuité dans la série des soutiens intermédiaires, entraînerait inévitablement la chute de tout ce qui constitue l'admirable économie de cette construction déjà sept ou huit fois séculaire. Mais, hélas! quel avenir lui est réservé
par ses divisions subséquentes? et peut-être à l'heure où nous exprimons nos
tristes pressentiments, des mesures judiciaires, ou d'autres accidents non
moins impérieux vont-ils anéantir nos espérances : si le sort redouté les avait
détruites sans retour, nos tentatives nous auraient obtenu une première récompense dans la satisfaction d'avoir arraché à l'oubli, par nos dessins, cette œuvre
si remarquable d'un autre âge.

Qu'on se l'imagine donc toujours de bout, comme nous l'avons vue et recueillie nous-mêmes. Les façades principales étaient dirigées, l'une sur une cour
intérieure vers l'orient, et l'autre du côté de la campagne au couchant. Toutes
deux avaient leur surface partagée en quatorze divisions semblables par quinze
contre-forts également espacés entre eux, et reliés à leur sommet par des sortes
d'arches à doubles arcs légèrement superposés en voussure. Chacun de ces compartiments ainsi tracés comprenait en hauteur deux étages, séparés entre
les piliers butants par un fort bandeau. Au rez-de-chaussée, de belles et hautes
ogives encadraient des fenêtres en forme de rectangles à bords taillés en
biseau : ces ouvertures inférieures manquaient en quatre endroits de cette
face ; d'abord à la première travée, à droite, où l'on voit les arrachements de
la chapelle aujourd'hui renversée ; à la huitième et à la neuvième où s'ouvrent
deux portes, ayant leurs symétriques devant elles à l'opposé, et étant surmontées d'une rose pleine sans aucun ornement. On entrait par là dans les deux
grands vaisseaux qu'un mur de refend partageait inégalement, l'un étant d'un
tiers au moins plus considérable que l'autre. Enfin à la dixième travée, près de
son contre-fort septentrionnal, un escalier extérieur de quelques marches abou-
tissait à une porte surbaissée comme les précédentes, qui faisait dévier un peu

de la ligne droite la ceinture horizontale de reliement à mi-hauteur : du palier partaient en dedans quelques degrés qui achevaient de conduire au plancher supérieur. Ces légères irrégularités tenaient à des exigences de communications que le service d'un cloître régnant sur les trois autres côtés de la cour pouvait à tout instant rendre nécessaires.

Il n'en est plus de même au premier étage. Ici, au contraire, tout est d'une symétrie que rien ne dépare. De petits cintres amplement évasés forment deux rangs l'un au-dessus de l'autre. Leur nombre inférieurement est double de ceux qui sont plus haut; mais ces derniers sont un peu plus grands en tous sens et correspondent exactement au milieu des trumeaux qui distancent les autres. Comme si l'on n'eût pas craint que la lumière fût trop abondamment dispensée aux pièces ou salles supérieures, les fenêtres les plus élevées ont toutes le fond de leurs arcades libre et ouvert; tandis que plus bas, une pierre d'un seul morceau, remplissant tous les cintres, forme linteau au-dessus des ouvertures moitié plus nombreuses et beaucoup plus petites sur cette seconde ligne. Nous ne connaissons rien de plus ferme et de plus mâle que cette construction privée, même aujourd'hui, de ses principaux accompagnements. L'homme le moins accessible aux sentiments du grand et du beau trouvera toujours qu'il y a dans cet ouvrage une si heureuse conception de plan, de formes et de proportions, qu'il ne pourra lui refuser son intime hommage d'admiration. C'est en tout point une si bonne et favorable combinaison de la solidité et de l'harmonie, que l'examen prolongé du savant et de l'artiste n'affaiblit nullement l'effet produit en eux par le premier aspect.

Sur l'autre façade, à l'occident, l'arrangement général est semblable : il n'en diffère guère que par un portail élevé et légèrement surbaissé, occupant toute la largeur environ de la quatrième travée. Les chars chargés pouvaient entrer par ce passage, pour transporter à couvert les divers produits des récoltes soit de la dîme, soit des domaines voisins dépendant de l'abbaye. La partie du bâtiment représentée dans notre planche de détails, offre des dissemblances ou défauts de régularité qui ne se rencontrent en aucun autre point sur le reste de ce côté. Au-dessus de la grande entrée, on voit des corbeaux dont il est devenu difficile d'expliquer l'usage : de dimensions variées, leurs moulures sont vigoureusement accentuées. Ils sont placés par paires, à distances presque égales entre eux; les uns au-dessous du second larmier ou profil des contre-forts; les autres aux bords d'une porte de plain-pied avec l'étage supérieur, et remplaçant, ainsi que celle d'à côté, deux fenêtres de la moyenne rangée; et enfin les derniers fixés à quelque distance du cintre le plus élevé, seul entièrement placé à cette hauteur. Devaient-ils porter des poutres ou recevoir des poulies, pour rendre plus facile l'ascension des fardeaux; ou bien étaient-ils destinés aux traverses d'un auvent pratiqué comme on en voit encore à la même place dans nos fermes ; c'est ce qu'il ne nous est pas possible de déterminer à présent.

Les piliers de renfort, à partir de leur quatrième ressaut, s'amincissent doucement pour se terminer en une forme de cône tronqué : ils atteignent par leurs sommets à pan incliné, le niveau de cette longue suite de consoles qui servent d'appui à la tablette en corniche où viennent reposer les chevrons de la toiture recouverte en tuiles plates. Telle est, de part et d'autre, l'image que nous présentent les façades longitudinales, et ce tableau est assurément l'un des plus intéressants que nous puissions avoir à exposer. Qu'il nous soit permis de le redire, l'impression produite par ces arcs redoublés, jetés d'un contre-fort à l'autre comme les arches d'un long viaduc, la chaîne de ces beaux et forts modillons qui couronnent les murs de face, toutes ces baies agencées d'une si pittoresque façon, les volets et panneaux des fenêtres avec leurs pentures, les consoles, les corbeaux, les profils indiquant au dehors la ligne de démarcation des voûtes intérieures, les ressauts des piliers butants et leur terminaison en pyramides tronquées, tout cela ne présente-t-il pas une perspective d'un caractère aussi sévère que propre à fixer l'attention ? Ce sont tant de beautés réunies dans cette élévation qui nous ont déterminé à la joindre à la collection de nos gravures, avec l'espoir d'en voir l'importance appréciée et le mérite goûté à sa juste valeur. Nos deux planches de ce sujet nous auront facilement fait atteindre ce but.

Les extrémités du parallélogramme ne nous offrent plus à considérer que trois contre-forts de la forme la plus simple, depuis leur base jusqu'à leur sommet : celui du milieu dépasse de beaucoup les deux latéraux et gagne presque la pointe du pignon qu'il consolide dans toute sa hauteur ; il correspond encore à la file des colonnes du dedans, et exprime extérieurement la division de l'intérieur en deux nefs. L'ordonnance des ouvertures de ce côté est identique à celle que nous avons déjà remarquée d'autre part ; l'espace triangulaire de chaque bout, ressemblant à un fronton sans rempant, nous en offre de diverses grandeurs et de formes variées : on y voit ensuite de petits huis bien équarris qui rappellent assez des meurtrières ; ils ont été pratiqués pour éclairer les vastes greniers dont un tracé transversal de fortes moulures indique la naissance en même temps que la limite de la seconde voûte. Une tourelle en encorbellement, accessoire imprévu, mais indispensable, s'aperçoit avec son élégant cul-de-lampe vers l'angle et le contre-fort occidental de ce petit côté du midi ; elle contient un escalier en limaçon qui conduit du premier étage sous les hauts lambris du toit.

La coupe en travers qui est reproduite avec le plan et les élévations dans la principale planche de cette partie de notre travail, rend admirablement la distribution de l'immense capacité de cet édifice. L'on saisit bien là où devaient se trouver ces chapiteaux à connelures comme palmées, alternant avec d'autres à feuilles épaisses et détachées, les puissantes retombées des nervures et des arcs-doubleaux, les mâles consoles des fenêtres, riche matière des détails que nous avons fait graver avec les soins qu'exigeaient ces précieux motifs. Puis enfin, si l'on réfléchit que ce bâtiment d'exploitation agricole formait, dans la majeure partie de sa longueur, le quatrième côté d'une cour entourée de constructions plus importantes encore par leur usage et leur destination, l'on aura l'idée de ce que pouvaient être alors ces établissements que la prévoyance de nos pères avait fondés comme autant d'inépuisables réserves dans les détresses publiques. C'étaient des trésors ouverts à tous par la Providence dans les grandes calamités; c'étaient dans la réalité de vrais greniers d'abondance qui pouvaient toujours fournir aux pauvres ce que des saisons inclémentes refusaient à leurs communs besoins.

Et voilà pourtant ces fondations appropriées avec tant de sagesse au soulagement des misères à venir; voilà ces vieilles œuvres de foi et de charité que l'ignorance aveugle et passionnée de nos coupables générations a détruites de fond en comble. A l'envi les unes des autres, toutes les petites convoitises se sont liguées entre elles, sinon pour en disperser jusqu'aux dernières assises, au moins pour en anéantir le but social. Au milieu de ces désastres, n'est-ce pas un prodige réservé par le ciel à notre admiration de voir les premiers regrets qui s'attachent à ces institutions du passé partir de ces cœurs d'artistes injustement accusés d'indifférence et de légèreté. Quelles que soient dans l'avenir les fortunes diverses de l'art, ce sera notre orgueil d'avoir les premiers entendu les plaintes arrachées à la science alarmée sur le sort de ces monuments d'utilité publique et privée. La voix des archéologues a été écoutée; et parmi eux le savant et laborieux abbé Pocquet par ses importantes communications aura le plus contribué à diriger nos regards et à fixer notre examen sur la grange de Vauclair, grenier d'abondance d'une province presque entière, du Laonnois entre la Champagne et la Picardie.

Mais quel avantage pratique pourrions-nous tirer aujourd'hui de ce beau type d'architecture? Des créations de ce genre étant privées dorénavant de tout avantage local, quelles seraient donc celles qui pourraient à présent revêtir les caractères les plus saillants de ce modèle resté debout malgré l'isolement et l'abandon auquel il est condamné? Nous ne serions point démentis, si nous affirmions que cette grande et noble disposition s'accommoderait à merveille à la division en cellules des espaces de l'étage supérieur les plus rapprochés des petites fenêtres, de manière à ce que chacune de celles-ci éclairât une de ces retraites isolées par de simples cloisons en briques. L'on obtiendrait ainsi dans de vastes salles, recevant la lumière d'en haut, de petites tentes arrangées en dortoirs, soit pour nos pensions et nos lycées, soit encore pour ces asiles que les gouvernements modernes devront multiplier en détruisant la mendicité

autour d'eux. Pour l'économie, la durée, la salubrité, la simplicité de plan et
de construction, le facile appareil, l'ornementation ménagée, aucun pays ne
nous a présenté un meilleur exemple à suivre, dans les circonstances que les
besoins de notre civilisation rendent de plus en plus pressantes, pour répondre
aux exigences de tous les rangs et de toutes les conditions de la société. Ce
jugement, nous l'espérons, sera ratifié par le goût de ceux qui nous ont encouragés jusqu'à présent dans nos tentatives.

L'abbaye de Vauclair fut fondée en 1134. Comme celle de Foigny, qui lui
était unie par les liens les plus étroits, elle dut sa naissance au zèle de saint
Bernard. Barthélemy, évêque de Laon, après avoir, vers le même temps, déposé
le fardeau des sollicitudes pastorales, lui consacra tous ses soins, ainsi qu'à sa
sœur de la Thiérache. Indépendamment de cette affinité, il existait entre les
deux monastères des relations de voisinage. De nombreux et beaux domaines
que possédait Foigny confinaient aux terres de Vauclair; mais ces dernières
étant moins étendues, les constructions qu'elles exigèrent, pour leur culture,
furent sans doute proportionnées à l'importance de leurs produits. Combien dès
lors devaient être plus grandes et plus majestueuses encore les principales
dépendances d'une abbaye plus riche et plus puissante. Quoi qu'il en soit, l'esprit religieux qui présidait au développement de ces pieuses institutions leur a
fait presque toujours adopter les mêmes formes architecturales; et cette conformité, cette harmonie de style, fut peut-être encore d'autant plus fidèlement
respectée, que les fermes ou censes appartenant au même institut se trouvaient
plus voisines les unes des autres.

Chacune de ces grandes exploitations était renfermée entre des murailles et
des cours d'eau, et occupait une superficie de dix à quinze hectares, suivant le
nombre de ses charrues. Dans ces immenses enceintes étaient les habitations
des religieux et des frères convers; les logements et les ateliers des nombreux
ouvriers, familiers et serviteurs; le quartier des hôtes, celui qu'occupait l'abbé
quand il venait inspecter la ferme; une église qui était desservie par les moines;
des chapelles; des oratoires, près des bois et des fontaines; plusieurs usines,
ou tout ou moins un moulin à blé; des écuries, des étables et tous les autres
bâtiments nécessaires à une grande culture, spécialement des granges construites dans des proportions colossales. On eût dit de ces censes autant d'abbayes particulières, tant elles étaient spacieuses, pourvues de toutes choses et
sagement administrées : elles eussent pu être comparées avec plus de justesse
encore à des villages fortifiés, à cause de leur murs d'enceinte, de leurs constructions de tous genres et de leurs nombreux habitants.

Parmi toutes ces constructions, l'édifice le plus remarquable souvent était la
grange : les anciens titres désignent même sous ce nom la ferme ou cense tout
entière. Ces sortes de bâtiments, destinés à renfermer les récoltes et les diverses

redevances perçues en nature par les religieux , se distinguaient non-seulement
par leurs vastes dimensions, mais encore par ·la beauté de leur architecture.
Don de Lancy dit qu'ils avaient quelquefois jusqu'à trois cents pieds de long sur
quatre-vingts de large, et leurs voûtes étaient soutenues par c nq rangées de
colonnes. Il est difficile aujourd'hui de se faire une idée exacte de ces monuments, dont la masse imposante égalait celle de quelques-unes de nos cathé-
drales. La foi, aidée de l'esprit de recueillement et de l'amour de la science, les
avait multipliés dans nos campagnes; et, chose singulière, aucun auteur n'a
pensé à nous en laisser la description, tant on était accoutumé, chez nos pères,
aux caractères de beau en tout genre, tant on prévoyait peu sans doute les
dévastations qui devaient effacer ces chefs-d'œuvre de la surface de nos
provinces.

A peine en resterait-il quelque trace échappée à nos guerres intestines, si
Vauclair, par un heureux enchaînement de circonstances, n'avait survécu, dans
sa plus belle et sa plus considérable portion, aux fondations semblables qui
l'entouraient à plusieurs lieues à la ronde. Bien moins développée que beaucoup d'autres du voisinage, la grange de cette abbaye n'avait pas moins encore
de soixante-huit mètres de longueur, sur treize et un peu plus de largeur. Ses
murs en pierre de grand appareil en avaient dix-huit environ de hauteur : leur
épaisseur était de quatre-vingt-quinze centimètres. Les treize colonnes cylin-
driques qui divisaient longitudinalement sa capacité en deux parties égales ,
sont assez courtes et sans bases : leur fût s'engage sans transition dans le dallage des salles au rez-de-chaussée et au premier étage, où se voient encore quelques carreaux de pavés vernissés.

Leurs tailloirs sont hexagones; ils se distinguent par de forts profils avec de profonds gorgerets, et supportent immédiatement les longues retombées des voûtes.
Ce retour que nous faisons sur des parties décrites, en achevant notre tâche, n'a
d'autre but que de faire ressortir, par ce qui existe encore d'une grange de moyen
ordre, les proportions que devaient avoir celles qui appartenaient à des censes
abbatiales d'une plus grande importance. L'histoire de l'abbaye de Foigny,
ouvrage d'un savant archéologue, pourrait présenter un aperçu de ces beaux
édifices, qui faisaient autrefois l'ornement de nos campagnes , par la comparaison qu'elle établit entre des maisons non rivales , mais émules les unes des
autres dans l'art de cultiver les terres qui composaient leurs domaines. L'agriculture était en si grand honneur parmi les communautés religieuses , que le
premier des édifices qu'elles devaient lui consacrer spécialement près de leurs
cloîtres était comme un autre temple ajouté à celui qu'elles élevaient à la Divinité. Dieu et la nature, le ciel et la terre étaient comme symbolisés dans ces deux
grandes conceptions d'architecture, l'église et la grange, dominant tout le reste
par leur vastité et les projections élancées de leurs vaisseaux.

Un fait rare, unique peut-être en son genre, se présente encore à noter ici : c'est qu'un bâtiment, entièrement semblable à la grange, existait vis-à-vis d'elle, sur une ligne parallèle à sa façade orientale, et servait de lieu d'habitation; des contemporains l'ont encore vu debout; ils se souviennent à merveille de la parfaite ressemblance que nous indiquons. Leurs rapports, empreints de cette bonne foi qu'inspirent de légitimes regrets, ne peuvent nous laisser de doute sur l'usage de l'édifice que nous avons décrit. Nulle part il ne porte de traces de cheminée [1], ni de divisions en pièces appropriées aux habitudes de la vie monacale. Une conduite de fumée se montre, il est vrai, sur l'un des pignons, mais au dehors; les arrachements qui en persistent prouvent que c'est une réparation récente. Ainsi se trouve confirmée l'opinion de ceux qui prétendent que la grange de Vauclair était un grenier d'abondance où se conservaient, suivant leur nature, tous les produits du sol cultivé par les religieux. C'était une autre grange aux dîmes, comme celle de Provins, que nous nous proposons de faire connaître plus tard. La séparation en deux étages semble montrer d'elle-même que l'inférieur était plutôt une cave ou cellier, le supérieur et le grenier étant particulièrement réservés à la conservation des céréales.

Cette partie intégrante de l'abbaye de Vauclair, qui a vu tout se précipiter et s'abîmer autour d'elle, était destinée à voir d'autres ruines que la sienne à ses pieds. Près d'elle, en effet, à Craonne, eut lieu ce désastre national qui ouvrit la patrie aux légions étrangères, et contribua à renverser l'empire. Les soldats ennemis ne furent point aussi destructeurs que nous le fûmes nous-mêmes de nos propres monuments. La leçon nous vint d'eux, et leur exemple nous enseigna malgré nous en bien des contrées à respecter beaucoup d'édifices que la révolution n'avait encore pu renverser. La France eut la douleur d'apprendre des Barbares (pour les vaincus, c'est le nom de tous les vainqueurs) à rougir de ses folies de destruction. Hélas! disons-le à notre honte méritée : les Vandales, à notre invasion révolutionnaire, ne vinrent pas de loin; ils furent cette fois nos concitoyens et nos contemporains. L'âme française et chrétienne est doublement navrée de ce fatal et trop juste jugement.

---

1. Le bâtiment parallèle à la grange et qui a été détruit de fond en comble avait de très-belles cheminées, suivant ce qui nous a été dit. Nul doute qu'elles n'eussent beaucoup de ressemblance avec celle du chapitre du Puy-en-Velay, que nous donnons intégralement aujourd'hui, et qui nous a déjà été si utile pour la restauration des maisons de Cluny.

SAN GEMIGNANO EN TOSCANE

DOUZIÈME ET TREIZIÈME SIÈCLES

Entre Sienne et Florence, non loin de Colle, il existe encore aujourd'hui, perdue dans les Appenins, à une longue distance de toute grande voie de communication, une cité tout entière, telle qu'elle sortit des mains de ces fières et belliqueuses populations des temps féodaux de l'Italie. Cependant, cette ville a vu peu à peu s'amoindrir et puis disparaître l'importance politique de ses commencements. Elle est réduite depuis longtemps à n'être plus qu'un bourg considérable, où n'abordent que de rares voyageurs attirés de ce côté par le seul intérêt de ses antiquités. Et, certes, elle a droit à ce long détour des pèlerins de l'art et de la science; car elle a conservé les traits les plus saillants de son origine, avec tous les signes distinctifs les plus propres à caractériser le système féodal qui se développa avec tant de vigueur dans ces parages. Son nom est San-Gemignano. Posée comme une couronne crénelée au front d'un de ces monts ondulés que la plus intelligente culture a envahis depuis la base jusqu'au sommet, elle présente, de loin comme de près, un aspect d'un effet incomparable en son genre. Rien de ce qui nous entoure et de ce que nous connaissons jusqu'ici ne peut nous en donner une juste idée; rien de ce que nous avons découvert ne peut nous retracer une image qui approche de la beauté de l'original.

C'est précisément cette impossibilité de faire partager, même à l'aide de la description la plus exacte, l'impression que produit sa première vue, qui nous a déterminé à donner le dessin général, le panorama pris à la chambre claire de cette singulière et pittoresque localité. La planche que nous en avons fait exécuter a dû appeler tous nos soins. Mieux qu'aucun autre moyen, par tout ce qu'elle fera comprendre d'un trait à l'esprit, elle fera saisir en même temps à l'œil l'ensemble de ce tableau, que toute autre expression rendrait inévitablement confus. Dès l'abord, on aperçœva combien monuments et habitations, réunis comme en un faisceau pressé, se trouvent renfermés dans une étroite ligne de circonscription : l'on découvrira bientôt aussi les motifs qui ont commandé les dispositions spéciales que les uns et les autres ont subies ; leur développement, si bien proportionné à l'espace disponible dans cette petite enceinte, s'expliquera de lui-même. Ici, l'étendue totale n'est plus limitée par des rochers et des pics comme à Orvieto : ce sont, au contraire, des murailles de main d'homme qui vont restreindre, comprimer en quelque sorte, le nombre des habitants ; et c'est pour cela que la modique part de sol faite à chacun en forcera plusieurs à n'étendre leurs demeures qu'en la seule dimension possible : on recourra à la hauteur, au moyen de ces tours à tant d'étages superposés qui servaient à la fois de toit et de défense.

La belle gravure, due à l'habile burin de M. Sauvageot, fera clairement ressortir ces exigences de construction que la description la plus détaillée n'aurait certes pu faire comprendre au même degré. Et, puisque l'occasion s'offrait à nous, pourquoi ne pas mettre sous les yeux des appréciateurs la saisissante représentation d'une de ces ruches humaines qui s'appelaient républiques, comme nous, à la même époque, nous appelions simplement communes ou municipalités nos petits centres de populations indépendantes ou émancipées. Est-il rien de plus frappant que ces nids multiples, que ces cases ou mieux encore ces grandes cellules rapprochées où se réfugiaient, où se concentraient ces petites souverainetés qui, pour n'être plus les formidables puissances de Florence ou de Sienne, n'en prétendaient pas moins à leur pouvoir propre et à leur existence distincte. San Gemignano est un de ces nombreux gouvernements qui couvrent, au moyen âge, ce vaste pays, dont la seule unité était le lien religieux, moyen d'union des âmes accepté par les camps les plus opposés et reconnu par les intérêts politiques les plus ennemis.

Il existe, comme on le voit à ce premier aperçu, une différence profonde entre l'état de la France et celui de l'Italie sous le régime féodal. Parmi nous il y avait, dès l'origine, une souveraineté unique, héréditaire, parfaitement déterminée, qui reliait toutes les suzerainetés secondaires entre elles et malgré elles ; tandis qu'au delà des monts, cette action supérieure, une et permanente, personnifiée dans le roi, n'a jamais existé, pas même en deçà des limites du temps que nous étudions : car le pape et l'empereur étaient les chefs de deux grands partis bien plus que les souverains de cette noble contrée. L'absence de toute direction centralisante laissa se produire de tous côtés ces petits États qui, quoique scindés à l'infini plutôt qu'indépendants, n'en eurent pas moins la force de se combattre entre eux avec toutes les diverses chances de la guerre. Phénomène bien digne de remarque ; tous surent donner à la civilisation, dans leur propre sein, une impulsion qui ne nous semble, aujourd'hui, proportionnée ni à leur importance ni à leur étendue, mais qui dépasse tout ce qu'on peut concevoir, par la fécondité de leurs œuvres dans l'ordre de l'utile et du beau. Le mouvement et la vie naissaient alors de ces divisions mêmes de territoire, bien plus que de ces scissions intestines qui armaient les riches d'une cité les uns contre les autres et les faisaient souvent ennemis du bien commun.

Il est un autre trait distinctif de ces temps d'agitation sur cette terre de tous les prodiges : c'est la rencontre que l'on fait à chaque pas des signes qui caractérisent la division dans la division même. Ainsi l'on voit chaque république, concentrée dans l'enceinte d'une ville, se défendre contre ses rivales et ses voisines par un système général de fortifications qui lui est propre; et en même temps au milieu de ces murs protecteurs opposés à l'ennemi commun , s'élèvent de toutes parts des tours puissantes que la noblesse et la fortune élèvent à l'envi pour se disputer le pouvoir suprême. Toute cité présentait à la fois ces deux appareils de guerre, de telle sorte que si le repos pouvait être un moment assuré au dehors, au dedans il ne tardait pas à être profondément troublé par la facilité même de l'attaque et de la résistance. En pouvait-il être autrement avec les jalousies des familles patriciennes entre elles, et les haines réciproques de celles-ci et de ces marchands enrichis, à qui l'or apporté de l'Orient, tenait souvent lieu de titres de naissance pour conquérir les premiers degrés de l'influence sociale.

Eh bien, c'est entre ces deux lamentables extrémités, la guerre extérieure, et l'anarchie en armes à l'intérieur; c'est presque toujours sous l'action simultanée de ces causes dissolvantes, de ces agents destructifs, que prospèrent avec le plus d'éclat les lettres et les arts ; dans ces camps retranchés de gouvernements envieux les uns des autres, dans ces cercles étroits de tourmentes intestines, l'activité intellectuelle semble être précisément en raison inverse de leur faible étendue : comme s'il avait fallu à ces peuples divisés le stimulant des combats, pour éveiller et grandir le génie à la hauteur de la mission qu'il a remplie avec tant de gloire dans toutes les carrières alors ouvertes à ses inspirations. Mais, la Providence les avait prédestinés à l'accomplissement d'un miracle , en leur faisant porter la civilisation à son plus haut point de splendeur, au milieu de tant d'obstacles incessants et sous des auspices aussi peu favorables.

Entre toutes ces pointes de rochers que l'on découvre çà et là à travers les Apennins, doublement armées de pied en cap, San Gemignano est peut-être aujourd'hui le seul lieu qui offre encore, par l'aspect imposant de ses murailles et des tours qu'elles renferment, la représentation d'un de ces États politiques que les constitutions renouvelées de toutes les parties de l'Europe nous rendent de plus en plus difficiles à comprendre. Longtemps avant d'atteindre ses portes, la solitude mélancolique des montagnes d'où l'on découvre ses nombreuses forteresses, l'étrangeté de ses citadelles particulières, se dressant audacieusement les unes contre les autres, leur inégal niveau qui exprime sans doute les divers degrés de puissance de leurs maîtres, l'isolement de ces forts rapprochés ou presque contigus entre eux à cause de leur nombre même, puis des remparts et des murs continus reliant au besoin et renfermant ces objets séparés, tout inspire la pensée que l'on aborde un de ces centres d'entreprises belliqueuses, une de ces communautés souveraines dont les destinées ont été loin d'être sans importance dans le développement de la civilisation européenne. Il y a quelque chose de saisissant et de vraiment grand dans ces édifices qui projettent ainsi, à des mesures variées, vers le ciel leurs créneaux et leurs mâchicoulis. Mais à leur approche, on sent bientôt qu'ils ont été de la sorte élancés dans les airs moins peut-être pour protéger les intérêts du plus grand nombre, que pour soutenir les orgueilleuses prétentions de supériorités inquiètes et turbulentes : car ces défenses pressées comme un faisceau de javelots semblent indiquer assez, par leur multiplicité, qu'elles avaient été faites surtout pour protéger une famille et son chef contre les rivalités voisines : c'était le sort de ces petites unités de contenir des divisions infinies dans leur sein.

A la vue de cet étroit réduit si bien défendu encore par son enceinte réparée, accrue et embellie par les Médicis qui la prirent après bien des combats, à la vue de ces rectangles d'un seul jet souvent plus hauts que nos flèches gothiques, il n'est œil inexercé qui ne soit averti par tous ces appareils de la force et de la guerre, que l'on va toucher un de ces foyers d'agitations et de réactions publiques formant ces gouvernements distincts, dont un savant historien de ce siècle, malgré de regrettables préoccupations, nous a merveilleusement dévoilé la vie intime avec toutes ses phases, dans son histoire des républiques italiennes. On reconnaît à ces traits frappants qui jaillissent des flancs d'une montagne comme autant de témoignages de la plus puissante virilité, tous les caractères d'une époque organique et féconde jusque dans l'enfantement des plus hardis instruments de la destruction même. Ces humbles toits qui constituent la cité étaient presque tous autrefois dominés par ces constructions téméraires, demeurées debout jusqu'à nous au nombre de treize seulement. Découronnées et démantelées comme elles sont aujourd'hui; privées de leurs galeries de bois qui les ceignaient à divers intervalles et que portaient des corbeaux saillissant de leurs parois; réduites à ce nombre amoindri, à cet état mutilé, à cet anéantissement chaque jour plus menaçant, elles n'en sont pas moins encore par leur réunion l'échantillon le mieux conservé de ces souverainetés éparses et scindées dont le sol de l'Italie a longtemps été couvert; et puisque les ruines de San Gemignano nous offrent encore le modèle presque intact d'un de ces anciens corps de société qui avaient leur existence propre et indépendante, nous n'avons point résisté au désir de le montrer tel qu'il s'est produit à nos yeux dans son ensemble d'abord, et ensuite dans quelques-uns de ses membres les plus importants et de ses plus intéressants détails.

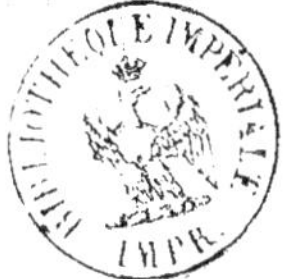

Si l'on considère un moment à part, depuis sa base jusqu'à son sommet, le complément nécessaire de toute habitation riche et influente, on trouve que la tour, posée sur une base carrée comme elle, ne dévie jamais de la forme rectangulaire. Ses premières assises elles-mêmes ne sont point disposées en talus, pour plus de solidité, ni au-dessus, ni au-dessous du sol : elle n'a ni ressaut, ni décroissance à aucun point de sa projection ; quelques meurtrières, disséminées sur ses côtés en très-petit nombre, semblent particulièrement pratiquées pour apporter un jour rare aux escaliers de bois qui rampent intérieurement. De distance en distance des corbeaux servaient d'appui à des charpentes volantes ou permanentes, suivant les besoins de la situation et les nécessités du service; des trous plus fréquents près des angles marquent la place des premiers échafaudages ; enfin l'extrémité supérieure se revêt de mâchicoulis simples, qui portent en renflement un parapet ou garde-fou entourant la plate-forme, et encore ce dernier appendice ne se fait-il remarquer maintenant qu'au palais du Podestat, premier magistrat de la république. Comme il est facile de le voir, ce sont là autant de petits donjons, qui, malgré leur exiguïté, rappellent assez ceux de nos plus anciens châteaux : leur but, leur destination, leur appropriation étaient les mêmes ; ils ne différaient que par leur étendue et leur importance.

L'angle droit qui se retrouve toujours aux quatre coins de ces bâtiments aériens semblerait exiger spécialement l'emploi de la brique, comme nous en avons constaté l'usage presque exclusif à Sienne, à Lucques, à Pise, à Pistoie et à Bologne, dans les mêmes circonstances. A San-Gemignano, c'est la pierre de taille et le moellon qui entrent seuls dans leurs maçonneries depuis les fondations jusqu'à leurs derniers couronnements. Il ne nous est pas arrivé une seule fois de rencontrer une tour ronde ou octogonale, attenante aux maisons dont les possesseurs avaient le privilége d'élever ces témoignages de leur influence et de leurs prérogatives politiques. La nature des matériaux n'entrait donc pour rien dans le choix de la forme consacrée à ce genre de monuments dans toute l'étendue de la péninsule. La simplicité de l'appareil a toujours eu un attrait déterminant dans ce pays, et la facilité du travail, plus que le désir de la variété et de l'effet, semble avoir guidé constamment les constructeurs. L'absence de toiture se fait aussi remarquer de tous côtés : la plate-forme, la terrasse en dalles se prêtait mieux sans doute aux vues des combattants qu'une charpente recouverte de tuiles aurait gênés dans leurs mouvements d'attaque et de défense. Dans toutes les provinces en deçà des Alpes, les différences entre les mêmes édifices sont trop marquées pour que nous nous arrêtions à les faire ressortir davantage par d'inutiles rapprochements.

Cependant à ce sujet nous devons faire une remarque qui ne sera peut-être point jugée sans valeur; c'est qu'en ces contrées le pouvoir seigneurial, vassal ou suzerain ne se trouvait point concentré aux mains d'un seul ou d'une famille, comme dans notre France à la même époque : c'étaient les républiques qui étaient dames et maîtresses, et étendaient leurs bras absolus sur les terres de leurs dépendances. Les seigneurs de ces parages étaient ces podestats; souverains de deux mois de peuples taillables et corvéables à merci, et ces seigneuries collectives n'étaient certes pas celles qui exerçaient la moindre tyrannie sur tout ce qui les entourait. Disons pourtant à leur louange qu'elles surent mieux que les nôtres user de la domination qu'elles exercèrent, puisqu'au milieu de leurs divisions intestines et de leurs démêlés extérieurs, elles n'en donnèrent pas moins une impulsion puissante à tout ce qui a fait le vrai caractère de la grandeur des nations. L'art entre leurs mains répandit un premier éclat qui s'est transmis jusqu'à nous comme la douce lumière d'un soleil levant. Le point de l'espace que nous étudions en ce moment, avant de perdre son indépendance sous les coups sans cesse renouvelés de l'ambition de Florence et de Sienne, nous offre un de ces rayonnements civilisateurs, dont le voyageur attentif peut encore reconnaître la splendeur passée.

Nous nous étendons avec quelque complaisance devant cette perspective d'une ville du moyen âge, parce que nous voyons d'un seul regard, dans ce tableau unique peut-être aujourd'hui dans le monde entier, le résumé vivant encore d'une société qui a été la mère de notre civilisation et de nos progrès les plus souhaités. Et comment comprimerions-nous notre étonnement et notre admiration en présence de ces restes historiques de ce qui fut autrefois la capitale d'un État indépendant, non moins que les métropoles gigantesques de l'Asie, qui ont à peine laissé leurs traces sur la terre. Cette faible agglomération de familles de tous les rangs et de toutes les conditions, après avoir pris possession d'une crête de montagne qu'elle a hérissée de tours, a voulu se créer des domaines alentour d'elle, et sur ses domaines se faire des sujets à l'instar des fières émules de son voisinage. A force de courage, d'audace et d'entreprises belliqueuses, elle s'est formée un empire qui n'a point tardé à exciter les envahissantes convoitises de plus puissants et plus forts qu'elle.

A peine cette République a-t-elle traversé ses quelques années d'indépendance, sa couronne crénelée en tête comme ses plus orgueilleuses rivales, qu'elle est alternativement tombée sous le joug de celles-ci, non sans une glorieuse résistance, chantée par le patriotisme de ses poëtes et le génie de ses artistes; car n'imaginez pas qu'elle se soit jointe et assimilée aux gouvernements qui la vainquirent, sans protester, par tous les talents qui grandirent à son abri, contre une défaite que des regrets transmis de génération en génération pleurent encore aujourd'hui. Nous avons entendu et recueilli quelques-uns de ces gémissements, derniers échos d'un passé souvent même ignoré du voyageur qui traverse ses ruines abandonnées. Ces souvenirs, unis aux traits de notre dessin d'ensemble et des autres parties gravées du même sujet, nous apprennent au moins que les vicissitudes des choses humaines peuvent ne pas atteindre aussi profondément que celle des grands l'existence délaissée et dédaignée des petits, des faibles et des humbles. San Gemignano, mieux que Lucques, Pise et Florence, a conservé la physionomie propre de ses anciens jours, parce que les descendants de ses riches dominateurs se sont depuis longtemps retirés d'elle pour faire place à de plus modestes et plus calmes habitants qui ont su respecter ses pierres et ses traditions. Béni soit le sort qui lui a été réservé de se maintenir exemplaire toujours subsistant d'une cité mère et maîtresse telle qu'elle sortit en Italie, dans le cours de notre ère, des entrailles de la féodalité.

Mais quel était donc l'élément général, le principe qui servait de base à ces sociétés ainsi morcelées sur ce vaste théâtre? D'où pouvaient-elles recevoir l'esprit et la vie qui les ont tant animées, quelque resserrée d'ailleurs qu'ait été leur sphère de développement? Les institutions seules nous peuvent expliquer les extraordinaires monuments qui viennent de nous passer sous les yeux. Ce sont elles, en effet, qui les firent surgir au milieu des champs déserts comme la parole de Dieu, à l'origine des choses, fit jaillir l'univers du néant. Ce sont elles qui ont érigé ces édifices sans nombre que nous voyons debout après tant de siècles, comme l'âme organise et soutient nos corps à travers les dangers qui les menacent. Elles ont été ce souffle divin qui féconde le passé pour l'enseignement de l'avenir. Quand leur action vivifiante eut cessé de se faire sentir, elles ne nous laissèrent plus que ces grands ossements, qu'on nous permette l'expression, les squelettes desséchés des organisations sociales qu'elles avaient créées. Interrogeons-les un moment, afin qu'elles nous apprennent le fondement sur lequel elles élevèrent si haut la gloire et la prospérité des peuples qu'elles régirent.

Le vote universel, non point sans doute réglementé comme de notre temps par la froide rigueur d'une loi écrite, le vœu public manifesté par acclamation plutôt que constaté par le régulier dépouillement de nos scrutins, telle était la source première des pouvoirs supérieurs dans tous ces gouvernements. Le peuple s'assemblait sur la plus grande place du lieu. Ses comices étaient protégés par les grandes ombres de ses palais, siéges de ses principales magistratures. Ici particulièrement, au centre de la République qui nous occupe, la proximité du temple de Dieu, riche intérieurement des plus précieux trésors de la peinture; la tour de la Seigneurie ou du conseil exécutif; celle du podestat, dont la hauteur ne pouvait être dépassée au terme des arrêts de la police intérieure; leurs antiques beffrois; la voûte profonde du ciel : voilà ce qui pouvait inspirer sans passion les choix populaires, sous les auspices des vieilles traditions de la patrie. J'ai ressenti, à la majestueuse ouverture de la loge romane qui abritait les électeurs aux jours incléments, mais toujours réunis en face et sous l'égide de la croix de la collégiale, je ne sais quelle impression de respect qui me fit prendre à regretter ces délibérations politiques à l'air libre et sous l'œil de

Dieu; j'ai voulu me reporter en esprit à ces enthousiasmes tumultueux peut-être qui s'élevaient, néanmoins sans violence et sans renversement, du sein de ces assemblées. Ma mémoire, attristée par les faits présents qui déchiraient, sous des formes analogues, mon pays ébranlé, refoula bientôt ces regrets et ces désirs, en me faisant comprendre toute l'étendue de leur témérité. Hélas! la pensée commune qui dominait tout alors, jusqu'aux haines qui divisaient les citoyens, n'existe plus pour nous; la foi chrétienne faisait toute la force de ces temps : un souffle mortel nous l'a ravie.

De cet enfantement sortait une souveraineté de deux mois de durée; par excès de précautions jalouses, l'exercice s'en trouvait encore remis à des mains étrangères. C'était souvent aux ennemis circonvoisins, et toujours au dehors, qu'on allait demander le bras qui devait porter ce sceptre éphémère. La défiance était la disposition générale des esprits dans cet ordre singulier dont elle était la sauvegarde. Le podestat venait donc de loin prendre possession et du pouvoir qui lui était remis et de la demeure, forte entre toutes, qui lui était réservée : celle-ci n'avait d'égale que le palais public; sa tour devait dominer toutes les tours qui la regardaient et abaisser leurs prétentions; sa loge spacieuse était ouverte à tous, et ses bancs latéraux à vigoureuses assises et à mâles profils étaient comme les chaises curules des petits et des grands qui venaient s'y asseoir côte à côte. Le beffroi avait ses cloches dont le son était distingué de tous les habitants aux moments solennels : il ne le cédait pas à celui du palais public porté non moins haut aussi par son support droit, élancé comme nos flèches à étages en retraite. C'est là que sont encore restées appendues trois autres vieilles cloches, dont l'une, et non la plus récente, porte à l'inscription de son bandeau la date de 1288; leurs voix connues n'ont point cessé de se faire entendre; elles annoncent encore ces conseils, héritiers amoindris d'autres plus puissants qui formulaient à la même place leurs commandements souverains.

Dans cette enceinte étranglée entre ses propres limites, où l'espace était dispensé avec une extrême parcimonie à tous, des habitations particulières, peu étendues, comme il s'en voit une près de la place, pouvaient se munir, se flanquer de deux tours défensives, pourvu que ni l'une ni l'autre ne franchît la mesure imposée par l'usage que nous venons de faire connaître. Et la raison était la même ici qu'à Orvieto, de cette sage économie du sol disponible pour chaque famille, tant son étendue était circonscrite au sommet habitable de la montagne, qui pourtant ne présente d'aucun côté ni pics ni rocs escarpés pour terme d'agrandissement. Cinq à six mille habitants se groupaient pressés les uns contre les autres, à l'époque de la plus grande prospérité, dans leurs maisons, dont les façades sur la voie publique ne pouvaient atteindre plus de neuf mètres, ou trente pieds à peine, de développement. Quelques-uns, désireux de s'étendre plus à l'aise, avaient multiplié leurs étages de manière à produire une forme de donjon plus large que profond, ce qui était d'un effet peu gracieux, ainsi que cela se remarque encore sur la droite du paysage, au point où nous nous sommes placés pour en retracer l'image. C'est pourquoi là les escaliers seront pris sur les espaces intérieurs départis à chacun, et s'il y eut à cette règle une seule exception, ce fut peut-être en faveur du palais public. Un grand perron conduit toujours à ses salles d'assemblée, embellies par l'immortel pinceau de Simon Memmi, dont les fresques ont été restaurées avec un soin pieux par Benozzo Gozzoli.

Du nord au midi, de la porte papale, aux armes de Léon X, à celle qui conduit aux fontaines et aux lavoirs publics, à mi-côte, une large artère se trouve bordée de maisons du xiii° siècle, d'un réel intérêt. Entre elles est un ancien couvent, devenu propriété particulière, où l'on conserve précieusement, dans des pièces abandonnésc, une très-belle fresque de Tamani. Ce peintre, justement estimé, a reçu le jour à San Gemignano. Dans sa courte carrière, il a voulu orner son berceau de ses pieuses et poétiques inspirations; c'est ainsi qu'on voit, de sa main, une madone, peinte extérieurement en *ex-voto,* à côté d'une autre, de Ghirlandajo, sur le même côté du chemin dans lequel nous venons d'entrer. Les siècles, et les douces habitudes et les mœurs simples, ont respecté ces pages naïves, qui reconquièrent de jour en jour une admiration et une vénération méritée. Après une courte station de pèlerin, de chrétien et d'artiste devant la Vierge admirée et vénérée, *Virgo prædicanda, Virgo veneranda,* l'on aborde une première place, dite de la citerne, Piazza della Cisterna, inégale et longue, peu large et se terminaut en un simple passage pour les voitures. Elle est entourée de constructions particulières qui, par leur originalité, attirent immédiatement les regards.

L'une d'elles est une maison [1], percée au rez-de-chaussée de deux ouvertures, qui éclairaient sans doute la salle de réunion d'une famille enrichie, et que fermaient des châssis de vitres ou même de simples grilles. Toute cette partie est en pierre; on y voit attachés trois anneaux de fer qui rappellent ceux des palais de Lucques et de Florence. Un escalier, situé sur le derrière, conduisait aux deux étages supérieurs, dont chacun avait deux fenêtres géminées surmontées d'oculus. Excepté les colonnettes et leurs chapiteaux, à cette hauteur, tout est en briques, rouges et blanches, alternant par bandes régulières; les arcs et les oculus sont des terres cuites fort curieuses : nous n'avons point dû négliger ces précieux spécimens; de même que nous n'avons point omis de restaurer les auvents dont la présence était suffisamment indiquée par les corbeaux et les trous qui recevaient les poutres de leurs charpentes. Enfin, une loge servant de grenier, ou, mieux, de promenoir pour y respirer au besoin l'air frais, recevait

---

1. Elle est indiquée dans la planche, sous le n° 4.

une toiture saillante et à pente peu rapide. Cet ensemble, assez bien conservé, du reste, nous paraît dater du xive siècle. Il est cependant difficile de rien préciser à cet égard. Les ornements y sont d'un style tellement en dehors des types connus qu'il est presque impossible de s'en servir pour les rapporter à une époque bien déterminée.

Presque en face de la précédente maison, il en est une autre dont nous nous sommes contentés de donner seulement la moitié[1]. Celle-ci dut être, à son origine, une boutique ou un magasin, ce que semblent nous montrer au moins les deux hautes arcades de son rez-de-chaussée; puis, les corbeaux et les cavités qui les accompagnent n'indiquent-ils pas aussi que des pièces de bois servaient à étendre les draps et les étoffes pour les exposer suivant la nécessité. Là, encore, la partie basse est en pierre et le reste en briques. Mais, la forme de l'arc en plein cintre a un caractère particulier qui le fait remarquer : nous y retrouvons l'application d'un mode employé dans les constructions ogivales de Florence; les briques s'allongent à mesure qu'elles s'approchent de la clé, de sorte que la plus longue occupe le sommet. Ces claveaux en encadraient d'autres de terres cuites, qui décrivaient exactement un fer à cheval. Cette disposition se retrouve souvent à San Gemignano. N'est-elle pas là comme un reflet des usages de l'Asie? On sait quelles étaient les relations des républiques italiennes avec l'Orient par le commerce et la navigation. Qu'y aurait-il de surprenant dans l'adoption de cette forme, si usitée chez les Arabes, de la part de ces riches marchands, qui aimaient ainsi à rappeler les circonstances heureuses au milieu desquelles ils avaient fondé leurs fortunes. On ne pourrait nier l'influence de l'Orient sur leurs goûts, qu'ils firent sans doute partager aux artistes de leurs prédilections. Peut-être aussi cette disposition fut-elle acceptée des architectes parce que, sans nuire à la grâce, elle ajoutait à la solidité des arcs au point où la charge portait avec le plus de force. Quoi qu'il en soit, elle fut adoptée, plus tard, dans les constructions florentines, et c'est précisément ce qui leur donne ce cachet de vigueur et de grandeur mâle qui les a rendues justement célèbres.

Au milieu de cette première place est creusé le puits qui lui a sans doute valu et conservé son nom; c'est un réservoir profond, qui nous semble recevoir les eaux pluviales par des canaux souterrains, à défaut de sources vives. Les toits voisins l'alimentent facilement, le plan incliné du bord supérieur favorisant le cours de ces petits ruisseaux à filets cachés sous le pavé de la voie publique. Ses montants portent quelques empreintes du xiie siècle. Sa margelle, au xive, a été entièrement remaniée. Des degrés qui l'exhaussent, l'on découve à maintes fenêtres et portes particulières des terres cuites d'une infinie variété. Nous en

---

1. Elle est indiquée par le n° 3.

avons détaché deux échantillons qui offrent , à notre sens , un véritable intérêt. Ce sont deux archivoltes , qui occupent la partie inférieure de la première planche de cette livraison. Ces deux morceaux , d'une ornementation extrêmement facile à reproduire , encadrent , dans nos dessins , le bas d'un presbytère que nous trouvons à quelques pas de là, sur la place principale, près de l'église collégiale.

Placé dans une cour solitaire, ce bâtiment curial, en beau style roman , s'élève à côté du transept septentrional. Il est empreint d'un caractère simple , mâle et sévère, comme il convenait à sa destination spéciale. L'auvent qui protége son entrée, l'arc plein qui s'aperçoit par-dessus son faîtage, les meurtrières incisées, fendues dans le soubassement en pierre de neuf assises, deux oculus carrés et largement évasés qui ont été percés dans la partie en brique du rez-de-chaussée, une grande porte avec consoles de soulagement pour son linteau, voilà ce qui constitue le côté de l'étage inférieur, vigoureusement défendu antérieurement, comme on le voit, contre toute atteinte du dehors. Au-dessus, règne un charmant balcon en bois, restauré d'après des données prises ailleurs dans nos recherches. Une porte sans aucune moulure conduit sur cette galerie. Elle est surhaussée d'une arcade à jour retombant sur son linteau. Cette communication de plain-pied exigeait évidemment l'appendice que nous lui avons rendu. Deux larges fenêtres, en plein ceintre et à boudins fortement accentués, portent des volets auxquels nous avons restitué leurs pentures : par elles , le jour arrivait directement aux salles et aux chambres supérieures. Un long auvent s'étendait sur ces trois ouvertures et leur portait son ombre nécessaire. Cet ajoutage, utile encore contre la pluie, avait certes plus de grâce qu'un trop grand avancement du toit, qui fait cependant encore une saillie assez sensible de ce côté.

Tout ne semble-t-il pas avoir été combiné dans cet heureux arrangement, pour exprimer une pensée de retraite et de recueillement ? A quelle autre personne qu'au pasteur respecté, dont on attend surtout l'exemple d'une chrétienne modestie, pouvait mieux convenir cette demeure ainsi placée à l'écart. Ni le bruit de la place publique, séparée de sa cour par quelques degrés et une simple clôture, ni les regards indiscrets de la foule ne peuvent l'atteindre ou la troubler. Aussi bien, le respect des coutumes et des convenances a-t-il toujours réservé ce grave refuge au prévôt du chapitre canonial. Cette haute dignité, depuis plus de six cents ans, n'a point cessé de trouver cette résidence digne d'elle : elle a continué de s'y abriter dans les douceurs d'une paix sans mélange, grâce aux modiques revenus de la prébende de Sainte-Fine, fondation que Léopold d'Autriche, prince réformateur, appauvrit, avec tant d'autres, par ses mesures fiscales. Le mérite de cette construction en a tant relevé le prix à nos yeux que nous nous sommes attachés à la reproduire, en la complétant, et à la présenter comme un type précieux. Combien nous nous estimerions récompensés de nos efforts, s'il

nous était donné de voir, dans une certaine mesure d'application, nos juge-
ments compris et encouragés !

Si, quittant le point culminant qu'occupe à dessein, près de là, le sanctuaire
et l'autel de l'église canoniale ou capitulaire, nous nous détournons un peu
pour reprendre la direction transversale, le grand diamètre, que nous suivions
tout à l'heure, nous arrivons bientôt, à droite en descendant, devant les façades
de deux maisons [1] qui doivent, entre les plus remarquables, fixer l'attention.
L'une et l'autre, par leur beau caractère, ont déterminé notre choix pour en
enrichir nos dessins. La première et la plus considérable, à l'angle d'une petite
rue latérale, est la Casa Buonacorsi, ainsi appelée du nom d'un poëte italien,
son maître, qui, surnommé plus tard Callimaque, devint ministre et favori du
roi de Pologne, Casimir III. A ce grand seigneur, ministre, auteur, et bel-esprit,
a succédé, de nos jours, un modeste pharmacien de village : et, en effet,
l'homme de la science a trouvé, dans cette construction demeurée à peu près
intacte, la disposition la plus convenable pour y établir son officine. En bas,
sur le devant, une seule pièce, pour toute l'étendue, s'ouvre à l'orient par une
large arcade surbaissée. Le pourtour entier de cette baie, en segment de cercle
très-étendu, est entièrement composé de briques et de terres cuites d'ornement,
et comme enchâssé dans la maçonnerie en pierre de toute cette partie inférieure. La grande loge, ouverte à tout vent, qui remplaçait le grenier, portait
un comble à faible saillie. Un genre de décoration particulier à cet endroit se
fait remarquer entre le premier et le second étage, de même qu'au-dessus de
l'entrée du rez-de-chaussée : une série d'assiettes rondes, en faïence épaisse de
plusieurs couleurs, rompt la monotonie des surfaces plates et unies ; cet accessoire, d'un goût équivoque, se distingue même à la jolie chapelle des Chevaliers
du Temple, vrai modèle d'architecture romane, située à peu de distance de là.
Tout porte à croire qu'il n'est pas moins ancien que le bandeau de stuc incrusté
dans le contour des arcs en briques et réduit à n'être plus à présent qu'une
couche de plâtre, s'exfoliant à l'air libre par vétusté.

Les architectes qui présidèrent à ces travaux, mus sans doute par un sentiment de patriotique émulation, s'ingénièrent à inventer des formes particulières,
des ornements spéciaux, à l'instar des faïences que nous venons de signaler, qui
étaient le seing et le sceau à l'aide desquels chaque lieu se distinguait de tous les
autres, d'une manière nette et tranchée. C'est ainsi qu'une bourgade pouvait
avoir son trait caractéristique, qui la spécifiait en quelque sorte entre toutes, et
qu'on ne rencontrait nulle autre part ; c'était, enfin, un linéament de physionomie propre, qui, tout en servant la mémoire, répondait admirablement aux
besoins de l'imagination du voyageur pour fixer ses impressions. En avançant

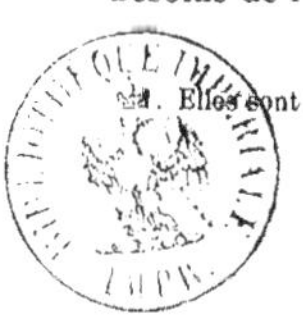

[1]. Elles sont indiquées sous les nos 1 et 2.

dans notre œuvre, nous découvrirons, à de grandes distances, nombre de ces signes locaux, qui nous indiqueront, à travers les âges et l'espace, les migrations d'artistes emportant de leur patrie les poétiques conceptions dont ils firent don aux lointaines contrées où ils reçurent une généreuse hospitalité. Le Languedoc ne tardera pas à nous faire reconnaître les traces d'une de ces colonies errantes, qui l'ont traversé en y semant les gracieuses fantaisies de leur talent et les charmantes créations du génie de leurs maîtres et de leurs prédécesseurs. Nous retrouverons ces sortes d'écus vernissés et cuits au feu, à l'hôtel de ville de Saint-Antonin, monument civil qui aura son rang dans notre entreprise.

La maison attenante à celle que nous venons de décrire est la casa Boni. Deux ouvertures en arc surbaissé sont percées dans son rez-de-chaussée peu étendu suivant l'usage : la plus petite conduit à un escalier en larges dalles, ayant une rampe toute droite, comme ceux que nous avons trouvés à Cluny. Aux deux étages supérieurs des fenêtres géminées sont encadrées dans des arcades à plein cintre ou en ogives; leurs arcs et leurs montants sont composés de bandes, de tranches superposées régulièrement de briques rouges et blanches. Qui pourrait le croire à voir les ruines des familles, les dispersions des fortunes qui s'opèrent sous nos yeux; les possesseurs de ce patrimoine exigu sont les héritiers directs de ceux qui en posèrent les fondements. Le jeune prêtre qui doit en recevoir la transmission de ses parents, prit bien soin de nous apprendre que ses neveux continueraient cette suite non interrompue de propriétaires d'une même race, Joignant de suite à ce léger mouvement de fierté l'expression d'un goût vif pour l'art, il nous fit remarquer avec beaucoup d'agrément et de finesse combien nous devions le trouver heureux que son habitation n'eût point comme celle d'à côté, qui vient de nous occuper, un grand arc surbaissé, comprenant à la fois trois arcades et produisant un si disgracieux effet. Nation digne d'envie, qui sent et comprend ainsi les conditions et les vraies convenances du beau jusque dans ses moindres manifestations!

On sera surpris peut-être de nous avoir vu préférer les maisons qui à aucun terme de leur durée n'ont été accompagnées de tours. Notre préférence s'expliquera d'elle-même, si l'on considère que celles-ci ont été construites à une époque un peu plus rapprochée de nous; que dès lors elles ont revêtu un certain degré d'élégance que n'ont pas les plus anciennes, plus fortes et plus sévères, à cause de leurs bases rendues très-solides pour porter des tours plus ou moins élevées; qu'ayant sans doute appartenu primitivement à des marchands enrichis par leur négoce, elles en ont reçu des ornements propres à faire ressortir leurs prétentions et leur vanité, à défaut des signes des droits seigneuriaux permis à la seule noblesse; qu'en outre elles sont d'un aspect généralement plus agréable, et qu'enfin par ce côté elles se présentent à nous avec un avantage dont nous ne devons point cesser de faire apprécier l'importance sous le rapport pratique. A cet égard surtout, dégagées qu'elles sont aujourd'hui, et de leurs auvents, et de leurs balcons, et de leurs galeries de bois, adjonctions supprimées dès le xivᵉ siècle, pour éviter les accidents nombreux de la chute des tuiles et des pièces de charpente, leur physionomie plus récente s'accorde beaucoup mieux avec nos besoins et les nécessités de notre climat. La sécurité de chacun l'a emporté à San Gemignano sur l'incommodité des pluies torentielles et des chaleurs ardentes de l'été, et toutes les façades ont été démantelées de ces appentis différents, qui laissent encore une des plus pittoresques empreintes d'antiquité à quelques quartiers de Pise, de Florence et surtout de Pistoie.

Deux tours généralement carrées, comme on en voit un exemple à l'angle de la grande place, occupaient d'ordinaire les flancs des habitations les plus anciennes; leurs bases et la peu spacieuse galerie qui les réunissait servaient aux usages domestiques; à ce niveau se trouvait particulièrement la salle à manger, où se rassemblait toute la famille aux heures de l'intimité. Des arcades, le plus souvent surbaissées, indiquent les divers étages de la partie habitable. D'autres fois c'étaient des baies ogivales ou cintrées avec des claveaux en fer à cheval. De nombreux rangs de corbeaux et de trous de poutres béants au-dessus d'eux nous prouvent jusqu'à l'évidence que les galeries de bois faisaient saillie sur toutes les faces des tours, et leur donnaient le plus saisissant aspect lorsque' surtout elles étaient armées en guerre. Ces dernières parties étaient-elles permanentes à leur place ainsi tracée, ou bien, au contraire, se dressaient-elles seulement à l'occasion des dissensions intestines qui déchiraient la cité. Ne ressemblaient-elles pas aux hourds de nos fortifications françaises et allemandes, appareils singuliers qui, déposés pièce à pièce, soigneusement numérotés et conservés sous des hangars, se pouvaient replacer partout au besoin, lorsque l'on craignait quelque attaque de l'ennemi. L'esprit de trouble qui suscitait les factions a dû dans tous les lieux leur suggérer des moyens analogues de se combattre et de se déchirer entre elles. La comparaison que l'on peut établir entre ces instruments de destruction se déduit naturellement du but commun, pour lequel le désir de guerroyer et de dominer les avait inventés. A ces époques de divisions sans cesse renaissantes dans tous les recoins d'une province, le mobilier des petites ambitions, des rivalités de voisin à voisin, des conquêtes de seuil à seuil devait à peu près partout se ressembler.

Dans une même sphère de civilisation, quelle que soit l'étendue de son mouvement, ne nous étonnons point qu'on retrouve les mêmes signes des manifestations de l'orgueil. Les tours en Italie, comme parmi nous, exprimaient les mêmes prétentions de domination et d'indépendance; ce qui caractérisait leur différence dans les deux pays, c'était avant tout leur importance et leur nombre. Il semblerait en vérité que leur valeur politique fût en raison inverse de leur multiplicité et de leur volume. Par leur développement, les manoirs féodaux de la France, non moins que par leur rareté relative, l'ont emporté de bien loin sur les palais des chefs les plus puissants des républiques italiennes. Les fiers donjons de Coucy et de Pierrefonds ont résisté plus longtemps aux coups de massue des maîtres du Louvre que Sienne n'a résisté à Florence, et celle-ci à ses fastueux Médicis. Les plus grandes distances qui séparaient les châteaux de nos grands seigneurs diminuaient les chocs de leurs jalouses convoitises, en amoindrissant en même temps leurs chances d'extinction, tandis que les haines porte à porte devaient au contraire à chaque instant se sentir frappées d'atteintes mortelles. Les agressions trop rapprochées et trop fréquemment renouvelées n'en durent avoir que plus vite épuisé leur énergie.

Au milieu de ce labyrinthe de petits forts hiéarchiquement échelonnés, depuis le plus élevé, celui du podestat, jusqu'au plus modeste de la cité, au milieu des combats intérieurs et extérieurs qui naissaient de tous côtés de la constitution sociale ; dans ce chaos d'envies, de répulsions réciproques, d'attaques corps à corps ; dans cette anarchie toujours armée, mal profond passé à l'état chronique au sein de la société, la civilisation cependant ne laissa pas que de briller d'un vif éclat. L'art se fit jour à travers la confusion qui régnait, parce qu'une pensée supérieure à toutes les dissidences, parce qu'un principe plus fort que la force, plus puissant que la puissance, parce qu'en un mot la foi catholique planait sur tout. Le dogme chrétien suscitait dans les âmes les nobles inspirations qui firent de cette époque agitée l'aurore du jour où le beau atteignit son plus haut degré de splendeur. L'Église pour la seconde fois arracha l'Italie de son tombeau, comme elle la ressucitera toujours, malgré les hommes, afin que s'accomplissent les desseins providentiels dans la triple sphère du vrai, du bien, et du beau.

MAISONS DE PROVINS EN BRIE

DÉPARTEMENT DE SEINE-ET-MARNE

TREIZIÈME ET QUATORZIÈME SIÈCLES

Qui le croirait, en ce temps d'incessantes démolitions et de réparations destructives; à vingt lieues de Paris, point de départ depuis plus de soixante ans de tous les genres de renversements, il existe encore aujourd'hui une capitale de province, telle à peu près qu'elle sortit des habitudes civiles et politiques du moyen âge. Les édifices en ruines d'une époque méconnue et haïe ont été respectés là où l'on pouvait s'attendre le moins peut-être à les voir survivre aux fureurs insensées qui s'attachaient jusqu'aux pierres de leurs fondements. Les ordres impitoyables d'un gouvernement qui avait brisé avec toutes les traditions comme avec tous les goûts artistiques du passé, ne les atteignirent pas.

Provins, l'antique résidence des comtes de Brie et de Champagne, cité si renommée au moyen âge pour son industrie et son commerce, si elle n'est plus aujourd'hui qu'une petite ville déserte, abandonnée, n'en conserve pas moins cependant les débris nombreux de son ancienne grandeur. L'artiste et l'antiquaire se plaisent seuls à errer aujourd'hui sur ses remparts démantelés ; ils aiment à parcourir ces rues solitaires qu'animait autrefois une cour fastueuse et toute une considérable population de gentilshommes, de bourgeois, de marchands, d'ouvriers et de soldats.

Au commencement du siècle de saint Louis, la ville était tout entière sur la colline, et une ligne de fortifications, dont il reste encore des ruines, la séparait des faubourgs populeux qui s'étendaient dans la vallée. En 1230, le célèbre Thibault le Chansonnier, comte de Champagne, entoura les faubourgs d'une enceinte fortifiée qui vint se relier en deux points aux vieilles murailles de la ville haute, et compléta le système de défense de la place. Depuis cette époque de sa plus haute splendeur, Provins ne fit plus que décliner; ses fabriques perdirent de leur importance; sa population diminua rapidement, et les restes de

ses 70,000 habitants abandonnant les hauteurs, vinrent s'établir dans la vallée,
sur le bord des cours d'eau, au delà et à l'abri de la nouvelle enceinte. Grâce à ce
changement, qui dut s'opérer dans le cours du xive siècle, la ville haute a conservé toute sa physionomie du moyen âge. En parcourant ses rues désertes, on
retrouve à chaque pas des maisons dont les dispositions n'ont été modifiées en
rien depuis plus de six cents ans, avec leurs façades entièrement conservées.
C'est surtout autour de la grande église de Saint-Quiriace qu'on retrouve ces
intéressantes constructions, élevées sans doute pour servir d'habitation aux
chanoines de cette grande fondation.

Arrêtons-nous d'abord un moment à celle qui se trouve placée entre l'église
et la rue du Château. Une porte en plein cintre, ouverte sur la voie publique,
donne dans une cour longue et étroite : à gauche et en face s'élèvent les bâtiments dans lesquels on pénètre par un passage à voûtes d'arêtes. La porte de la
cuisine se rencontre à gauche ; celle de la grande salle à droite : en face est
l'usine qui donne sur la ruelle de Saint-Quiriace. Toute la distribution de ce
rez-de-chaussée est encore celle qui fut adoptée dès l'origine. La cuisine a conservé sa grande cheminée, son évier, son serre-bois; les planchers restés
intacts sont évidemment contemporains du reste de la construction. La grande
salle destinée aux réunions et aux fêtes de famille, a seule perdu en partie sa
physionomie ancienne; mais on voit encore les poinçons et les entraits apparents de sa charpente, et les vestiges de la voûte en bardeaux avec ses ornements
rouges et noirs d'une agréable simplicité.

Une autre maison de chanoine, voisine de celle que nous venons de décrire,
n'a pas conservé à l'intérieur son ancienne distribution ; sa façade seule offre
quelque intérêt. Les ouvertures sont géminées et fermées par des linteaux, comme
dans les autres édifices de Provins ; mais ici chacune de ces pierres de couronnement des baies est ornée de deux arcatures évidées dans la masse et dont les
gorges sont décorées de petites rosaces fort élégantes. Nous avons reproduit
dans notre planche de détails cette curieuse disposition. Avant de quitter la
ville haute, arrêtons-nous encore à un édifice fort important situé rue Saint-
Jean, près de la porte de ce nom. La plus ancienne charte qui en fasse mention,
est celle de Henri le Libéral, de 1176; dans ce document, le comte de Champagne l'appelle maison du For-Cadas, et la donne à perpétuité au chapitre de
Saint-Quiriace. Tout dans cette construction rappelle le style du milieu de la
meilleure période ogivale; il nous paraît donc probable que l'édifice actuel fut
construit par les chanoines à la place de l'ancienne maison du For-Cadas, qui dut
être démolie à cause de son peu de solidité ou de son insuffisance. Les nombreuses portes du rez-de-chaussée indiquent assez bien que ce pouvait être là
le lieu où se percevait quelque tribut en nature, comme par exemple les dîmes
payées au clergé; différentes ouvertures au niveau du sol de la rue et recou-

vertes de trappes, permettaient d'en descendre les produits et de les ranger dans un vaste souterrain voûté, rendu accessible du dehors au moyen de larges degrés en pierre. Un autre escalier extérieur, recouvert autrefois par un auvent incliné, rampe le long de la façade du pignon de droite : il conduit à la salle haute du premier étage. Cette vaste pièce est éclairée par sept fenêtres géminées ; des meneaux extrêmement minces, à chapiteaux gracieux, viennent soutenir les linteaux de la fermeture, et un arc en maçonnerie placé au-dessus d'eux, les protége contre la charge des parties supérieures.

A l'intérieur, dans l'épaisseur du mur, de chaque côté de l'ébrasement des fenêtres, sont établis des bancs de pierre; c'est là une disposition spéciale que nous retrouverons dans presque toutes les constructions de cette époque, ainsi que nous l'avons fait remarquer en bien des occasions. A l'extérieur, deux rangées de corbeaux sont placées dans la maçonnerie à une distance de deux mètres (six pieds environ) l'une de l'autre. Ces corbeaux étaient destinés à soutenir les poutres d'un auvent bien nécessaire dans un édifice de cette nature, et à une époque où les tuyaux de descente n'étaient que très-rarement mis en usage. La coupe restaurée par nos soins et placée à droite de l'élévation dans la planche d'ensemble, indique la manière dont la charpente venait porter sur les appuis de pierre en saillie sur le mur. Les nombreux auvents que nous avons retrouvés dans les villes d'Italie, et en particulier à Pistoie, au milieu de conditions semblables, ne nous ont laissé aucun doute que ces appendices fort usités au moyen âge, n'aient été adoptés à Provins dans un même but d'utilité.

Si nous quittons ce quartier de la Grange-aux-Dîmes pour nous diriger vers la ville basse, la grande rue en pente qui nous y conduit est bordée de maisons du règne de saint Louis, analogues par leur architecture à celles que nous venons d'étudier; mais lorsqu'on sort de la ville haute et qu'on pénètre dans les rues construites au pied de la colline vers la fin du xiii siècle ou au commencement du xiv, l'aspect des constructions devient un peu différent. L'hôtel de Vauluisant, dont nous publions la gravure dans cette livraison, est le type le plus important et le mieux conservé des maisons de cette partie de la ville. Dès l'an 1127, il est fait mention, dans une charte, d'un hôtel Vauluisant appartenant à l'abbaye de même nom, située à peu de distance, et appartenant aux moines de Cîteaux. L'édifice dont il est question aura sans doute été détruit par quelque accident, puis rétabli à une date plus rapprochée de nous : le caractère des moulures et le style des chapiteaux de la construction qui nous a été conservée, permettent de la classer sans hésitation dans la première moitié du xiv siècle. Une large arcade en ogive écrasée, d'une forme assez peu gracieuse, donne entrée dans la grande salle du rez-de-chaussée, dont les six voûtes d'arêtes sont supportées par deux fortes colonnes. Cette vaste pièce devait servir de magasin de réserve ou de remise, lorsque les moines venaient à Provins pour les affaires de leur couvent, et quand ils venaient chercher un refuge à l'abri des remparts de la ville, pour échapper aux dévastations de la guerre. Un large escalier à rampe droite, renfermé dans une cage rectangulaire, conduit à la salle qui occupe tout le premier étage ; une claire-voie de quatre fenêtres ogivales l'éclaire largement du côté de la rue. Ces ouvertures ne sont plus disposées ici comme dans les maisons du siècle précédent ; au lieu d'un arc en pierre tracé immédiatement au-dessus des linteaux, toujours pour éviter l'effet d'une trop lourde charge, on trouve ici une arcade ogivale assez aiguë, dans laquelle sont percés deux petites arcades à redans et un trilobe qui les surmonte. Ces ouvertures étaient vitrées, tandis que la partie carrée des fenêtres se fermait avec des volets garnis de pentures qui se sont en partie maintenus jusqu'à ce jour. Cette pièce était couverte d'un plafond dont les solives apparentes à arêtes moulurées, venaient poser sur une poutre maîtresse, soutenue elle-même, à cause de sa grande portée, par deux gracieuses colonnettes en pierre qui jouent ici le rôle des colonnes en fonte de nos constructions modernes, et n'ont pas moins d'élégance que de légèreté.

Au pignon opposé à celui qui regarde la rue, il n'y a qu'une seule fenêtre géminée : elle est encadrée par une ogive au milieu de laquelle est évidé un large trèfle, comme ornement. Nous avons trouvé cette disposition assez intéressante pour la donner dans notre planche de détails. Cette chambre principale que nous venons de décrire, avec les ouvertures qui l'éclairaient, servait, à n'en pas douter, d'habitation aux religieux de passage à Provins, tandis que les personnes de leur suite trouvaient à se loger à l'étage supérieur, qui est pris dans la hauteur de la charpente et éclairé sur la rue par deux fenêtres carrées. Une des parties les plus caractéristiques de cette construction est la cheminée, dont le tuyau extérieur, carré à la sortie du toit, devient rond à une certaine hauteur, et se termine par un couronnement orné d'une charmante sculpture de feuillages. La base carrée et le socle qui la surmontent sont en pierre, ainsi que le chapiteau sculpté ; le fût circulaire est en briques très-minces, de forme légèrement courbe, qui ont dû être fabriquées exprès pour cette circonstance. Cette cheminée est sans contredit une des plus remarquables qu'il soit possible de trouver dans les constructions du moyen âge. C'est pourquoi nous l'avons donnée comme un type précieux à imiter, l'Angleterre qui a tant conservé de modèles de ce genre, n'en ayant peut-être aucun qui puisse lui être comparé.

En face de l'hôtel Vauluisant, on voit une autre maison servant aujourd'hui d'auberge, et qui doit, d'après son apparence extérieure, dater également du commencement du xiv⁰ siècle. Sa distribution intérieure a été entièrement modifiée ; mais elle est encore digne d'intérêt par la disposition originale des fenêtres de son premier étage. Quatre baies géminées composent sa clairevoie, chacune d'elles est surmontée d'une ouverture quadrangulaire et encadrée d'une ogive surbaissée. Deux autres grandes ogives de même forme, appareillées en pierre de taille, embrassent deux à deux les fenêtres géminées. Les arcs, les montants et les colonnettes sont en pierre dure : tout le reste de la construction est en moellon revêtu d'un enduit de mortier très-persistant. Ce bâtiment qui a bien sa physionomie propre, a peut-être toujours été une hôtellerie. Un centre d'activité industrielle et même politique, comme Provins, devait avoir d'importants asiles pour les étrangers, les voyageurs et les hommes de négoce, qui devaient à certains temps de l'année affluer sur ses marchés pourvus de riches produits. L'enseigne de la Croix-d'Or, désignation aimée de nos pères pour leurs abris de passage, n'indiquerait-elle pas déjà que depuis longtemps, sinon depuis son origine, cette maison était destinée à procurer l'hospitalité à ceux qui avaient à traverser la ville, soit pour y traiter de leurs affaires, soit pour la visiter en curieux. Ce recoin était autrefois sans doute très-fréquenté, si l'on en juge par la richesse de certaines constructions en bois du plus pittoresque aspect. Le souvenir d'un grand établissement de bains s'y est aussi conservé; ce qui annonce combien ce voisinage pouvait être préféré par les habitants aisés désirant jouir des commodités de la vie.

Telle est la série de dessins que nous avons recueillis à Provins : nous n'aurions pu tenter d'en faire une plus nombreuse, sans nous exposer à des choix qui n'auraient point la valeur que nous voulons avant tout rencontrer dans les objets de nos préférences. Serait-ce à dire que pour cela nos villes de France offrissent moins d'intérêt artistique au moyen âge, que leurs analogues, en étendue et en importance, n'en présentaient à la même époque en Italie et en Allemagne? Ce n'est point là notre pensée. S'il y avait de profondes différences dans les dispositions générales qu'elles affectent, comme celles qui subsistent encore dans divers endroits des États Pontificaux et de la Toscane, cependant nous devons admettre pour nos cités françaises un notable avantage; c'est qu'elles étaient mieux garanties contre elles-mêmes par la concentration du pouvoir entre les mains d'un seul seigneur qui les gouvernait. Par quoi nous inférons que pour nous les chances de guerre civile ont été beaucoup moins grandes, et partant plus longue a été la durée du régime féodal : bien et mal se compensant ainsi l'un l'autre, sensiblement mieux de ce côté qu'au delà des Alpes.

PALAIS ÉPISCOPAL DE BEAUVAIS

DOUZIÈME ET QUATORZIÈME SIÈCLES.

Il est universellement admis que l'habitation des évêques était autrefois,
comme elle l'est encore aujourd'hui, un monument presque exclusivement civil.
Dans les temps reculés, à ce caractère s'en joignait quelquefois un autre, plus
frappant encore, qui en faisait au besoin un édifice militaire. En Europe, de
hauts dignitaires de l'Église étaient constitués de droit princes temporels. La
France, parmi ses douze pairs du royaume, en comptait six pris de l'ordre ec-
clésiastique. Au siége épiscopal de Beauvais était attachée cette éminente prérogative de l'ancienne pairie. En outre, la seigneurie de la ville appartint longtemps aux chefs spirituels de ce diocèse, de telle sorte que les heureux prélats
de cette cité réunissaient à peu près entre leurs mains tous les pouvoirs effectifs
de la souveraineté ; car la suzeraineté du roi, incontestée d'ailleurs, était plutôt
à cette époque un suprême honneur qu'une réelle juridiction. De telles conditions
nous expliquent assez le rôle important que jouèrent au moyen âge ceux à qui
échut à la fois, pour gouverner cette contrée, et le pouvoir sacré et la puissance
séculière : elles nous rendent compte encore de la force, de l'étendue, de la richesse et de la splendeur que dut revêtir leur principale demeure ; et ce sont
quelques débris des marques de cette grandeur, quelques pans des murailles
destinées à en abriter les dépositaires, que nous recueillons aujourd'hui, afin que
toute une œuvre d'un passé si fécond ne s'efface pas en entier de notre sol sans
laisser à l'avenir un de ces legs qu'à juste titre nous regardons comme une
bonne fortune pour l'art.

Bien qu'en apparence la simple partie d'un grand ensemble à laquelle nous nous
attachons ici ne soit qu'une pièce isolée et solidaire en même temps du corps de
bâtiment dont elle dépendait originairement ; bien que ce morceau, arraché par
le hasard à la destruction, n'annonce, pour ainsi dire, qu'une importance accessoire en soi, cependant la valeur que lui donnent, sous le rapport de l'esthétique,

ses heureuses proportions, le mérite réel qui résulte de ce que nous pouvons appeler la disposition caractéristique de son appareil, la rare élégance de sa forme, son adjonction si bien ménagée à son mur de tangence, la noble attitude qu'elle semble tenir en héritage de sa devancière, tout en fait pour nous un objet propre à fixer notre attention un moment, et bien digne assurément d'être donné en exemple. Peut-être est-elle à présent le seul spécimen resté debout et aussi intact de ces constructions romanes qui sont destinées à être de plus en plus appréciées dans la pratique de l'architecture. Si l'on ajoute à ces motifs que le système des tours est devenu de nos jours d'une application fréquente, notre choix n'en sera sans doute encore que mieux justifié. Nous retrouvons à chaque pas ce mode d'appendice adopté pour les châteaux, élevés trop souvent avec plus de frais que de goût, par nos modernes Crésus. Il n'est maison d'un peu d'importance qui ne prétende en flanquer ses quatre angles comme complément, surtout si elle est placée à l'écart de voisins, dans l'espace plus libre de nos campagnes. Puisque nous croyons avoir rencontré comme un idéal de ce genre de construction, on trouvera bon, nous l'espérons, que nous tentions de le mettre à profit pour montrer tout ce qui se peut, dans l'espèce, proposer en même temps de plus gracieux, de plus utile et de plus solide à imiter dans nos grandes et élégantes constructions. L'historique que nous allons retracer de cette ruine, réparée depuis peu par la sollicitude du département et de l'État, servira à prouver, avec l'aide de nos dessins, que notre appréciation n'est point exagérée.

La tour romane du palais épiscopal de Beauvais surgit du fond même des anciens fossés de la ville que remplit la petite rivière appelée le Terrein. Sa base est un épais mur en talus, où le petit appareil en pierres carrées de douze à quatorze centimètres, moins de six pouces, trahit d'une manière évidente l'habile et puissante main des Romains. La même empreinte se reconnaît au soubassement de la courtine, qui réunissait cette tour à une autre semblable que le sentiment de la symétrie avait fait élever en pendant à l'extrémité septentrionale du bâtiment : celle-ci, sous le prétexte que sa chute était imminente, a été malencontreusement détruite et remplacée par une manière de cage d'escalier carrée du plus disgracieux effet. Toute cette même façade de l'évêché reposait jadis sur les fondations de l'enceinte guerrière, et il est vraiment digne de remarque que la résidence seigneuriale des évêques de Beauvais au moyen âge se soit entée de la sorte, avec d'égales chances de durée et de solidité, sur les vieilles assises des murailles romaines.

La hauteur totale comprend trois étages, sans compter l'étroit caveau qui répond à la surface du cours d'eau, ni le chapeau pyramidal de la toiture en ardoises. Trois bandeaux circulaires, servant d'appui aux fenêtres et à leurs meneaux, indiquent ces divisions. Toutes les baies sont surmontées d'un linteau de pierre d'une seule pièce, et toutes aussi, simples en bas ou géminées plus

haut, sont couronnées d'un arc de petits modillons avec têtes de retombée
artistement travaillées. Les cintres à claveaux apparents n'existent que pour
alléger le poids, qui pèserait trop sur les plates-bandes de leurs ouvertures, et
leur champ, à la portion entièrement dégagée de toute adhérence ou parfaitement ronde, est occupé par des damiers formant un demi-cercle. Un larmier
sculpté relie entre eux ces derniers ornements; il embrasse aussi comme un
grand anneau huit colonnettes également espacées, dont les chapiteaux vont se
perdre dans une arcature terminale. C'est sur ce support, avancé en façon de
corniche, que vient s'appuyer la charpente, légèrement évasée vers sa base.

Telle est la physionomie extérieure de ce beau reste d'un édifice à jamais
regrettable, et que nous ne pouvons restituer dans son intégrité à l'aide des
seuls éléments qui nous ont été laissés lors de sa dernière rénovation, en 1506,
sous l'épiscopat de Villiers de l'Isle-Adam. Le temps et plus encore des exigences peu sensées l'ont trop mutilé pour que d'autres vestiges, qu'il porte
encore çà et là de l'art du XII⁰ siècle, nous permettent de rien entreprendre à
cet égard. Les claveaux de quelques arcs incomplets d'allégement; deux linteaux rapprochés, posés sur un meneau brut, évidés comme en trèfle pour
surhausser une baie géminée qu'une portion rongée des substructions romaines
a reçu presque à fleur d'eau dans leur massif; une petite fenêtre à console; une
autre plus grande à bizeau, ne sont point des traces suffisantes pour exécuter
un travail qui demanderait, avant tout, une parfaite exactitude. L'impossibilité
de faire mieux et plus est notre excuse, qui sera comprise et acceptée.

Mais quels étaient donc les usages de cette tour aussi ferme et sévère qu'élé-
gamment projetée de sa base à son sommet? Quelle pouvait être la destination
de ses divers compartiments dans le grand ensemble du palais dont ils n'étaient
pour ainsi dire que des compléments ou des annexes isolés? Nous ne voyons
plus là ni meurtrières, ni créneaux, ni mâchicoulis : il n'y a plus ni herses, ni
pont-levis, ni hourds en bois, ni échafaudages volants. Malgré cette absence de
tout indice de défense militaire au dehors, malgré les ornements ménagés qui
remplacent ces signes de guerre et règnent au pourtour extérieur à partir du
plain-pied habitable, on reconnaît néanmoins une forteresse d'un genre particulier qui devait servir à défendre ses nouveaux maîtres, non plus contre des
soldats armés, mais contre des ennemis toujours à redouter parce qu'ils sont
toujours présents. Les ennuis du pouvoir et de la grandeur, la fatigue ou le
dégoût de la représentation, la gêne des services domestiques, la crainte des
importunités, le désir du recueillement, le besoin de la méditation et de l'étude,
en avaient pu faire, selon l'occurrence, soit un oratoire, un lieu retiré pour les
intimes aveux du repentir, une retraite pour le travail de l'esprit qui veut s'arracher à toute dissipation, soit encore ce que nos pères appelaient du nom générique et si expressif de *librairie*.

Tel était, à n'en point douter, l'emploi de ces trois cabinets superposés, soustraits aux communications intérieures des galeries et des salons, et protégés de la sorte contre toutes les indiscrétions et contre toutes les surprises. Une cheminée moderne, qui répondait à notre recherche des aises de la vie, et qu'à bon escient nous avons exclue de notre dessin, était venue de son côté confirmer notre opinion sur tous ces avantages réunis. Quoi qu'il en soit, aujourd'hui plus encore qu'autrefois, ces additions variées qui donnent tant de mouvement à nos grandes constructions, ces membres surnuméraires qui s'ajustent comme d'eux-mêmes aux principaux corps de logis, sont devenus plus nécessaires, et dès lors plus facilement applicables, à mesure que, par la promptitude de nos relations, la vie de l'intelligence est plus menacée d'envahissement et de distractions incessantes. Si la maison du citoyen doit être de cristal et pénétrable à tous et toujours, celle du savant et du saint, par quelque côté, doit être retirée en elle-même : sans être inaccessible, elle doit avoir ses parties réservées et fortifiées contre les importunes bienséances. Les labeurs de l'esprit, les aspirations de l'âme ont bien aussi leurs droits et privilèges de solitude à défendre.

Mais à l'édifice roman en a succédé un autre que la puissance croissante des évêques, seigneurs de Beauvais, n'a pas dû rendre moins important. C'est de grandes dépendances ajoutées ou refaites par eux, pendant le XIVᵉ siècle, que nous avons extrait diverses parties gravées dans nos planches : une croisée du bâtiment latéral de la cour d'honneur à gauche en entrant, avec son plan, son menceau, sa console, sa corniche et deux de ses chapiteaux de colonnettes à double rang de feuillage finement refouillé ; de plus, une élévation et une coupe de la partie supérieure du portail vers le palais, en même temps qu'un profil des créneaux de couronnement. De semblables détails sont rendus trop précieux par le fini du travail pour être omis par nous. Du reste ils peuvent donner une idée des soins apportés sans cesse à la demeure épiscopale et faire pressentir quelles devaient être son importance et sa beauté.

L'entrée de l'antique séjour des évêques comtes de Beauvais est une des plus monumentales qui existent. Son caractère de majesté sombre et forte, elle le tient surtout de sa triple empreinte religieuse, civile et militaire. Rien n'est plus saisissant que l'aspect de ses grosses tours qui gardent comme des donjons sa grande porte surbaissée, les voûtes mâles qui la recouvrent, les obscures et vastes salles qui règnent au-dessus. La position déclive de cette masse imposante ne lui fait rien perdre de son âpre grandeur, même en face des transepts et du chœur de la cathédrale inachevée de Saint-Pierre, la plus élevée de France et des pays d'alentour. Il naît au contraire pour elle de ce sublime voisinage une expression harmonique de plus ; et il n'est personne qui ne devine dès l'abord sa primitive appropriation. Le seul palais de ses évêques avait sa place marquée d'avance sur cette pente extrême de la ville près de ses deux églises mères [1]: Il n'a fallu rien moins que le mauvais vouloir et l'inintelligence des trois pouvoirs de la cité, du département et de l'État, pour en altérer la consécration jusqu'à le transformer en prétoire et en lieu de détention pour les malfaiteurs publics. Et maintenant, à vingt ans à peine de cette choquante usurpation, de légitimes regrets se font entendre; inutiles plaintes, puisqu'un asile nouveau, presque en regard de l'ancien, doit recevoir bientôt, après la plus inique dépossession, ceux qui sont préposés d'en haut à enseigner et à faire aimer toute justice.

Il n'est pas aujourd'hui sur le sol de la France un édifice qui exprime mieux dans toutes ses parties son histoire passée, ses destinées et ses vicissitudes : il n'en est aucun qui rende aussi sensible à tous les yeux la haute et puissante fonction du dignitaire que le Beauvoisis pouvait appeler à tous les titres son seigneur évêque. C'était un livre ouvert où se reflétait admirablement toute la vie sociale d'autrefois, où le corps qu'elle animait et qui avait été comme embaumé par les arts, se peignait presque sans altération. Dans la déplorable phase de son existence actuelle, rien n'a pu lui enlever ce caractère traditionnel, cette signification extérieure devenue un contre-sens grossier, qu'ont seules à se reprocher des préventions qui commencent à rougir d'elles-mêmes. Mais de ces ruines restées debout quoique détournées de leur fin, nous n'avons donné ni le plan général [2], ni les élévations, ni les perspectives, ni les façades, voulant surtout par là montrer que dans le cours de notre ouvrage nous n'entendions faire autre chose, si ce n'est proposer des motifs, des détails, des études propres à susciter plutôt des conceptions et des œuvres originales qu'à suggérer de simples imitations. Nous ne pouvions rencontrer de plus belles pages, détachées de leur tout, pour rendre notre pensée : nos gravures, nos dessins partiels du palais épiscopal de Beauvais en font foi.

1. La Basse-Œuvre, ainsi nommée par opposition au temple qui la domine et la devait remplacer entièrement au xiiiᵉ siècle. Une longue galerie de bois réunissait jadis ces deux monuments à l'habitation épiscopale.

2. Ce plan sera donné avec d'autres développements historiques dans le texte de notre résumé où doivent être exposées nos vues synthétiques sur l'architecture civile du moyen âge.

PALAIS GUINIGI A LUCQUES

TREIZIÈME SIÈCLE.

Plus d'une fois, on l'aura remarqué sans doute, nous avons exprimé les sentiments qui nous animent, quand nous pouvons, dans le cours de notre travail, nous reporter par nos souvenirs vers les beaux champs de l'Italie. Grande est notre joie de renouveler ainsi par la mémoire du cœur et de l'esprit, ce retour sur nos pas vers des lieux où la grâce de l'hospitalité a souvent doublé pour nous le charme de nos rencontres et de nos découvertes les plus souhaitées. En nous rappelant les impressions que notre course par delà les Alpes nous a laissées si vives et si variées, nous éprouvons une satisfaction qui, nous l'espérons, sera partagée, et nous donnera la confiance de mieux remplir la tâche que nous nous sommes tracée : car nous avons trouvé dans notre pèlerinage à travers le sol privilégié que nous avons déjà nommé plus haut la terre promise des beaux-arts, tant de précieux sujets d'étude, tant d'importants et merveilleux objets de communication, qu'il doit nous rester une véritable difficulté de choisir entre toutes les richesses qu'il nous a fournies.

Le scrupule même qui naît pour nous de cet embarras facile à comprendre, nous oblige à préférer, eu égard à notre but pratique, quelques-uns de ces trésors à ceux de même ordre que nous avons pu recueillir dans nos provinces les moins déshéritées jusqu'à ce jour de leurs œuvres du moyen âge. Et puisqu'il entre dans nos vues d'application immédiate ou prochaine, de mettre à profit les principales créations de cette époque originale et féconde, quels que soient les lieux qui les aient vues s'élever sous leur ciel, sans plus d'hésitation choisissons pour leur mérite quelques-uns des types que la péninsule possède en si grand nombre. Les modèles de style roman et ogival que nous en avons tirés à plusieurs reprises, garantissent d'avance la valeur de celui qui nous est offert dans le palais Guinigi, l'un des plus remarquables de Lucques par son grand et beau caractère et par sa parfaite conservation.

A l'angle des deux rues de Saint-André et de Saint-Simon, dans l'une des parties les plus désertes de la ville, au milieu de vieilles églises et d'anciennes chapelles, toutes de belles formes et de bonnes proportions romanes ou gothiques , temples toujours debout quoique presque abandonnés aujourd'hui à cause de la rareté des habitants de ce quartier, on découvre les deux grandes façades d'un palais dont le vaste développement et la hauteur imposante frappent vivement l'attention de l'étranger qui porte ses pas de ce côté. C'est la demeure d'une de ces familles patriciennes que le temps et les mœurs nationales ont respectées, et qui vit encore aujourd'hui à l'ombre du toit qui reçut et garde fidèlement son nom : car l'on retrouve dans ces contrées le caractère d'immuable permanence pour la propriété, la séculaire stabilité des patrimoines de race, nous dirions presque l'éternelle hérédité des possessions de toute nature, dont l'Angleterre a plus complétement encore conservé l'institution en Europe. Cette habitation, qui s'est agrandie successivement comme la richesse et l'influence de ses posses- seurs, n'a été élevée ni d'un seul jet, ni d'une seule main, ni pour un seul et même maître. Composée primitivement de bâtiments considérables et distincts qui présentent malgré cela une sensible harmonie entre eux dans la disposition des étages et dans la forme des ouvertures, il est certain qu'elle fut construite en entier, par différents propriétaires, dans la première moitié du xiiie siècle. Sa plus importante division, qui s'étend sur la rue nommée *via San Simone*, est celle que nous nous sommes attachés à reproduire : cette principale portion est pro- prement le palais Guinigi, ainsi appelé du nom d'un des anciens commerçants de Lucques, devenus puissamment riches dans le négoce des soieries. On sait que le commerce de ce genre de tissus fut porté à son plus haut degré de prospérité dans les régions les plus favorisées qui soient au monde pour ces productions de la nature, de l'art et de l'industrie.

Un document de l'année 1239, conservé dans les archives de la famille des Guinigi, nous a été gracieusement communiqué par le chef qui la représente aujourd'hui. Il y est parlé de la cession faite à leurs ancêtres d'une maison et d'un terrain en dépendant, par Maluso Tattagna, parties déjà considérables, qui néanmoins ne comprenaient alors ni la tour d'angle au levant, l'une des plus hautes et plus puissantes de Lucques, ni la *casa Benettone* formant un grand prolongement en retour d'équerre sur la rue Saint-André. De ce titre ancien il résulterait que le signe seigneurial par excellence, le donjon carré confirmant la noblesse acquise, suivant l'usage de ce pays, n'appartenait point au commence- ment à ceux qui possédèrent plus tard l'ensemble de ces vastes constructions. L'urbanité, la simplicité de bon goût, le tact exquis, le sens droit et fin qui pré- sidèrent à l'exposé des données historiques que nous rapportons ici, nous sont autant de sûrs garants de leur authenticité. Nous les devons à l'opulent posses- seur de ce palais, dernier de sa souche et de son nom. Nous les devons encore à des voisins qu'il a pris sous son toit devenu pour les siens et pour lui trop spacieux et trop solitaire, à des hôtes qu'il s'est adjoint par choix et par utile convenance, les Orsini, dont le nom nous rappelle celui de nos princes des Ursins, nobles débris de ces vieilles races alternativement guelfes et gibelines à leur gré, Il a dépendu de nous de porter plus loin nos recherches dans l'*archivium*, ouvert à notre curiosité. Mais l'assurance qui nous fut donnée qu'aucun acte ou contrat ne nous en apprendrait davantage sur notre sujet, nous empêcha d'user plus longtemps des offres qui nous étaient faites avec empressement. Puissions-nous un jour rendre procédés pour procédés à ceux qui nous ont traité avec cette courtoisie que relevait encore toute la grâce du langage italien. C'est notre vœu; il est sincère comme notre gratitude.

Le soubassement du palais Guinigi indique assez clairement, malgré ses récentes fermetures, l'usage auquel il était jadis consacré. Ce large espace, entouré d'arcades libres de tous côtés, était sans aucun doute réservé, suivant la coutume des grands, aux loisirs et aux promenades du public. Six grands arcs en plein cintre donnaient accès à tout venant sous ces abris aérés. Les trois premiers à gauche éclairent aujourd'hui, par le haut de leur châssis, de vastes magasins. Des briques tronquées, à la naissance des arcs, viennent s'appuyer obliquement aux assises des trumeaux; vice de construction d'un effet disgracieux. L'arche du portail, plus haute, et construite en pierre de taille à claveaux de plus en plus profonds en s'élevant, affecte légèrement la forme de fer à cheval: elle a reçu des ornements spéciaux, une imposte et une retombée denticulées, qui la distinguent entre toutes; car ils ne se rencontrent même plus à la petite travée qui la suit, et qui avec ses doubles ou plutôt ses quadruples impostes, parvient à reprendre ainsi sous clef le niveau commun des ouvertures.

Les piles qui séparent ces grandes baies sont en pierre de taille; mais les arcs sont en briques, disposées sur deux rangs concentriques qu'une ligne ou bande de terres cuites, mises à plat entre eux, corrobore un peu avec intention de les orner. A l'origine de ces arcs, il existe des consoles, des tailloirs où venaient reposer par leurs extrémités les poutres et les barres de fer nécessaires en ce point pour appuyer des fermetures de fer battu: celles-ci se divisaient en deux parties, la supérieure, qui était fixe et décorée à son milieu d'un fleuron délicatement forgé, et l'inférieure, qui pouvait aussi bien se composer de volets ou de panneaux de bois mobiles à volonté que de grilles préparées pour s'ouvrir le jour et se fermer la nuit. La Renaissance a changé d'autres arrangements extérieurs: elle a voulu y ajouter, ou peut-être elle n'a fait que renouveler un banc de grès établi dans toute la longueur. Ce siége banal était dressé sans luxe au dehors des grandes habitations, suivant une coutume à peu près générale. Nous en avons retrouvé partout des restes ou des traces. L'archéologue et le dessinateur sont peut-être les seuls aujourd'hui qui les rencontrent avec bonheur, puisqu'ils peuvent leur servir au besoin d'appui pour leur travail préparatoire. Si tel est leur dernier usage, c'est à nous au moins de regretter que ceux qui

17

viendront dans la suite ne pourront peut-être plus, comme nous, s'y asseoir pour y recueillir dessins, notes, impressions et souvenirs.

Le premier et le second étages comprennent du côté où nous sommes, vers le nord, quatre grands arceaux pleins, à un seul rang de briques en claveaux, plus un autre moindre d'un tiers environ, et qui semble avoir été ajouté après coup pour développer l'habitation vers les jardins. Là il n'y a plus en pierre que les encoignures du bâtiment, les consoles et les colonnettes des petites ogives à trilobes qui forment, quatre par quatre, les fenêtres des grands appartements, et en même temps l'écusson des fondateurs avec sa simple croix sur champ richement orné. Cet écu, sculpté dans un cadre modestement restreint, était peint autrefois; il est incrusté sur le haut de l'un des trumeaux moyens et fait corps avec le palais même qu'il décore sans prétention ; bien différent en cela de ces enseignes nobiliaires tracées sur panneaux de bois que les seigneurs anglais appendent orgueilleusement au-dessus des portes étroites et basses de leurs hôtels somptueux sans goût et vastes sans grandeur. Quelques fleurons ou roses en terre cuite au pourtour des ogives tréflées, des oculus également cuits au feu en plusieurs pièces et irrégulièrement placés sous le bandeau des grandes fenêtres; des chapiteaux variés; des poutres saillantes supportant le toit avancé sur la voie publique et couronnant elles-mêmes une sorte d'attique ouverte à tout vent, pour former une immense loge; tels sont les seuls ornements que présente cette façade avec les trois travées semblables qui règnent sur la rue Saint-André.

Il est difficile de concevoir plus d'effet produit avec si peu de moyens. L'art nous montre ici toutes les ressources de cette sage économie qui n'exclut ni le durable, ni le grand, ni le beau, et c'est là le côté merveilleux de ces créations de manifester sa puissance avec les plus simples éléments. Mais qu'étaient donc ces oculus que nous revoyons si souvent dans les monuments publics comme dans les édifices privés de l'Italie? Étaient-ce de petites trouées pour donner quelque peu d'air et de lumière quand les grandes ouvertures étaient fermées? ou bien était-ce par là que pénétraient les hampes des drapeaux que trop souvent les riches familles avaient la prétention d'exhiber en public, à l'imitation des princes, sur le frontispice de leurs demeures? Nous n'avons pu recueillir d'explication précise à cet égard. Peut-être l'idée qui nous a été suggérée par un jeune Lucquois, Joseph Orsini, homme instruit et pénétré des usages et de l'histoire de son pays, est-elle mieux fondée en raison que nos précédentes suppositions. Le philosophe et lettré docteur, esprit droit et sagace, nous a donné de bien rares détails sur le féodal logis habité par les siens : il pense que ces huis ne sont autre chose que ce qu'il appelle en sa langue *feritoje* ; c'est-à-dire des meurtrières ou barbacanes d'une forme particulière. En effet, il fallait bien aux habitations seigneuriales des défenses accessoires que leurs tours ne rendaient point inutiles; et les Italiens du moyen âge auraient tenu à orner, même avec quelque recherche, ce qui chez nous était souvent une simple et abrupte fissure pour le passage de l'arme de guerre. Les instruments de la mort ont été chez tous les peuples ornés comme des objets de luxe. Nous avons eu dans nos châteaux d'élégants mâchicoulis, de riches et beaux créneaux : Pierrefonds et tant d'autres manoirs nous en offrent de nombreux exemples.

Il n'est pas jusqu'aux suspensoirs en fer, scellés çà et là symétriquement dans les murs, qui ne dénotent à tous les yeux l'importance du palais Guinigi; et comme l'origine de la puissance de ceux qui l'élevèrent se rattachait au commerce de la soie, l'on s'explique pourquoi les anneaux, les crochets en métal forgé sont multipliés sur toutes ses faces aperçues du public. Il est bon de remarquer en passant que nous ne nous souvenons point avoir vu ces appendices usités au moyen âge par toute l'Europe, fixés sur les parois qui ne pouvaient être vues du dehors et de loin. Dans nos provinces du Midi, où ils servent aujourd'hui aux plus infimes usages domestiques, ils paraissent pourtant avoir eu une autre destination, si l'on en juge par ceux que nous avons encore trouvés à leur ancienne place, loin de tout abord facile pour un semblable emploi.

Les Guinigi avaient non-seulement les magnifiques étoffes de leurs manufactures à étaler, dans les fêtes politiques et religieuses, aux regards de la foule, mais encore ils avaient à dérouler leurs étendards et leurs bannières distinctives en face de leurs égaux ; et c'est pourquoi ils ont multiplié à tous les étages ces longs bras qui s'étendent, à l'aide de supports, sur la rue, ou ces anneaux posés en bas dans des manches mobiles, parallèlement aux murs. Tous ces objets sont empreints des fantaisies de l'ouvrier qui les a ciselés de son travail; ils n'auraient pas été traités avec tant de soin, s'ils n'avaient été réservés, surtout au rez-de-chaussée, à recevoir de précieux insignes, ou bien encore les lances, les piques des hommes de la milice, ainsi que l'indiquent des dépressions correspondantes dans l'épaisseur même des briques sous-jacentes. Sans doute aussi l'on suspendait à ces attaches, aux jours de galas, les larges lanternes qui devaient éclairer les abords du palais. Comme on le voit ces armatures, plus ou moins saillantes en dehors des murailles qui les portaient, avaient plus d'un but à atteindre, en interrompant la monotonie des surfaces sur lesquelles elles se détachaient avec tant de grâce et de légèreté.

Trois travées, en tout semblables à celles que nous avons décrites, s'ouvrent sur la rue Saint-André : elles sont la mesure de la profondeur du palais primitif. De ce côté on remarque encore une plaque armoriale en pierre, à croix sculptée sur fond de gueules. Mais l'aile qui s'étend dans cette direction comprend deux autres parties marquées par des différences prononcées dans leurs ouvertures. La division moyenne se distingue du reste par ses petites ogives inscrites deux à deux sous un même cintre en briques, et qui, par leur forme assez étrange et surtout assez rare en ce pays, rappellent un peu la physionomie de nos baies normandes. La dernière section du bâtiment de ce côté, vers son extrémité angulaire, sur l'une de ces trois travées qui ont chacune deux rangs ou étages de fenêtres à trois ogives embrassées dans un même arc, porte la tour, la plus haute, dit-on, de l'ancienne ville de Lucques : elle est aussi la mieux conservée de celles qui restent en bien petit nombre des sept cents, suivent les uns, des mille et plus selon les autres, qui ont jadis plané sur leurs entours à des degrés variés de prétentions; car elles étaient rigoureusement mesurées entre elles, comme les divers titres de noblesse qui donnaient le droit de les élever étaient eux-mêmes respectivement échelonnés et hiérarchisés dans leurs exigences : sage police des infinis et petits orgueils des républiques de ce temps; sans elle le monde aurait encore vu bien plus couler de sang qu'il n'en fut répandu au milieu des conflits armés de tant de familles rivales et souvent divisées contre elles-mêmes.

Dans la tour des Guinigi, faces, angles, pleins et montants, corps entier à partir du toit environ de l'aile orientale, mâchicoulis, armatures et créneaux de couronnement, tout est construit en briques : le seul soubassement, jusqu'au niveau des greniers, est en assises de pierres très-dures. La base offrait ce luxe assez inusité de matériaux, moins pour ajouter à sa force de résistance que pour former un appui plus monumental ; le choix de la matière relevait encore l'importance de cette partie de la construction, à cause de la rareté des carrières ouvertes alors dans le territoire de la souveraineté. Deux forts trumeaux constituent l'ossature de ce socle imposant : un cintre presque parfait les réunit par leur sommet, embrassant au-dessous de lui plusieurs arcs de reliement, comme si l'on eût voulu par là diminuer l'énorme poids qui aurait porté sur le mur de remplissage. A distances plus ou moins rapprochées en tout sens, apparaissent de puissants corbeaux, ajoutages rendus nécessaires par la permanence de l'état de guerre au moyen âge. Ces membres saillants sur toutes les surfaces avaient autrefois une utilité à peine comprise de nos jours. Mais le souvenir de leur usage s'est conservé chez les habitants, et plusieurs ont pu nous en rendre un compte fidèle, en recueillant dans leur mémoire les récits des ancêtres sur les anciennes pratiques. C'étaient autant de supports, de balcons, d'auvents, de grands ponts jetés d'un côté à l'autre des rues pour établir de faciles communications entre les partis qui avaient les mêmes intérêts d'attaque ou de défense. Souvent un quartier tout entier épousait la querelle d'un puissant voisin avec des ennemis à peine éloignés de quelques stades; ou bien encore, dans des guerres plus étendues, ces jetées aériennes réunissaient au besoin les chefs de la communauté, pour délibérer et agir entre eux. Signalons à la hâte ce caractère frappant de différence entre les seigneuries italiennes et les nôtres qui, si elles se pouvaient soumettre à un accord durable, creusaient, pour se rejoin-

dre et s'entendre, de longs souterrains, comme il en existait, dit-on, entre
Pontoise et Maubuisson, malgré le cours de la rivière qui sépare ces lieux.

Que Lucques, aux plus beaux jours de son indépendance et de sa grandeur,
devait présenter un tableau saisissant de contrastes et d'harmonies, quand elle
renfermait dans son enceinte fortifiée, dressés vers le ciel, tous les signes de ses
vieilles influences sociales, toutes les cimes crénelées, qui exprimaient plus encore
peut-être les priviléges de la richesse ennoblie que la possession du pouvoir politique. Combien d'humbles toits devaient s'abriter sous la protection des manoirs
des nobles, dont le nombre même diminuait les chances de tyrannie pour la
société. Et de ce rapprochement des demeures du peuple et des grands, quel bel
effet d'opposition devait naturellement s'offrir aux regards attentifs de l'artiste,
comme aux méditations du philosophe. Le type qui nous reste ici tracé en pierre
et en briques, d'un titre de suzeraineté, nous a semblé trop précieux pour ne
pas le décrire avec une certaine complaisance. Intact de haut en bas, il a reçu
du temps et de la nature un genre de beauté incomparable. Sur les dalles de
sa plate-forme, aux dépens d'une légère couche de détritus, un plant de lau-
riers a grandi sans rien détruire à ses pieds : ce bouquet de verdure, uni au
bleu du ciel, porté si loin du sol avec d'autres plantes encore, produit un aspect
que l'œil le plus indifférent ne saurait dédaigner. C'est de ce point culminant
qu'il nous a été donné d'embrasser d'un seul regard presque toutes les frontières
d'un État entier, aussi bien que les murs de sa capitale. Dans le lointain, les monts
Pisans pour limites, d'autres montagnes plus rapprochées, des forêts d'oliviers,
des plaines inclinées vers la mer, voilà toute l'étendue du domaine de Lucques. La pensée qui nous vint que sa dernière souveraine était la sœur de l'hé-
ritier de nos rois, nous est toujours présente; elle nous reportait à ce beau nom
d'Enfants de France, titre cher aux souvenirs et au patriotisme de notre jeunesse.
Une souveraineté si grande par les arts, si belle et si douce par tous les genres
de félicité, était digne d'une princesse de notre maison de Bourbon. En se séparant d'elle, nous le savons, ses sujets ont senti la perte qu'ils ont faite du modèle de toutes les vertus royales et de toutes les grâces françaises.

La *Torre dei Guinigi* n'a point été élevée par la famille de ce nom : elle est
devenue sa propriété par des acquisitions successives, ainsi qu'il résulte de nos
renseignements et de l'examen de l'ensemble des bâtiments. Une autre remarque
vient encore confirmer cette opinion. Une maison de grande dimension a été construite sur l'autre côté de la rue Saint-Simon, au xiiie siècle, par les mêmes seigneurs; son style ne diffère en rien de celui du palais que nous décrivons : bien
plus, le même écusson à croix sur fond de gueules se retrouve incrusté dans
l'un de ses trumeaux; mais là il n'y a ni tour, ni crochets en fer, ni traces qui
indiquent la présence de ces sortes d'objets à une autre époque. Cependant
l'origine et la propriété sont certaines. Serait-ce donc que les ancêtres des Gui-

nigi n'auraient point réuni primitivement à leurs titres de noblesse les priviléges de la plus haute illustration des rangs de l'aristocratie? Serait-ce qu'ils ne seraient parvenus qu'après de longues épreuves d'attente aux droits les plus enviés? Si telle fut la marche qu'ils suivirent dans le développement de leur fortune politique, on s'explique aisément comment leurs premières constructions ne portent aucune empreinte de noblesse supérieure, et comment, au contraire, ces marques se trouveraient toutes réunies, par les progrès de leur influence, dans le palais qui est resté aux mains de leur dernier descendant.

Mais l'intérieur de cette résidence grandiose aura-t-il conservé ses anciennes distributions et son ornementation primitive? Trouverons-nous encore dans les vastes salles, dans les longues galeries, dans les chambres spacieuses, ces accessoires obligés, comme les cheminées dont la France a su garder de si beaux échantillons dans nos châteaux? Il n'en sera point ainsi. La Renaissance et les temps modernes ont tout altéré ou détruit au dedans. Le grand degré néanmoins a peu subi de modifications. Placé non loin du portail, il monte, par des retours sur lui-même dans une seule cage, à tous les paliers, et jusqu'à l'immense loge, que recouvre, comme une tente amplement déployée, sa toiture en tuiles creuses. Les marches sont larges et droites : elles partent d'un vestibule ouvert sur une cour rendue étroite et sombre à dessein. Les voûtes en berceau suivent l'inclinaison des rampes : elles retombent par leurs côtés sur un bandeau ou tailloir en pente dont les profils rappellent un peu les formes plus avancées du xvi⁰ siècle. Les escaliers en limaçon, à vis ou à pivots, ont toujours été assez peu usités en Italie. Celui de'la tour, quoique compris dans un plus petit espace, n'affecte pas davantage cette disposition, et la masse de grès qui le constitue affermit encore, par son plus simple agencement, la gaîne qui le renferme. Quelquefois c'étaient de simples échelles fixées contre les parois des murs, ou de grands escabeaux en échafaudages qui servaient de moyens d'ascension, comme nous l'avons vu dans maintes tours d'édifices particuliers et même de monuments publics. Mais, dans les habitations de quelque importance, pour arriver aux principaux appartements, les montées nécessaires étaient ménagées avec plus de soin et de recherche, ainsi qu'il convenait de les pratiquer. Suivant les convenances des lieux, les exigences du rang et la condition de la fortune, l'art devait, pour cette partie des constructions, recourir à toutes les ressources dont il pouvait disposer, afin de vaincre ou d'atténuer au moins les difficultés inhérentes à cet objet spécial de ses conceptions.

Le palais que nous venons d'esquisser n'est point le seul à Lucques qui puisse vivement fixer l'attention de l'artiste. Il en est plusieurs autres de la même époque ou de la Renaissance qui offrent un haut intérêt. Dans un quartier éloigné, un vaste établissement de bienfaisance, appelé la Quarquonia, accuse des traits sensibles de parenté avec celui qui a eu nos préférences. Aussi le noble marquis Guinigi le revendique-t-il, avec fondement sans doute, comme ayant fait partie jadis du patrimoine de ses aïeux. Il est beau de voir ces vieux noms qui s'éteignent se rattacher par un suprême retour aux traditions de leur famille et de leur patrie, fonds commun d'honneur et de légitime orgueil. Les murs séculaires qui ont protégé la grandeur d'une même race jusqu'à sa ruine n'en sont que plus respectables aux yeux non prévenus. Mais que de richesses artistiques, que de chefs-d'œuvre des mêmes temps disséminés çà et là à travers ce voisinage paisible et par toute la cité. Dans un autre ordre de conceptions, comment ne pas se souvenir des sublimes peintures de Fra Bartolomeo, et des marbres immortels de Civitali ! L'Italie, sachons-le bien, est la terre natale de tous les types de l'art et de la nature; on le sent à l'aspect des suaves créations de ce second Éden, et à la vue de tant de beaux et purs visages qui inspireraient encore d'autres génies, si cette glorieuse contrée sait reconquérir le secret de sa puissance. Le dernier déclin d'une nation, plus d'une fois illustre déjà, n'aura pas de durée. Dieu ne le voudra pas : car la seule région du globe qui ait reçu de sa main deux civilisations, deux arts, deux langues universellement chantées, deux siéges de l'autorité suprême, deux empires du monde, deux souverains qui ont imprimé leur nom à leur siècle, porte manifestement des destinées providentielles; celles de l'unité, symbolisée pour le passé, dans le Panthéon d'Agrippa, et pour l'avenir, dans la coupole de Saint-Pierre.

HOTEL DE VILLE DE BRUNSWICK

QUATORZIÈME ET QUINZIÈME SIÈCLES.

Les édifices publics peuvent bien être assurément considérés comme l'une des plus complètes expressions de l'ordre social qui leur a donné naissance. Qui pourrait nier en effet l'influence des idées régnantes, des coutumes et des mœurs d'un pays sur les immenses livres de pierre que les peuples ont écrits avec le compas de leurs savants, le crayon de leurs artistes et la truelle de leurs ouvriers. Ne sont-ce pas des empreintes indélébiles que les civilisations ont laissées sur les murailles de tous les âges qu'est née toute une science destinée à grandir sous nos yeux, l'archéologie, sœur puînée de l'histoire? Et puisqu'il en est ainsi sans conteste, n'est-il pas également vrai qu'entre les monuments élevés par les diverses nations, il y a autant de dissemblances de physionomie qu'il y a de traits distinctifs et variés entre les peuples eux-mêmes et leurs institutions. Disons-le hardiment, les grandes constructions sont les vrais squelettes des corps sociaux; et de même que les espèces animales perdues dans les cataclysmes ont été refaites par la science à l'aide d'un seul de leurs os retrouvés par hasard, de même aussi des constitutions politiques que le temps a effacées de la terre nous pourraient être rendues presque intégralement, quand bien même il ne resterait pour venir à notre secours que quelques murs bâtis sous leur influence, surtout s'ils ont été marqués à l'origine du sceau d'un ciseau créateur.

Les nationalités, comme les siècles et les climats, différencient sensiblement les œuvres monumentales qu'elles engendrent d'un seul jet. Le caractère provincial s'empreint lui-même en traits distinctifs jusque sur les murailles des plus simples édifices de toutes nos contrées. Mais quand il s'agit des grands ouvrages de peuples séparés par les intérêts, la langue, les lois, plus encore que par les distances, l'on sent bien plus profondément la diversité de leurs constructions publiques. Si l'on pouvait embrasser d'un coup d'œil le palais public de Sienne que nous publierons, et celui des podestats à Orviéto, décrit plus haut, en même temps que l'hôtel de ville de Brunswick, bien qu'ils soient d'époques très-éloignées l'une de l'autre, et que leur style soit entièrement dissemblable, il serait facile de comprendre combien est fondée l'opinion que nous venons d'émettre. Tout dans les uns nous montre l'Italie et l'esprit municipal de son moyen âge. Leurs rares ouvertures relativement à l'étendue des surfaces, les réminiscences antiques des profils, les lignes horizontales, les toits à peu de pente, les créneaux eux-mêmes annoncent assez un autre ordre d'idées, un autre régime des temps féodaux, enfin un autre règne de l'art que celui qui illustra l'Allemagne, comme nous l'allons voir.

Nous avons en effet à retracer un des plus remarquables hôtels de ville de ce dernier pays, qui achèvera de faire ressortir la vérité de nos précédentes remarques. Il doit son origine à la prospérité commerciale de Brunswick dans le temps où cette cité admise dans la grande confédération du Nord fut comblée de priviléges par Othon l'Enfant et Albert le Grand. Tous les documents relatifs à la fondation du monument ayant été perdus, on n'en connaît pas la date précise. La pièce la plus ancienne où il soit question de cet hôtel de ville est de 1253 et provient des archives de l'église Saint-Martin; on y parle d'une vente faite au bourgeois Henri Grémedon, et le lieu qui lui est vendu par la commune est désigné par ces mots : « Locus in quo quondam consilium habebatur » : c'est là une preuve évidente de l'existence du nouvel hôtel de ville. En effet, si on n'avait pas eu un nouveau local pour recevoir les chefs de la cité, on n'aurait pas pu vendre le lieu où ils tenaient autrefois leurs séances. Dans un autre document de 1268, il est question d'une famille établie dans le voisinage de l'édifice, et qui en tirait son nom. L'année suivante, la nouvelle construction était déjà assez avancée pour que les magistrats des trois circonscriptions de la ville aient pu s'y réunir en collége et y tenir leurs séances. La partie primitive dont il est ici question est l'aile dirigée du nord au sud sous les galeries à deux étages qui ont été construites après coup.

A la suite d'un soulèvement sanglant des corporations, la ville fut retranchée de la ligue hanséatique en 1374. Lorsqu'elle fut reçue en grâce dix ans après, on lui imposa, entre autres conditions, de construire près de l'hôtel de ville une chapelle à saint Autor, patron de la cité : la religion se mêlait à tout au moyen âge, et c'était un usage pieux des magistrats d'invoquer Dieu dans la chapelle avant de commencer les délibérations du conseil chargé des intérêts de la cité. A la suite de la rentrée de Brunswick dans la Hanse, son commerce prit un nouvel essor, et l'état prospère des finances permit de donner une grande activité aux travaux. Les comptes de dépenses retrouvés fort heureusement par M. l'archiviste Sack comprennent une période de trois années, de 1393 à 1396.

Ces travaux exécutés sous les ordres d'Albert van Dusens, riche marchand de la ville, sont ceux du nouveau pignon situé sur la Dreiten strasse, de la galerie ajoutée après coup à l'aile primitive, et de l'aile en retour dirigée de l'est à l'ouest.

18

La galerie qui se poursuit dans toute la longueur de cette aile ne peut dater de
cette époque puisqu'il est question d'un escalier extérieur placé contre les murs
de l'édifice et par lequel on accédait à l'étage supérieur; une différence de niveau

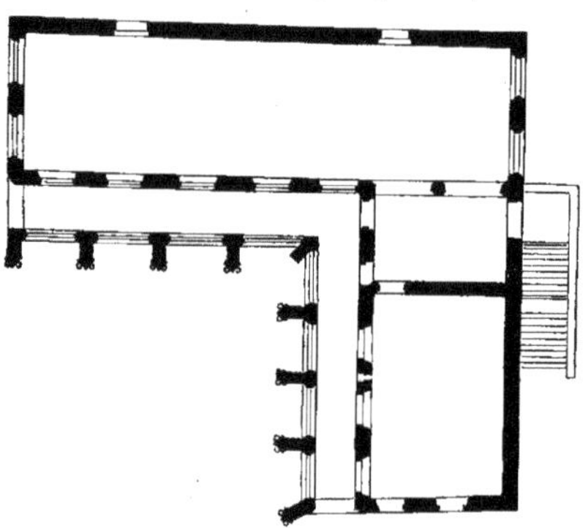

PLAN DU PREMIER ÉTAGE.

assez considérable qui existe à tous les étages et jusque dans la crête du toit
fait voir clairement que ces deux ailes n'ont pas été construites d'un seul jet. Mais
il nous est difficile d'admettre que les galeries aient pu être élevées à des époques
différentes; leur style est tout à fait identique; et leurs formes sévères, le caractère de la sculpture, tout nous rappelle les meilleurs monuments allemands de
la première moitié du xiv⁰ siècle.

C'est là l'opinion de M. Kallenbach, le savant auteur d'un important ouvrage
sur le moyen âge allemand; et bien que cette opinion ne s'appuie sur aucun
document écrit, elle nous paraît cependant avoir de la valeur, au moins pour les
galeries qui s'étendent sur les ailes de l'édifice. En 1396, le monument n'était
pas encore fini, puisque nous voyons le conseil vendre cinq maisons pour sub-
venir aux frais de construction. En 1436, le pignon tourné vers le midi fut
orné d'une girouette aux armes de la ville, et on disposa pour les archives le
rez-de-chaussée de l'aile qui s'avance vers la Breiten strasse. Onze ans plus tard,
Henri, maître maçon, fut appelé pour établir un système de chauffage, suivant
toute apparence, dans la grande salle qui occupe toute l'aile principale.

De 1455 à 1468, Henri Stenhorst fut occupé à des travaux considérables. Entre
autres embellissements, on parle de dix-neuf statues en pierre des sculpteurs
Hans Hessen et Hans Müller, d'images, d'écus aux riches armoiries, de vers allemands peints et dorés sur les façades par maître Cord. C'est donc seulement
vers la fin du xv⁰ siècle que fut complétement achevée la décoration de l'édifice
qui nous occupe; nul doute que les statues et certaines parties de l'ornementa-

tion ne soient de cette époque; mais nous trouverons toujours entre les sculptures et l'architecture des galeries une discordance de style manifeste et qui peut s'expliquer seulement par l'imitation exacte d'une partie de galerie déjà construite à la plus belle époque du siècle précédent.

L'histoire de l'hôtel de ville présente peu d'intérêt à partir de la fin du xvᵉ siècle. Au mois de septembre 1569, à l'occasion de l'hommage solennel rendu au duc Jules, on couvrit d'une couche de peinture le vieil édifice. En 1671, le duc Rodolphe Auguste établit les foires, et afin d'avoir un local pour les magasins des marchands, il fit démolir la chapelle de Saint-Autor et la cuisine de l'hôtel de ville : les galeries du rez-de-chaussée furent murées et converties en boutiques, et enfin, tout l'édifice fut consacré au commerce pendant le temps des foires. Vers la fin du xviiⁱᵉ siècle, ce remarquable monument dont nous venons de retracer l'historique fut sur le point de disparaître : le rapport énergique du conseiller Gebhard le préserva seul de la mutilation que voulait lui infliger un locataire vandale : il s'agissait tout simplement de détruire les deux étages de galeries et de les remplacer par des constructions en bois qui auraient donné plus de logement.

Une restauration générale fut entreprise en 1840, et vient de se terminer dans le cours de l'année 1852. Les galeries ont été ouvertes et réparées, la charpente a été refaite, on a enlevé l'escalier qui se trouvait sous la galerie, et on l'a reporté au nord. La grande salle qui s'étend du nord au sud a été entièrement décorée, deux poêles en faïence vernissée dans le style du monument y ont été établis. Cette restauration a dû coûter une somme considérable, et le gouvernement est d'autant plus à louer qu'il a accordé des fonds uniquement pour conserver et réparer un monument d'art fort curieux sans doute, mais qui est maintenant sans usage bien déterminé. Quant au mérite du travail de restauration, les parties extérieures nous ont paru réparées dans le style de l'édifice; mais il n'en est pas de même de l'intérieur de la salle principale : la peinture des plafonds nous a paru peu harmonieuse, et les détails de la menuiserie lourds et massifs pour des portes exécutées dans le style du xvᵉ siècle.

Construit sur la place où se tient la célèbre foire de Brunswick, l'hôtel de ville se compose de deux corps de bâtiment qui se coupent suivant un angle droit plus deux degrés ; sur les faces, au midi et au levant, s'ouvrent au rez-de-chaussée des arcades ogivales fort simples, mais d'un très-beau caractère et qui forment un magnifique soubassement. Le seul ornement de ses arcades est un profil vigoureux qui n'est pas reçu par des colonnettes, mais vient se perdre sur la face diagonale des piles inférieures. Au-dessus de cette galerie on en trouve une seconde qui est en communication avec toutes les pièces de l'édifice; sa disposition est fort originale et produit le meilleur effet. A trois mètres environ du sol de la galerie prend naissance un arc en plein cintre, qui n'est, à proprement parler, qu'un meneau circulaire sur lequel viennent retomber les trois autres meneaux qui forment les compartiments de la fenêtre. Au-dessus des quatre compartiments se trouve une rose à cinq divisions qui en renferme elle-même une autre beaucoup plus petite ; une ogive encadre toute cette décoration, et elle est surmontée elle-même de rampants en pierre d'une fort bonne proportion et garnis de crochets. Les meneaux des fenêtres sont fort simples, sans bases et sans chapiteaux, ainsi que cela se rencontre aux époques un peu avancées ; mais ils n'en produisent pas moins le plus charmant effet : rien de plus gracieux que ces dentelles suspendues et qui ne gênent en rien les promeneurs de la galerie, lorsqu'ils veulent s'appuyer sur la balustrade et regarder au dehors.

Au niveau du sol de la galerie, indiqué par un larmier d'un profil accentué, les piles carrées à l'étage inférieur changent de forme et deviennent aiguës de manière à laisser sur chacune de leurs deux faces un espace triangulaire dans lequel vient se placer un dé hexagonal qui porte un personnage en pied. Toutes les statues représentent les ancêtres célèbres de l'illustre famille des Guelfes. Au premier pilier, en partant de l'église, se voient Henri l'Oiseleur et sa seconde épouse Mathilde de Saxe, de la race de Wittekind ; au deuxième pilier, l'empereur Othon Ier et sa deuxième femme Adélaïde de Bourgogne ; au troisième, l'empereur Othon II et Théophanie de Grèce ; au quatrième, Othon III et Marie-Sophie d'Aragon, que quelques auteurs lui donnent pour épouse. Le pilier d'angle, à la rencontre des deux ailes du bâtiment, est décoré d'une seule statue : c'est celle de l'empereur Lothaire de Süpplingenbourg. Ensuite viennent Othon IV et Béatrix de Souabe, puis Henri le Lion et Mathilde d'Angleterre ; au pilier suivant se trouvent le fils d'Henri, le duc Guillaume de Lünebourg et Hélène de Danemark ; enfin le duc Othon l'Enfant et son épouse Mathilde de Brandebourg.

Le costume de tous ces personnages, leurs proportions ramassées, les colliers de coquillages qui ornent leurs vêtements et qui sont suspendus à leur col, indiqueraient à eux seuls une époque avancée du xve siècle. Nous avons en outre les comptes des dépenses de 1455 à 1468, d'après lesquels on sait qu'il fut exécuté à cette époque un plus grand nombre de statues qu'il n'en existe aujourd'hui. La mode d'orner les ceintures, les chapeaux, les habits, les souliers même avec des chapelets de coquillages fut introduite en Allemagne avant le xve siècle ; mais elle devint plus tard presque générale en ce pays, et on la poussa si loin qu'en 1411 le magistrat d'Ulm dut défendre la visite des églises aux personnes qui portaient cet ornement. Il est donc hors de doute que tous les personnages représentés font partie d'une série à peu près complète d'empereurs de la famille des Guelfes dont les statues furent exécutées, pour le monument, dans la seconde moitié du xve siècle.

Nous espérons qu'on nous saura gré d'avoir commencé l'importante série des hôtels de ville d'Allemagne par un monument aussi complet et aussi remarquable à tous les égards. Le nord de ce pays nous fournira bientôt d'autres constructions municipales fort curieuses entièrement en briques et en terre cuite, et qu'il sera du plus haut intérêt pour nous d'étudier, en vue de satisfaire aux besoins qui ne tarderont pas à se faire sentir dans nos édilités provinciales. Une époque organique paraît vouloir succéder aux temps critiques que nous avons traversés; tout mouvement de cette nature s'annonce par des projets de constructions que les gouvernements eux-mêmes secondent de tous leurs efforts. Notre but est d'entrer dans cette voie pour notre part, en fournissant des sujets d'étude et d'imitation à ceux qui comprennent l'importance de cette nouvelle phase de notre activité artistique.

On le voit, l'architecture gothique du nord diffère essentiellement de celle du midi. Elle présente dans toutes ses parties plus de jeu, plus de mouvement et d'accident; tandis que les constructions correspondantes de l'Italie ont conservé quelque chose de la simplicité calme, de la solennité des œuvres du peuple-roi. Cette dissemblance vient bien plus évidemment de besoins en tout point opposés, que des seules fantaisies de l'imagination des artistes. D'un côté des clochetons, des pignons aigus, des toits élancés, de hautes charpentes, tout un monde de grotesques figures pour l'écoulement des eaux; de l'autre, au contraire, une extrême réserve dans l'emploi de ces objets dont la nécessité disparaissait sous un ciel plus pur et dans un climat moins exposé aux neiges ou aux longues pluies des hivers. A ces signes tranchés, on reconnaît de suite combien les distances ont dû modifier les édifices consacrés aux mêmes usages, tout en admettant, comme nous l'avons dit, d'autres causes de ces diversités. C'est un bonheur pour nous d'avoir pu offrir à ce terme de nos monographies, des types si distincts de monuments municipaux; et nous n'hésitons pas à dire que si les premiers choisis par nous conviennent mieux aux contrées méridionales de la France, nul doute que le dernier, dessiné et décrit ici, ne s'adopte mieux aux goûts de nos provinces septentrionales.

HOTEL DE VILLE DE SAINT-ANTONIN

DOUZIÈME SIÈCLE.

Les hôtels de ville, les bâtiments municipaux de nos anciens temps, de quelque importance qu'ils soient, sont rares en France aujourd'hui. Les débris qui nous en restent épars çà et là doivent donc être recueillis avec d'autant plus de soin et d'empressement. C'est pourquoi nous voulons mettre à profit la découverte, ce n'est pas trop dire, de l'un des plus charmants spécimens de ce genre d'édifices que recèle encore une de nos provinces d'outre-Loire. Dans ses laborieuses recherches, un crayon à la main, à travers nos campagnes du Midi, dans ses persévérantes et précieuses récoltes de dessins de nos monuments, l'un des premiers rénovateurs de notre art et de notre goût national, et l'un de nos plus illustres maîtres dans la grande œuvre d'une autre renaissance , M. Viollet Leduc a rencontré sur son chemin un de ces objets de prix à ses yeux qui, si modeste qu'il fût en étendue, n'en a pas moins sollicité le zèle de son infatigable et beau talent. C'était une ruine d'origine française que l'artiste avait trouvée sous ses pas, et à ce titre il a cru devoir s'attacher avec le sentiment passionné de sa mission à ces restes mutilés. Sa main les a fait revivre pour une plus longue vie peut-être que celle qu'ils ont déjà traversée. Grâces lui soient rendues pour cette résurrection artistique qu'il a si heureusement opérée d'une simple mairie dans une de nos localités les plus reculées et les plus perdues depuis longtemps dans l'oubli.

La petite ville de Saint-Antonin est située dans une admirable vallée qu'arrose l'Aveyron, rivière sinueuse, qui donne son nom au département, composé pour une grande part de l'ancien Rouergue. Ses pieds sont aussi baignés par les eaux d'un fort ruisseau, la Bonnette, qui contribue de son côté à faire comme une presqu'île de son sol. Une position si favorisée de la nature avait dû faire, au moyen âge, de ce centre de population un de ces foyers de vie municipale comme le midi de la France en renfermait tant à cette époque. Quoiqu'il soit resté très-peu de traces de ce mouvement à travers les annales de la province, et que les vieilles traditions du pays retiennent à peine quelques souvenirs d'un passé qui n'a point été sans importance, cependant des faits relativement récents nous doivent faire conclure que là s'étaient concentrés autrefois des intérêts politiques et civils d'une assez grande portée. Ainsi, un jour de notre histoire, devant les murs de Saint-Antonin, fut un moment arrêtée la marche victorieuse de Richelieu domptant le protestantisme rebelle. Singulier contraste de voir, en présence de cette petite place qui résiste, un roi de France avec son armée, et le ministre qui « fit de son maître un esclave, et de cet illustre esclave le plus grand monarque du monde. »

Qui le croirait à cette heure? Le siége commandé par le cardinal et son royal auxiliaire, pour abattre en ce point la révolte des protestants, est peut-être moins propre à relever de l'oubli ce lieu de leurs exploits qu'un autre fait moins éclatant sans doute, qui se révèle depuis peu : c'est l'appréciation des objets précieux et curieux que le temps et la guerre y ont respectés. Si le vainqueur a détruit les vieilles fortifications, il a laissé dans l'enceinte qu'elles avaient formée de plus anciennes murailles qui n'inquiétaient point sa victoire : ce sont celles d'un antique hôtel de ville, dont la tour pourtant fut peut-être alors découronnée de son appareil guerrier. Et n'est-ce pas merveille de voir maintenant s'attacher à ce débris d'un âge reculé non-seulement des habitants de la contrée, mais encore des artistes et des savants qui cherchent à s'inspirer des œuvres monumentales de nos pères? Quel serait donc l'intérêt qui s'attacherait aujourd'hui à cette ruine naguère encore abandonnée, si ce n'est celui de l'étude de ce qui en subsiste après tant de chances de destruction? C'est un édifice consacré à un usage public et civil, qui a produit ce phénomène d'attirer l'attention de l'homme de loisir, de l'archéologue et du voyageur, malgré son peu de développement, mais à cause de la perfection de son travail et de la rareté du type qu'il présente; et, grâce à cette antiquité nationale, voilà que ce coin reculé de la France, d'oublié qu'il était, devient un pèlerinage chaque jour plus fréquenté par ceux qui ont quelque souci de nos plus chers intérêts.

Mais ce bel édifice de style roman, qui a traversé les siècles de foi et les tristes périodes de toutes nos guerres religieuses, celles des Albigeois, longs et terribles désastres, et celles des huguenots, était-il bien, comme nous l'avons dit, le siége de l'édilité locale, le centre des affaires de la communauté? Était-il bien en effet un hôtel de ville, selon le sens attaché à cette désignation caractéristique? L'absence de documents sur son origine première et sur sa destination nous empêche de l'affirmer; mais sa position sur la place publique, entre deux halles où se tenaient les marchés, sa disposition inférieure qui laissait libre tout l'espace à fleur de sol, ses deux salles, l'une au premier étage à claire-voie, et l'autre au-dessus, moins ornée dans ses moins nombreuses ouvertures, et surtout le beffroi, dont la cloche pouvait rassembler les citoyens aux grands jours, sont les conditions de son existence à l'aide desquelles on a voulu, dans ces derniers temps, rétablir sa dénomination et son usage ; car il avait perdu l'un et l'autre au milieu de l'indifférence générale qui avait gagné les pouvoirs locaux comme les habitants pour tout ce qui venait d'un passé haï ou dédaigné.

Jugez donc combien les conflits de culte, les dissensions de tous genres, avaient causé d'anéantissement de tous les souvenirs publics de la commune, en voyant l'abandon où était tombé un bâtiment d'une si frappante originalité. Là, dans une population toujours assez soutenue et s'élevant à plusieurs milliers d'âmes, il n'est pas une famille qui ait conservé l'héréditaire transmission des récits du foyer domestique, si propres à rattacher la mémoire des générations aux murs de ce bâtiment témoin permanent, depuis plus de six siècles, des grands actes de la cité. Là, l'effacement de l'orgueil de clocher, mobile si légitime en un certain sens, a été plus complet encore que partout ailleurs. A ce moment, dans Saint-Antonin, il ne se trouve pas à consulter, relativement à notre sujet, un seul de ces vieillards, chroniques vivantes des lieux qui les ont vus naître : nul, à quelque rang de la société que vous vous adressiez, ne peut vous rien apprendre de cette œuvre d'architecture, échappée comme par miracle aux funestes suites de l'ignorance, aux malheureux effets de l'indifférence et du mépris. C'est à ce point que sa dénomination primitive, retrouvée aujourd'hui par une assez sûre indication, grâce aux soins de l'art le plus éclairé uni à la plus saine archéologie, n'a pu jusqu'ici être adoptée par les habitants, tant a été profond l'oubli où ils l'avaient laissée. Et savez-vous comment ils entendent réparer présentement leur coupable dédain? Même après la résurrection de ce corps tout mutilé par leurs mains, ils persistent à lui refuser son nom propre, celui qu'il reçut sans aucun doute de leurs ancêtres à sa première naissance. Non, ce n'est point l'hôtel de ville qu'ils le veulent appeler : une autre désignation plus générale a été préférée par eux pour rendre témoignage du prix qu'il a retrouvé à leurs yeux : depuis les pères jusqu'aux enfants, tous à l'envi le nomment entre eux le Monument.

Ce fut ainsi que nous fut indiquée à nous-mêmes cette remarquable construction. A son aspect, il nous fut impossible de ne pas reconnaître son vrai caractère. Une grande loge inférieure, à trois baies ogivales, accrue d'une quatrième travée à jour sur toutes ses faces et servant de base à la tour du beffroi, comprend l'espace entier du rez-de-chaussée. Presque toutes ces ouvertures étaient autant de passages libres pour aller de la place publique à une halle postérieurement établie. A ce niveau, toute la surface est parfaitement unie, si ce n'est qu'on voit une sorte de piédestal à large dé recevant le mince trumeau du milieu. La tablette saillante de ce socle était peut-être destinée au crieur public, qui pouvait de là se faire entendre de l'assemblée des promeneurs et des marchands. Il n'est guère possible d'expliquer autrement cette différence si marquée entre ce point d'appui et celui qui le précède à droite : l'utilité seule y a pu donner naissance, puisque la symétrie si exacte partout ne se trouve omise que là seulement, au moins

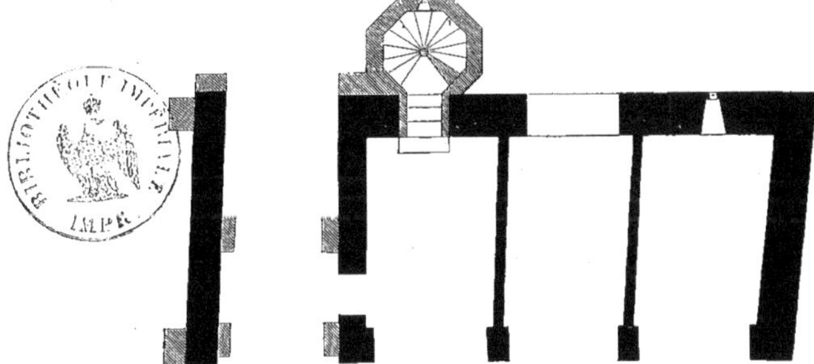

PLAN DU REZ-DE-CHAUSSÉE.

de ce côté. Aujourd'hui, la voirie a exigé des fermetures en bois pour toutes ces grandes ogives, et le service communal des pompes à incendie s'est réfugié derrière leurs panneaux, composés de fuseaux longs et simples, comme il convenait à cette clôture, qu'il eût été si regrettable de voir faite à châssis pleins et massifs.

Le premier étage se compose de deux pièces, l'une beaucoup plus petite, prise dans la tour, dont le palier est élevé de plusieurs marches au-dessus du plainpied de la grande salle, et celle-ci qui règne dans toute la longueur du principal corps de logis.

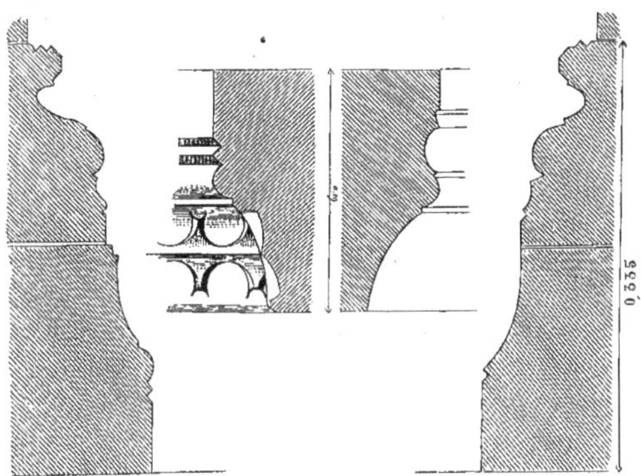

PROFILS DES BASES ET DES TAILLOIRS DES CHAPITEAUX DE LA GALERIE.

A cette hauteur, dix-huit colonnettes placées sur deux rangs, par couples en profondeur, concourent à former une claire-voie du plus charmant effet. Il n'est

19

pas besoin de dire que tous les chapiteaux en sont variés et refouillés avec beaucoup de délicatesse : chacun d'eux est formé de feuilles larges et grasses, ou bien de figurines et de chimères accolées, accouplées, enlacées par les plus singuliers caprices, retournées sur elles-mêmes pour unir leurs têtes par les mouvements les plus animés. Leurs tailloirs sont dentelés, denticulés, et ornés tantôt de têtes fantastiques, tantôt de coquilles ou de simples modillons. Ces colonnettes sont divisées par séries de trois également espacées, au moyen de deux pilastres carrés, supports puissants à personnages sculptés en avant, en saillie sur leur fond. Le sujet de celui de gauche est Adam et Ève, debout près de l'arbre autour duquel s'enroule le serpent qui vient de vaincre, comme l'exprime la nudité cachée des coupables. Le second est une image en grand et fort relief dont la tête abattue à coups de marteau dans nos folies révolutionnaires, nous semble avoir été celle du saint de la légende qui a donné son nom à la ville.

La restauration de cette partie incertaine en a fait un Charlemagne portant une couronne impériale. Un livre ouvert sur la poitrine, dans la main droite, celui de la loi sans doute, un bâton pastoral dans l'autre main, ne suffisent point, selon nous, pour accuser la présence figurée en ce point du législateur des Juifs. Tandis qu'au contraire le rapprochement des deux tableaux de la sainteté, représentée dans le patron de ce lieu, et de la déchéance humaine rendue par la faute de nos premiers parents, était une parlante moralité exposée aux yeux de tous, suivant la naïve coutume de ces temps, jusque sur les murs d'un édifice public et civil. Tout était enseignement religieux chez nos pères, et le dogme de la chute en regard de celui de la réhabilitation était assurément la leçon la mieux choisie pour être comprise d'un peuple imprégné de christianisme. Que signifierait encore, à la place du saint martyr, l'effigie de Charlemagne (1) ou d'un autre roi de France, en pendant avec l'expression du fait le plus saisissant de l'histoire initiale du genre humain ? Pour notre part, nous ne pouvons croire que ces deux tableaux gravés sur la pierre soient sans corrélation entre eux. Nous avons dû chercher une idée qui pût les relier l'un à l'autre; mais, malgré notre explication, nous ne croyons cependant point avoir dissipé entièrement l'obscurité qui entoure cette symbolique conception.

Le second étage se fait remarquer par trois grands arcs romans encadrant deux petites arcades en plein cintre à jonction de retombée reçue sur une colonnette unie ou torse, pour former séparation. Des corbeaux à triple assise les surmontent et portent la tablette où vient reposer la toiture en tuiles creuses. Le plancher de cette seconde partie semble être accusé par un ornement inusité chez nous, dont nous avons déjà signalé la présence en un endroit bien distant de celui-ci, à San Gemignano, en Toscane : ce sont des assiettes de faïence

---

1. La syllabe IMP et la lettre C que M. Viollet-Leduc a lues en caractères anciens sur le livre ouvert semblerait cependant militer en faveur de cette donnée.

incrustées sur cette ligne, et plus haut encore dans l'épaisseur de la maçonnerie. Cette décoration ne nous vient-elle pas de l'Italie, et serait-elle destinée à remplir les vides laissés sur les surfaces unies par l'absence des oculus en terre-cuite si fréquents dans les belles constructions de Lucques et de Sienne? N'aurait-elle été employée que pour distraire l'œil qui aurait été sans elle offusqué d'une trop grande nudité, surtout sur les portions supérieures du monument? Quoi qu'il en soit, la rareté de ces objets dans nos contrées nous les doit faire considérer ici avec plus d'attention, par les souvenirs qu'ils nous rappellent.

Si nous revenons un instant à la tour, qui portait aussi quelques plats émaillés près de ses fenêtres, nous trouvons qu'adjacente et conduisant aux galeries pré-

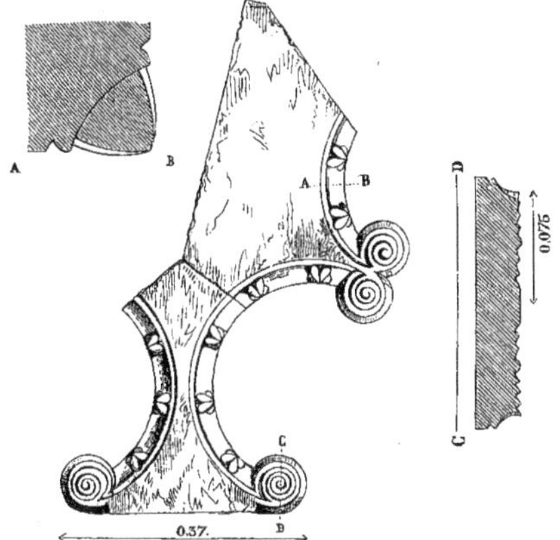

FRAGMENTS DES ARCATURES DE LA FENÊTRE DU BEFFROI.

cédentes, celles-ci n'en sont pas moins en contre-bas, d'une manière bien plus marquée au second étage, par rapport aux compartiments correspondants qui la divisent dans sa hauteur. D'où peut provenir ce bizarre démanchement? Serait-ce que les escaliers d'accès à toutes ces pièces auraient été placés dans les maisons voisines, ou dans quelque cage en bois dressée aux deux extrémités du bâtiment? Car il est très-difficile autrement de se rendre compte de la position du degré unique ou double dans le primitif arrangement; et l'on sait que les communautés de services n'étaient pas rares autrefois entre les propriétés particulières et les édifices municipaux de ce genre. Toutefois la tour ne recèle aucune trace de marches en pierre ou en bois, pas même l'apparence d'échelons qui auraient pu être dressés à un angle intérieur pour atteindre sa cloche; néanmoins il fallait accéder à toutes les pièces par quelque côté et moyen que ce fût. Or, pour obvier à l'absence de tout mode convenable d'ascension,

M. Viollet-Leduc a élevé contre la façade postérieure une tourelle octogonale qui ferme une ogive autrefois ouverte et libre. Des échelles montant ensuite par deux rampes reviennent alternativement sur elles-mêmes à l'horloge et plus haut encore. C'est la partie supérieure de ce rectangle assez élancé qui a été refaite ou plutôt créée, tout élément de restauration ayant fait défaut sous la main de l'artiste. Une arcature surplombant sur cinq assises de corbeaux de plus en plus projetés en dehors, produit un renflement qui ne laisse pas que de présenter de l'ampleur et même beaucoup de hardiesse; puis vient un espace percé en avant et en arrière par quatre ouvertures qui livrent un plus libre passage aux vibrations du timbre. Enfin ce que nous appellerons une attique de colonnettes accouplées sur champ, à chapiteaux dont la sculpture reste encore à exécuter, porte une toiture fort saillante et peu inclinée.

Mais la charge est devenue par là beaucoup plus pesante pour la vieille base de la tour; ce plus considérable poids a rendu nécessaire le renforcement de quatre portes ogivales, les deux latérales ayant été en outre remplies par un mur que vient affermir encore un vigoureux arc aigu en pierre, passant sous la voûte à travers ses nervures. Pour achever la consolidation, un puissant arc-boutant a été jeté sur l'emplacement d'une habitation voisine; il dégage agréablement de ce côté le pied du beffroi qui, par une heureuse inspiration de l'artiste, a perdu l'air un peu guerrier que lui donnait sans doute son ancienne couronne de créneaux. Sa tête devait aujourd'hui exprimer le calme et la paix de la commune; rien ne pouvait mieux rendre sensible cet état que l'inoffensive adjonction dont nous regrettons de ne pouvoir donner une image complète dans notre gravure.

Les soins apportés à la restauration de cette œuvre nationale, l'importance de cette ruine révivifiée pour un long avenir, l'intérêt qui s'attache à ce qu'elle tient d'elle-même et à ce qu'elle a reçu de l'habile main qui lui a rendu la vie, n'ont pu jusqu'à présent décider le pouvoir local à lui affecter une destination digne d'elle. Si l'édilité n'y peut trouver sa place, pourquoi ne consacrerait-on pas l'une et l'autre de ses salles à recevoir les objets précieux recueillis de la vieille cité. Combien de jolies serrures, de guichets du moyen âge et de la renaissance, de chapiteaux, de colonnettes, d'anneaux de suspension, y avons-nous rencontrés de divers côtés? Combien d'élégants frappoirs ou heurtoirs de même date, de pentures, de portes et de volets qui vont bientôt périr, si on ne les rassemble avec zèle dans un lieu convenable? N'y aurait-il aucun moyen d'y transporter une admirable cheminée du xve siècle encore subsistante dans une vieille maison du boulevard? Les habitants ne connaissent de leur ville que le *monument* et la *cheminée* : en les rapprochant ainsi, pour commencer un musée cantonal, on comblerait leurs vœux et les nôtres.

MAISON A FIGEAC

TREIZIÈME SIÈCLE.

Un rapide coup d'œil jeté sur les trois gravures qui accompagnent le texte de cette notice suffira pour en justifier la brièveté. L'on n'y trouvera, en effet, ni plan, ni coupes longitudinales ou transversales : la description y suppléera. Mais la première de ces planches qui comprend l'élévation d'une seule façade dans son entier développement, et les deux autres qui présentent des divisions plus ou moins importantes et surtout des détails remarquables par la finesse exquise de leur exécution, expliqueront mieux cet édifice que tout ce que nous pourrions dire. L'aspect général du seul de ses côtés qui offre de l'intérêt, la belle et noble ordonnance de sa face principale, l'ampleur de tout ce corps de logis si bien entendu dans toutes ses dimensions et parfaitement isolé dans son pourtour, diverses parties de ses ornements comme moulures ou profils, retombées, chapiteaux, tailloirs, feuilles, fleurs, et autres fantaisies gracieuses, en font un modèle accompli, un type à imiter. Il fallait certes que cette modeste maison eût intrinsèquement une grande valeur à nos yeux, pour qu'en si peu d'espace de son périmètre elle ait pu donner tant à prendre au crayon de l'artiste. Nous ne connaissons point d'ogives mieux ouvertes et d'une ornementation plus convenablement accentuée que celles de son premier et unique étage : leur forme, leur proportion, tout ce qui se trouve compris dans leur large et riche cadre appelle vivement l'attention. La hauteur où elles sont aperçues sur un soubassement percé depuis le sol de quatre arcs aigus, obstrués à cette heure d'une épaisse maçonnerie, ne dérobe absolument rien de leur délicatesse aux regards ; et le recoin où elles semblent comme cachées à l'écart n'en fait que mieux ressortir la grâce à l'œil surpris et satisfait.

Ici, qu'on le remarque bien avec nous, nous rencontrons pour la première fois un de ces accidents heureux de taille de la pierre que nous devons signaler avec beaucoup de soin. Toute facile que pouvait être l'innovation qui nous a frappés, elle n'en prouve pas moins et la sagacité de celui qui la tenta, et le bon goût des habitants qui l'adoptèrent. Il s'agit de montants de fenêtres et de claveaux d'ogives rabattus, taillés en bizeau et ciselés sur leurs angles de manière à produire un évasement d'un merveilleux effet. Cette modification aisée en apparence, et pourtant si singulière à cause de sa rareté, nous a paru tout à fait restreinte à l'étroite circonscription de la localité, car nous ne l'avons plus retrouvée ni dans le voisinage le plus rapproché, ni dans le rayon plus étendu de la province. Des trumeaux amortis, écoinsonnés de la sorte avec de mâles et profondes moulures légèrement incurvées en haut et en bas, et chargées de feuilles et de fleurons à leurs extrémités; des chambranles, des sections d'arcs ainsi brisés sur leurs arêtes font des ouvertures qu'ils entourent par paire un véritable type à part. Aussi ont-elles été souvent reproduites et toujours richement profilées dans un grand nombre d'habitations de cette ville. L'esprit naïvement inventif de l'architecte, son tact d'artiste avaient été appréciés de son temps et plus tard : l'arrangement simple non moins qu'admirable qu'il sut employer dans l'œuvre que nous examinons, se prêta sous sa main et celle de ses successeurs aux modes les plus variés. Nous n'en donnons que l'exemple présent avec d'autant plus de bonheur qu'il est extrait, détaché de notre sujet; il est peut-être le premier dans l'ordre des dates, le plus précieux par le travail, et sans doute aussi le mieux conservé, malgré les mauvais traitements qu'il a subis çà et là du temps et de la main des hommes.

Nous pourrions ajouter qu'il est comme le sceau, le signe distinctif de l'architecture de Figeac, tant il lui appartient exclusivement : assez rare fortune chez nous pour être signalée en passant. Il n'en est pas de même en France qu'en Italie, où la plus petite cité porte une empreinte de construction qui lui est propre, et qu'on reconnaît à tous les pans de mur de ses rues. A peine ce trait spécial, ce cachet original que nous avons tant de fois constaté au delà des Alpes, se font-ils remarquer de notre côté pour distinguer entre elles nos plus grandes divisions de territoires d'une autre époque. De semblables seings apposés sur leurs bâtiments par une capitale ou toute une contrée que personnifient en quelque manière un auteur et ses émules, manquent à notre pays : ce sont autant de signes distinctifs, d'ingénieuses marques de diversité que nous regrettons pour lui.

Les murailles où se voient ces exemples achevés de baies à ogives géminées reflètent d'une frappante façon la physionomie de l'architecture romane; et néanmoins l'appareil plus soigné et d'autres conditions encore traduisent visiblement un ouvrage conçu et exécuté au XIIIᵉ siècle. On croirait presque que toute la sculpture serait due à la vieille habileté d'une main de l'époque précédente, tandis qu'une plus jeune tête aurait produit le bel ensemble que nous avons recueilli avec scrupule, et auquel nous avons rendu ce que le temps lui avait arraché avec l'aide des dernières générations. Les pentes peu rapides de la toiture étaient dirigées vers les rues latérales, afin sans doute que le pignon, formé de simples chevrons et donnant sur la rue, maintînt un privilége de la propriété

de ces temps féodaux ; il était ouvert de ce côté et donnait plus d'air, de lumière
et d'agrément à une grande loge dressée selon la coutume italienne, sur toute
l'étendue du principal corps de bâtiment. La balustrade a été refaite par nous.
Il nous a été facile de la rétablir ; des trous dans les trois pieux verticaux de la
charpente nous ont indiqué la place de sa traverse ou tablette d'appui. Puis, si
nous portons les yeux en retour vers l'orient, nous apercevons en saillie au dehors, suspendu sur de fortes consoles, l'avant-corps du foyer qui se prolonge à
partir du premier plancher en décroissements habilement ménagés suivant le
besoin. C'était alors une exigence de l'art d'exprimer de la sorte extérieurement
les membres ou accessoires importants du dedans. Le feu avait sa place indiquée
de part et d'autre, et le canal par où montaient ses vapeurs et ses émanations
semblait dédoubler à la vue le mur où il se creusait sans l'affaiblir.

Nous avons couronné la cheminée d'un élégant lanternon dont nous avons pu
prendre le modèle à une autre maison du xive siècle. La portion inférieure du
tube ou fût octogonal subsistait portée sur son dé carré jusqu'aux bases des
colonnettes ; mais tant de tuyaux ou conduits sont encore entièrement debout
aujourd'hui que nous avons jugé convenable ce complément trop utile et trop
agréable en même temps pour avoir été omis en ce point à dessein.

Le plan de la maison de Figeac est d'une extrême simplicité. Deux pièces seulement, élevées, longues et profondes, occupent toute l'étendue des deux étages.
Celle du rez-de-chaussée est éclairée par quatre ogives assez larges et hautes,
et par trois petites fenêtres irrégulièrement espacées au-dessus ; on voit en son
milieu un pilier à quatre pans qui soutient son plafond. Toutes les fermetures à
ce niveau ont disparu en même temps sans doute que l'escalier qui montait dans
un angle jusqu'à la loge. La salle supérieure n'était pas moins vaste ; il n'y reste
aucun vestige d'appui central comme il s'en trouve un au-dessous. Contre l'un
des murs latéraux se dresse au levant une remarquable cheminée qui a conservé
jusqu'à ce jour ses sculptures, ses corbeaux et son manteau. Des fragments de
peintures rouges sur fond jaune se sont maintenus sur différentes surfaces ; nous
en avons dessiné deux échantillons préservés de la plus légère atteinte. Lorsque
les volets de la claire-voie étaient fermés, quatre petites roses de forme variée
et percées avec régularité au-dessus des colonnettes portaient une douce lumière
dans cet intérieur décoré avec autant d'intelligence que de goût. Les vitraux et
leurs châssis de plomb n'existent plus. Cette spacieuse chambre n'est plus protégée maintenant contre l'intempérie des saisons que par la paille et le foin
accumulés sur son plancher. Il est triste de voir une construction aussi soignée
tomber dans un tel abandon ; et pourtant l'usage qu'elle a reçu depuis longtemps
déjà est peut-être ce qui l'a sauvée d'une complète destruction. L'autorité muni-
nicipale connaît son prix : espérons qu'elle veillera sur elle, et qu'elle la rendra

bientôt à une meilleure destination, en la transformant, suivant le vœu de tous, en un musée local, une école ou une bibliothèque publique.

Mais on se demande à quels maîtres cette maison appartint à son origine ; elle ne pouvait guère être la demeure d'une famille, si l'on considère à la fois son importance et le petit nombre de ses divisions. Le premier magistrat de la commune, interprète éclairé de l'opinion la plus répandue, incline à penser que cet édifice particulier fut un lieu de retraite bâti par des religieux du voisinage. On dit que ses premiers possesseurs furent les Templiers, qui avaient un prieuré ou une commanderie dans la vallée à quelques lieues de distance. La manière dont elle est traitée depuis ses fondements jusqu'à son faîte montre assez que ses assises furent posées par les priviléges de la fortune. Elle aurait donc pu être, comme l'hôtel de Vauluisant, à Provins, un refuge plus assuré dans les temps de guerre contre les attaques de l'ennemi, et pendant la paix un séjour de repos et d'étude. Le nom de la rue Hortabadiale [1], avec son apparente composition de deux mots latins, indiquerait seulement peut-être qu'elle était située non loin des jardins de l'antique et magnifique abbaye de Figeac, érigée par Pépin le Bref. L'art du moyen âge brillait surtout dans ces simples et nobles fondations de nos pères ; leurs membres mutilés, abandonnés, dédaignés, pendant des siècles, comme celui que nous venons de décrire, prouvent jusqu'à l'évidence que la grandeur, la force et la beauté pouvaient appartenir même aux œuvres d'un modeste développement dans une mesure parfaite de convenance et d'harmonie.

---

1. Cette dénomination semblerait en effet dériver des deux expressions *hortus abadiæ*, bien que la première lettre manque dans la tablette d'inscription municipale qui a été placée aux extrémités de cette voie restée la même en largeur depuis son origine.

MAISON A METZ

DOUZIÈME SIÈCLE

A la première vue des gravures qui représentent la maison romane de Metz, l'esprit se sent tout à coup saisi du rapport singulier qui existe entre elle et tant d'autres non moins intéressantes qui couvrent encore à cette heure le sol de l'Italie. Pise, Lucques, San Gemignano, Pistoie, ne renfermaient presque que des habitations analogues, tant la noblesse y était nombreuse et les priviléges du patriciat disséminés. Toutes ces villes jusqu'ici ont conservé au moins la base de leurs constructions qu'on pourrait avec raison appeler nobiliaires ; car partout leurs plus vieilles rues sont bordées soit de tours entières qu'on a respectées, soit de leurs portions conservées qui ont pu servir de refuge aux familles pauvres après que l'opulence se fut retirée de ces quartiers. Ce serait l'objet d'un travail plein d'intérêt, de comparer ce qui reste aujourd'hui de pareilles ruines, en France, en Italie et en Allemagne. Notre pays est assurément celui qui en est le plus dépourvu maintenant, comme si le peuple y avait toujours eu le triste privilége de détruire les titres de son passé.

L'Allemagne est restée mieux partagée que nous à cet égard. Ratisbonne à elle seule nous offrirait nombre de curieux exemples de maisons fortifiées et défendues par des tours à l'instar de celle qui est le sujet de cette notice, et peut-être viendrons-nous lui demander quelque jour des dessins de ces pittoresques bâtisses qu'il ne serait point impossible de faire accepter au goût renaissant des artistes modernes. Mais en France, on chercherait sans doute en vain dans toute autre ville que Metz un modèle de ce genre de constructions aussi intact dans sa projection, depuis sa base jusqu'à son sommet. Le peu qui reste debout des trois tours seigneuriales de Cordes en Languedoc ne suffit plus pour en donner l'idée. A l'endroit où nous sommes en ce moment, tout subsiste, au contraire, de manière à ce que rien d'essentiel ne manque à une restitution complète de l'objet. Quelques détails arrachés de leur place par l'ignorance intéressée ne pouvaient faire aucun tort au travail d'ensemble que nous avons entrepris.

On se demande avec raison pourquoi les maisons avec tours de défense étaient relativement plus rares dans nos cités françaises du moyen âge. Nous trouvons la cause de cette différence dans la constitution, dans l'organisation même de notre féodalité. Les châteaux forts se dressaient de toutes parts sur nos terres, au milieu de vastes campagnes qui étaient le domaine ou l'empire en raccourci de leurs maîtres. S'ils choisissaient le voisinage d'une ville, c'était, avant tout, à la condition qu'il n'y aurait d'autre donjon que le leur pour en défendre les habitants; ou plutôt ils posaient fièrement leurs prétentions sans rivales; et c'est de ce temps, avec ses suzerainetés sans nombre et toujours guerroyantes que vient peut-être le proverbe populaire : contre force, pas de droit.

En faisant l'historique de San Gemignano , nous avons expliqué comment, dans ces Apennins, ce n'étaient point une seule famille, un seul chef qui dominaient une contrée; c'étaient les villes entières, nobles, peuple et bourgeois, qui étaient maîtresses et souveraines du territoire qu'elles prétendaient gouverner. En un mot, là, les seigneuries étaient communales ou diffuses, en opposition avec les nôtres, qui étaient toutes individuelles , toutes personnelles à une race unique. Ce trait frappant ne suffirait point pour nous donner l'explication de la dissemblance profonde des deux civilisations , si, d'un côté, nous n'avions pour nous en rendre compte le principe chrétien, dominant de toute sa hauteur et sa puissance l'ordre politique, et de l'autre précisément l'inverse hiérarchique de cet état de choses et d'idées. Ce fait touche de trop près à la philosophie de notre propre histoire pour que nous le négligions à l'heure où nos recherches et nos courses artistiques auront encore été plus multipliées. Nous y reviendrons donc pour en achever la confirmation, tâchant de ne laisser aucune prise aux objections qui nous pourraient être adressées à ce sujet, non sans fondement peut-être, si nous ne devions nous appuyer encore sur d'autres investigations.

Dans notre résumé sur les maisons du moyen âge, nous ne manquerons point de citer tout ce que nous aurons observé en France d'habitations particulières ayant tours et créneaux au milieu de nos villes. Mais la maison de Metz, la plus précieuse de son genre qui soit en nos provinces, rappelle notre attention vers elle, d'autant plus qu'elle est l'objet spécial de cette étude. Elle est située dans la rue des Trinitaires. C'est une assez vaste et imposante construction ; sa façade est carrée et fort élevée. A partir du pied, elle se divise en quatre étages, égaux deux à deux, les plus grands en bas. Son couronnement est crénelé. Les défenseurs parvenaient aux créneaux au moyen de chemins faits en beaux dallages et portés en encorbellement sur de fortes consoles : chose bien digne de remarque, le toit très-peu incliné était placé par-dessous ces passages destinés aux guerriers; les eaux s'écoulaient par des gargouilles en pierre sortant des faces latérales. A l'un des angles, celui de gauche, s'élève la tour, signe généralement admis de la noblesse du maître. Elle est rectangulaire et fait corps commun avec le tout, ou plutôt elle rentre dans la ligne des constructions et dans leur masse, en se terminant également par des créneaux. Le second dé de son parallélogramme laisse béante une fenêtre presque carrée. Ne pourrait-on pas admettre qu'à cette hauteur on eût voulu établir pour surveiller l'ennemi une lunette d'observation? Le mur placé à gauche de la tour est bien encore le primitif; une porte principale s'y ouvrait, ainsi qu'une autre plus petite pour le passage des piétons. Par-dessus ces ouvertures, une sorte de galerie appuyée sur de gros corbeaux conduisait de la tour à la maison voisine, sans qu'on fût obligé de passer par la cour pour cette communication.

Considérées dans leur ensemble, toutes ces constructions remontent au xii⁰ siècle. Cent cinquante ou deux cents ans plus tard, les deux étages supérieurs de la façade furent entièrement refaits. On conserva soigneusement dans cette restauration un des plus heureux modes de bâtir de la période romane, l'emploi de beaux linteaux de pierre pour clore par le haut les différentes ouvertures ; puis enfin au xvi⁰ ou xvii⁰ siècle, on reprit en sous-œuvre les fenêtres du rez-de-chaussée, qu'on pratiqua beaucoup plus larges, afin de donner un plus libre accès à la lumière. Les architectes qui avaient exécuté les premières réparations furent bien inspirés en reproduisant avec exactitude ce qu'ils avaient été obligés de remplacer; tandis que plus près de nous, les portes qui furent remaniées, ont été altérées, mutilées ou détruites sans scrupule. Cependant, on avait sous les yeux un bel exemple du respect de nos anciens maîtres pour leurs devanciers. Comment la pensée ne vint-elle pas de le suivre; une telle conduite eût pu devenir un trait de lumière pour éviter ces déplorables changements qui ont tant retranché au caractère sévère et à la mâle beauté de cet édifice.

En rassemblant les derniers vestiges d'ornementation épars çà et là sur sa surface, nous serions parvenus, si nous l'avions voulu, à restituer à cette maison la physionomie de son état primitif. Ainsi une fenêtre, avec son meneau flanqué d'une colonnette de séparation, est demeurée intacte un peu au-dessus dé la base de la tour; avec elle, nous aurions pu refaire toutes les autres baies. Nous avons préféré nous en tenir à la seule représentation de l'état présent, en donnant, en outre, pour suppléer à ce qui manque, quelques détails d'une claire-voie romane venant de la cour intérieure d'une autre habitation de la ville : ce morceau détaché fera voir combien il devait y avoir de simplicité, de convenance, de bon goût, de grandeur même dans cette maison telle qu'elle sortit des mains de l'artiste. Celle que nous avons dessinée et gravée en entier était de même date ; elle pouvait donc avoir donné ou pris plus d'un linéament de ressemblance à sa voisine et sa contemporaine. Notre obligeant collègue, M. Gauthier, architecte du diocèse de Metz, nous a permis de dessiner différents détails de cette dernière, des ornements, des chapiteaux qu'il a fait mouler sous ses yeux. Cette hospitalité d'atelier nous a laissé un cher souvenir. Plût à Dieu que nous la trouvassions partout aussi facile et aussi gracieuse !

HOTEL DE VILLE DE MUNSTER

Munster, vieille ville de Westphalie, renommée par son inaltérable attachement à la religion catholique, est une des plus curieuses cités du nord de l'Allemagne. Sa cathédrale est un très-important édifice de l'époque de la transition. Comme celle d'Halberstadt, elle renferme des objets mobiliers du plus haut intérêt, et celui qui appelle le plus l'attention est une magnifique couronne de lumière du xive siècle. Il est bien regrettable que cette manière de lustre n'ait pas été imitée ou reproduite depuis que le goût est retourné vers ces merveilles de l'orfévrerie du moyen âge. Les fonts baptismaux en bronze sont un des produits de l'art porté à son plus haut degré de perfection; le talent de l'ouvrier s'est empreint de sa main sur toutes les parties de ces admirables modèles d'ustensiles d'église. De plus, on voit encore à la haute tour de Saint-Lambert tout entière du xiiie siècle, les cages de fer suspendues à son sommet, où furent exposés à la voracité des oiseaux de proie les corps de Jean de Leyde, de Knipperdoling et de Krechling, terribles chefs des anabaptistes qui ravagèrent impitoyablement ces contrées. Vaincus en 1534, à la suite d'un long siége, ils brûlèrent une partie de Munster dont ils s'étaient emparés et où ils se retranchèrent pour faire une résistance désespérée. C'est sans doute dans cet incendie que furent détruits tous les documents relatifs à l'hôtel de ville que nous donnons aujourd'hui, et qui paraît avoir été préservé de toute atteinte du feu. Ses annales étaient peut-être rassemblées dans un autre lieu plus exposé à la fureur des combattants, et nous sommes réduits, par le malheur de leur destruction, à ne pouvoir fixer sa date qu'à l'aide des seules données de l'archéologie. Mais le style de la frise qui règne au-dessus des plus grandes fenêtres, le caractère des profils et les charmantes figures d'anges qui couronnent les derniers clochetons, tout indique le véritable faire de la fin du xive siècle.

On nous reprochera peut-être, surtout en France, d'avoir choisi un monument d'un goût assez peu sévère au jugement d'un grand nombre. Le but

principal que nous nous sommes proposé est assurément d'accorder nos préférences aux meilleurs types en tout genre. Mais nous avons voulu aussi
présenter des spécimens d'architecture civile pris de tous les pays de l'Europe,
afin de faire mieux ressortir les dissemblances et les harmonies qu'ils peuvent
offrir avec les nôtres. Il entre donc en nos vues de donner des monuments qui
nous sembleraient même défectueux dans un plus ou moins grand nombre
de leurs parties, et qui, malgré leurs défauts relatifs, n'en auraient pas moins
été imités bien souvent. L'hôtel de ville de Munster est un de ceux qui se présentent davantage dans les conditions que nous venons d'établir, et cependant,
nous n'avons point hésité à le dessiner et le faire graver à cause de son originalité et de sa réputation généralement répandue de grande beauté. Nous en
produisons une façade, qui est le principal côté par lequel on puisse mieux le
connaître et l'apprécier. Chez nous, de pareilles constructions n'existent nulle
part; nos anciens architectes ne pouvaient les admettre.

Quoi qu'il en soit, si nous considérons notre planche, nous y voyons inférieurement une galerie composée de quatre travées, quatre arcs ogivaux reposant
sur de grosses et courtes colonnes à chapiteaux ornés de quelques feuilles, de
têtes d'animaux et d'oiseaux. Un bandeau ou tablette pleinement refouillée reçoit
les montants des hautes ogives du premier étage. Au-dessus d'elles, de puissants faisceaux de moulures se terminent, à des hauteurs décroissantes du milieu
vers les côtés, en clochetons ou pyramidions avec anges aux ailes mi-étendues
et tenant des encensoirs. Trois étages de plus petites fenêtres en tiers point et
de forme peu gracieuse, sont séparées, aux travées moyennes, par ces mêmes
profils verticaux. De cette façon, le toit aux deux extrémités est déguisé par
les pignons ainsi échelonnés entre eux. Ces arrangements, singuliers plutôt
qu'imitables, se rencontrent dans un très-grand nombre d'édifices civils et
domestiques du nord de l'Allemagne.

Nous avons remarqué que cet hôtel de ville était le plus ancien des monuments de ce genre que nous connaissions dans la contrée. Il est à présumer
qu'il a beaucoup frappé l'imagination populaire à son apparition, et dès lors
il aura servi d'exemple en maintes autres circonstances. De graves événements se sont en outre accomplis dans son enceinte; peut-être ce côté imposant de son histoire l'aura-t-il rendu plus précieux encore aux lieux circonvoisins. C'est là que fut signé le fameux traité de Westphalie qui pacifia l'Europe
après une lutte acharnée de trente ans. Dans une vaste salle située sur la façade
postérieure du grand corps de bâtiment, sont demeurés à leur même place tous
les portraits des princes et des ambassadeurs qui formèrent alors un congrès demeuré célèbre; leurs siéges recouverts de leurs mêmes coussins sont rangés intacts
autour des murs, comme beaucoup d'autres objets de ces temps. On y montre
aussi la main desséchée de Jean de Leyde, qui la perdit comme les parricides

avant qu'on le mît à mort. Du reste, cette galerie, par son architecture intérieure, n'est nullement en rapport avec l'extérieur de l'édifice. La décoration tout entière en appartient au xviie siècle.

Quatre hautes ogives, au premier étage de ce grand pignon, portent le jour à une pièce plus vaste que la précédente. Ces fenêtres à meneaux sont séparées les unes des autres par autant de trumeaux ou pleins avec encadrements trilobés en haut : cinq statues d'évêques ou de saints s'abritent chacune sous un dais assez peu délicatement sculpté. Nous nous sommes plu à revenir de la sorte sur nos pas afin de ne rien omettre d'important dans notre description. Et puis nous touchons à la partie la plus soignée du bâtiment, où siégeaient sans doute autrefois les conseils de la communauté; car c'était à eux qu'il devait être réservé de se réunir là, et de délibérer sous la protection du Christ bénissant et des saints patrons dont les statues s'appuient aux parois mêmes qui circonscrivent l'enceinte consacrée aux débats de leurs intérêts publics. La figure de la sainte Vierge est répétée jusqu'à trois fois sur ce pignon : son couronnement par son divin fils est représenté tout en haut sous un riche baldaquin de pierre : c'est du moins ce qu'il nous a semblé distinguer en nous plaçant au point le plus convenable de la place environnante. Ce sujet pieux surmonte la statue d'un empereur, de celui probablement dont le règne aurait vu s'achever cet édifice. Dans différents médaillons disposés triangulairement entre eux, des aigles portent un écusson aux armes impériales. Si nous en croyons des renseignements qui nous ont été transmis, il existait autrefois sur des surfaces lisses des figures peintes de chevaliers et de princes; elles auraient été détruites dans une restauration peu intelligente; ce malheur de tout anéantir serait donc commun à tous les pays.

Cependant, on s'étonnera de n'avoir ni les plans ni les coupes de ce bel hôtel de ville. Mais l'on sait assez que la plupart des monuments civils ou domestiques de l'époque ogivale ne se faisaient jamais guère remarquer par là. Les grandes dispositions d'ensemble comme tous les petits arrangements d'intérieur, si bien entendus de nos jours, étaient complétement négligés alors. La régularité, l'harmonie, la suite bien ordonnée n'étaient observées qu'à l'extérieur des monuments. S'il y avait plusieurs grandes pièces au dedans, elles étaient ordinairement sans enchaînement, sans rapport entre elles. Nous avons donc dû nous en tenir quelquefois par cette raison, à ce qu'il y avait de plus saillant dans quelques édifices de notre moyen âge, nous proposant particulièrement de faire ressortir avant tout ce qu'ils renfermaient d'original, et par là même d'applicable à quelque degré dans nos propres œuvres.

MAISON A MUNSTER

QUINZIÈME SIÈCLE.

On dirait presque en vérité que cette habitation ne serait qu'une dépendance, un prolongement, ou bien encore l'extrémité postérieure de l'hôtel de ville de Munster. Il y a tant d'analogie entre l'un et l'autre de ces édifices; leur physionomie se rapproche par tant de lignes, tant de traits de ressemblance, qu'évidemment les deux œuvres auront été inspirées au même esprit, et pour ainsi dire d'un même mouvement d'imagination. La maison dont nous donnons une façade ou élévation en même temps que ses plus intéressants détails dans une seule gravure, paraît dater de la fin du xve siècle ou du commencement du xvie. Le pignon qu'elle présente sur rue se fait remarquer, comme le précédent, par trois décroissances ménagées pour en cacher la pointe; il repose sur deux étages presque égaux et sur un soubassement de bonne proportion. Ses clochetons assez élancés sont maintenus d'aplomb par de minces arcs de pierre, des rinceaux ou enroulements de même matière extrêmement atténués.

Dans cet agencement qui n'était point sans difficultés réelles, c'était une heureuse mesure d'avoir pu assurer de cette manière la durée de ce qui, au moindre dérangement d'équilibre par les secousses des vents et l'action dissolvante des pluies, serait bien plus vite tombé en ruines. Le but a été heureusement atteint. Divers membres d'architecture, pris spécialement de cette maison devaient avoir leur place dans cette seconde gravure. Des détails délicats y ont été gravés avec beaucoup de soin. Bases et fûts variés des clochetons, consoles, moulures largement taillées, il n'est morceau de ce genre qui n'y ait trouvé pour sa valeur le rang qui lui convenait. Nous tâchons toujours de rendre nos études complètes sous le rapport pratique; en agir autrement ne saurait nous convenir.

Munster ne renferme pas de plus curieux modèle de maison. Les plus intéressantes sont toutes construites dans le même système, et les plus anciennes ne remontent pas au delà du xve siècle. Les guerres civiles avaient ruiné plusieurs fois cette ville de fond en comble. Deux cents ans plus tard, l'on avait encore conservé l'usage des galeries à arcades, et des pignons sur rue, divisés en plusieurs étages par des retraites successives. Mais depuis lors, ces traditions se sont effacées. La noblesse et la bourgeoisie qui les avaient si longtemps gardées ont accepté notre manière moderne de construire. Il n'y a plus que monotonie et sécheresse dans ce qui se bâtit aujourd'hui. La charmante variété des clochetons de cette maison; le mérite de toutes ses principales parties sont pages muettes ou lettres closes pour les riches et les puissants du jour. Le sentiment du beau s'éteint de plus en plus dans ceux à qui les priviléges de la fortune imposeraient le devoir de le cultiver et de le faire refleurir.

Et pourtant, que de vitalité dans un pays théâtre de tous les fléaux de la guerre, pour que de pareils édifices s'élevassent dans la ville même qui avait subi le plus de déchirements de tout genre exercés de ses propres mains. Temples dépouillés, quartiers entiers renversés, incendiés, populations décimées, rien n'y fait; quelques jours d'ordre et de paix suffisent, et l'art, après tant de désastres, trouve des inspirations qui annoncent une nouvelle phase de son règne : car dans la façade de cette maison de Munster on peut déjà pressentir les innovations de la renaissance. Le luxe architectural n'y est presque plus analogue à celui de l'hôtel de ville. Une autre influence s'y fait sentir, et prélude par des essais successifs à une transition qui ne se fera pas longtemps attendre. Mais toujours l'extérieur des constructions est soigneusement et délicatement traité par un habile ciseau. Rien n'est encore négligé à cet endroit. Nos pères, si l'on peut ainsi parler, regardaient leurs demeures comme le contre-pied de leurs personnes; la beauté extérieure en devait faire tout le mérite : idée aussi morale que poétique et qui prêtait singulièrement au développement de l'art et de la civilisation : tandis que de nos jours tout est sacrifié aux moindres aises de l'intérieur, chacun n'ayant souci que de ce qui peut au dedans répondre aux exigences de la vie matérielle. Les anciens bâtiments de quelque valeur étaient comme autant de livres illustrés pour le public. Le beau y avait de droit son expression au dehors, droit accepté et respecté de tous à l'envi. Le faire revivre, en joignant avec un soin constant l'utile à l'agréable, tel est le but auquel de notre côté nous devons tendre de tous nos efforts : déjà nous pouvons pressentir qu'ils ne seront point entièrement stériles. Si faible que fût notre part dans le succès attendu, n'aurions-nous pas à nous en féliciter?

MAISON DU GRAND ÉCUYER

A CORDES, EN LANGUEDOC

QUATORZIÈME SIÈCLE.

Il ne serait pas aisé de découvrir dans l'ancienne enceinte de Cordes une maison qui ne remonte, au moins par ses fondements ou quelque autre de ses côtés, à une époque assez reculée. Cette petite ville, on peut le dire, serait tout entière encore du moyen âge, si ce n'était la désastreuse manie de nos temps modernes de tout altérer, de tout mutiler dans nos vieilles habitations. Sa position au sommet d'une montagne isolée de toutes parts est peut-être unique en France. De quelque point de l'horizon qu'on l'aperçoive, elle se dresse vers le ciel avec ses deux ou trois tours subsistantes, et présente bien dans le lointain l'image d'une de ces capitales des petites républiques d'Italie si bien posées dans les Apennins. Cette agglomération de nids de familles humaines, tous dominés par le temple, pressés les uns contre les autres dans un étroit circuit comme les nids d'hirondelles groupés en guirlandes sous les arches d'un pont, compose un tableau d'un charmant effet. En la voyant du fond de la vallée qui nous conduisait à ses pieds, quelle espérance nous fut donnée d'une riche moisson à recueillir pour nous au milieu de ses vieux murs démantelés. Notre attente ne fut point trompée. Les ruines y sont nombreuses et pleines d'intérêt; et parmi elles nous avons pu choisir des trésors de goût et de grâces, des pages précieuses d'architecture civile, comme l'on en pourra juger par nos dessins.

Pour mieux faire comprendre l'importance des parties que nous avons préférées, disons avant tout, que les comtes de Toulouse, vers le XIIIe siècle, vinrent établir leur cour pendant l'été, sur ce point culminant de la contrée. La suite de ces princes éleva près de leur palais de vastes et beaux hôtels, et il semble qu'il y ait eu rivalité entre ces hauts dignitaires de leur couronne pour se construire de splendides demeures. C'est peut-être aujourd'hui le seul endroit de nos provinces qui laisse à ce degré quelque idée de ce qu'était à cette époque l'attirail d'un petit souverain : car on peut considérer Cordes comme le Versailles ou le Saint-Germain du Languedoc au moyen âge. Ses rues, restées les mêmes pour leurs irrégulières percées et leurs pentes rapides, laissent suivre pas à pas les gentilshommes qui formaient l'entourage du maître. On croirait

21

encore les voir entrer avec leurs insignes et circuler sous les lambris qui les couvraient, tant on est frappé des signes extérieurs sculptés de tous côtés dans la pierre pour annoncer de loin quels étaient les devoirs de leur charge. Les dernières assises du château ont été dispersées; mais si l'on mesure par la pensée sa grandeur et sa beauté, en le comparant à ce qui n'en fut que de simples dépendances, un regret profond se fait sentir. Comme on voudrait encore le voir debout au sommet du monticule d'où il dominait tout le pays albigeois de la double hauteur de son pic pour piédestal et de son donjon!

Trois principales fonctions se distinguaient entre toutes dans le service des grands suzerains : c'étaient celles de fauconnier, de veneur et d'écuyer. On a lieu de penser, d'après des indices assez sûrs, que ces illustres personnages formaient surtout la cour de leurs comtes dans leurs retraites d'été au milieu des immenses forêts du voisinage. N'y a-t-il pas, en effet, sur les façades des trois plus belles maisons de la ville des sujets sculptés qui marqueraient leur présence dans cet entourage obligé de la puissance souveraine. Si nous considérons la première qui s'offre à droite dans la grande rue après avoir franchi la porte du Couchant, nous découvrirons de suite les motifs qui la firent appeler dès l'origine sans doute, la maison ou l'hôtel du Grand Écuyer. Des têtes de chevaux avec leurs crinières tombantes se détachent de toute la longueur du cou en deux points du mur de face de manière à frapper d'abord vivement l'attention: On conçoit que ces animaux plus saillants que d'autres qui les environnent soient spécialement destinés à exprimer le rôle du courtisan, habitant de ce lieu; et l'appellation populaire qui se trouve attachée à cette demeure aujourd'hui, n'est peut-être point dénuée de fondement. Toutes ces données nous ont été précieuses, ou parce qu'elles traduisent la fidélité de la tradition, ou parce qu'elles annoncent une tendance à susciter dans les esprits un intérêt archéologique de bon augure dans ces parages.

Le principal corps de logis se compose de trois étages que surmontait un toit très-avancé pour écarter des fondations la chute des eaux pluviales. Le rez-de-chaussée s'ouvre sur la voie publique par cinq ogives qui suivent rigoureusement l'inclinaison du sol assez brusque sur ce versant : l'une d'elles servait de porte d'entrée ou de portail. Un auvent régnait au-dessus de ces arcs, suivant l'usage, et les corbeaux qui l'appuyaient n'ont point encore disparu : puis on voit de petites fenêtres carrées, et bien évasées par l'écoinsonnement de leurs angles, qui sembleraient avoir éclairé une sorte d'entre-sol. Ce soubassement ainsi disposé ne manque ni d'originalité, ni de mouvement, ni de grandeur. Sa surface en toute sa hauteur est parfaitement unie, comme il convenait, du reste, à ce socle puissant. Cette galerie en pente devait être sans ornements, afin de rendre plus sensibles ceux qu'ont reçus les deux étages qu'elle porte.

Le premier, dans toute sa longueur, est éclairé par quatre ogives géminées, et rapprochées deux à deux avec régularité. Des chapiteaux des colonnettes et des profondeurs des moulures s'échappent de petits animaux, des feuilles et des fleurs d'un travail extrêmement soigné. Une petite fenêtre en tiers-point, de la forme la plus élégante, n'a pu être exactement percée à égale distance des autres ogives : pour toute l'ornementation, elle est d'une incomparable délicatesse. Toutes les fenêtres, semblables entre elles aux deux étages, ont en dedans des siéges latéraux merveilleusement disposés pour la curiosité comme pour la conversation. Les surfaces intérieures étaient recouvertes en entier d'une manière de badigeon très-durable. Quelques lignes de peintures rouges et bleues rendaient avec précision les diverses assises de pierre. Les vitraux sont demeurés avec leurs plombs aux seuls petits trèfles qui correspondent aux colonnettes; tous les autres châssis ont été détruits avec leur ferronnerie et leurs volets. Il n'est plus possible de distinguer à présent l'emplacement de l'escalier primitif, les changements incessants apportés par les propriétaires successifs n'ont pas laissé trace de son ancienne position. Les cheminées ont été refaites partout dans un temps assez rapproché de nous ; des membres si importants de l'architecture ne pouvaient guère être respectés par les exigences de nos mesquins arrangements d'aujourd'hui.

Plus haut, du même côté, en face de l'Église, serait, selon l'opinion commune, la maison du veneur. La chasse est manifestement représentée ici par plusieurs animaux de la plaine et des bois. Mais la sculpture n'y est plus aussi achevée ni la construction aussi soignée que dans la précédente, dont la pierre était en même temps du grain le plus fin qu'on eût pu rencontrer. Une symétrie parfaite règne à peu près sur toute la façade qui nous occupe. Trois étages constituent le grand corps de bâtiment, depuis la base jusqu'au toit qui se prolongeait au delà du mur comme pour former auvent, suivant l'assertion des anciens du voisinage. Enfin venait la maison dite du Fauconnier. Elle était située presque en face du palais des comtes. La grande et belle ordonnance de toutes ses parties la rendait également bien remarquable. Les panneaux de sa porte sont garnis de clous qui laissent voir une habile main dans ce genre de ferrements. Des anneaux en fer étaient autrefois appendus aux murs de chacun de ces magnifiques hôtels ; ce qui tend à prouver une fois de plus qu'ils étaient des signes de distinction nobiliaire, de privilége ou de dignité politique, puisqu'on n'en trouve plus de traces aux maisons plus modestes de développement et d'apparence.

Qui le croirait? ceux qui possèdent aujourd'hui ces grandes habitations, après les avoir divisées par leurs achats, n'en ont pas moins conservé des portions notables de leur antique mobilier. On y garde de beaux coffres de temps éloignés, des siéges en bois avec dais à jour, des tables, des coffrets et autres objets qui, par leur réunion bien combinée, formeraient une très-intéressante collection pour les étrangers. Mais ces richesses sont enfouies çà et là dans des greniers et jusque dans les caves où la destruction les atteindra bien plus vite. Aurions-nous fait de stériles sollicitations en demandant qu'ils soient tirés de leur lieu d'abandon pour être consacrés dans la commune à exciter cet intérêt public, cette curiosité instructive, stimulant si heureux dont se sont privées tant de nos populations par leur faute. Nous espérons que le jour n'est pas éloigné où la municipalité de cet important chef-lieu de canton comprendra la mission conservatrice qu'elle est appelée à remplir à l'avantage de tous, habitants et voyageurs.

Il nous reste à dire un mot à la hâte, d'un dernier bâtiment bien propre à devenir plus tard le sujet de quelqu'une de nos planches. La Halle élevée à quelques pieds au-dessous du plateau, est portée par vingt-quatre piles d'une taille surprenante de proportion. Il circule tant d'air à travers ces piliers élevés, l'on respire tant à l'aise sous cette sorte de haute et large tente, l'aire est si dégagée de tout obstacle à la promenade, qu'au lieu de sa dénomination ordinaire, elle a reçu le nom de place par tout le pays. La légèreté et la solidité y sont si convenablement combinées dans les appuis qui supportent la charpente, qu'il est impossible de rien imaginer de mieux pour obtenir beaucoup d'espace couvert sans gêner aucunement la circulation. Le fer à la place de la pierre détruirait ici tout l'effet monumental, et nous doutons fort qu'il eût autant de durée que ces colonnes à peine endommagées depuis les quatre ou cinq siècles de leur existence. Un puits surmonté d'une croix interrompt le dallage vers le midi, et une légende populaire n'a point manqué de poétiser ces deux objets qu'elle reporte jusqu'à l'hérésie châtiée des Albigeois.

Cordes était jadis gouvernée par des consuls; c'était là le titre des principaux membres de son édilité, souvenir du passage bien effacé de la domination romaine. Ses armoiries, qui se composaient des trois tours, représentant celles de Flourens, de Cônes et du Nord, les seules, dit-on, autorisées jadis par la loi, se voient encore à la mairie. La devise : « Pro Christo et pro rege, » datait peut-être de la réunion de cette province à la couronne de France : elle n'est restée inscrite nulle part. Nous en devons la communication à un archéologue zélé, le jeune docteur Soulerat, qui nous a fait suivre aussi les vestiges des cinq enceintes successives dont la ville a été entourée à mesure de ses agrandissements. Reconnaissons au besoin le prix de ces patientes études d'histoires locales, quand elles tendent, comme en cette occasion, toutes au profit commun. C'est justice de rendre à cet égard hommage à notre sagace confrère qui devrait avoir plus d'imitateurs. Que de débris seraient sauvés et qui périront infailliblement, si les soins pieux de la science ne se propagent selon nos souhaits!

MAISON D'AGNÈS SOREL

A ORLÉANS

QUINZIÈME ET SEIZIÈME SIÈCLES.

La maison de ce galant nom d'Agnès Sorel n'est point jusqu'à ce jour le premier sujet d'architecture de la renaissance que nous ayons mis au nombre de nos choix. Déjà nous avons pris à l'Italie une œuvre digne d'un des plus nobles héritiers du Bramante : la grande fontaine de Viterbe, création du beau génie de Vignole, a dû faire aisément pressentir que nos types n'appartiendraient point à une seule époque de notre art occidental. Une série d'édifices nouveaux vient s'offrir maintenant à nos études ; et nous ne pouvions certes en annoncer mieux à l'avance la séduisante harmonie qu'en détachant dès l'abord de la couronne du xvᵉ siècle, qui ne fut point sans gloire, l'un de ses plus charmants fleurons.

Et, en effet, quoi de plus naïvement gracieux et simple que l'objet adopté par nous ici : en même temps qu'imaginer de plus original et de plus attrayant à la fois que ces hautes façades hardiment posées sur de trop minces jambages peut-être, ou bien encore sur de trop faibles fûts ; si bien que ces dissonances de proportions, s'il en existe, apparaissent à peine au regard le plus attentif, tant l'œil est flatté par l'heureux accord de toutes les parties entre elles dans ce merveilleux ensemble. Les traits saillants, les qualités précieuses de cette construction l'ont empreinte de caractères si distinctifs à son origine, que la tradition, plus juste sans doute et plus riante surtout que la science desséchée, a cru devoir l'attribuer à la simple sujette qui reçut un jour de son souverain subjugué le chevaleresque titre de Dame de Beauté[1] : double sens que la France de ces temps, dans sa délicatesse unie peut-être à un trop facile abandon, avait joyeusement accepté de son roi réveillé par l'amour pour courir enfin à la victoire.

Vous prétendez, auteurs systématiques, critiques contradictoires, qu'Orléans

---

[1]. Charles VII lui avait donné le château de ce nom, dont il existe encore quelques vestiges dans le parc de Vincennes.

se piqua d'émulation à la vue de la maison commune de Beaugency, fruit hâtif d'une transformation appelée de toutes parts. « Sentinelle avancée, dites-« vous [1], d'une révolution qui ne doit éclater qu'un demi-siècle plus tard, « l'hôtel de ville d'Orléans apparaît avec toutes les richesses de la Renaissance, « sans rien avoir de cette afféterie qui trop souvent dépare ses grâces natu-« relles. » Et puis vous déniez à l'habitation de la rue du Tabour, qui réunit le plus et le mieux tous les genres de ces nouvelles beautés, le privilége d'avoir appartenu à la femme qui sauva, sans reconquérir le sien, l'honneur de son roi et celui de sa patrie. Et pourquoi un émule ne se serait-il pas rencontré qui, à l'exemple du maître de l'œuvre municipale de Beaugency, eût dépassé d'un autre pas non moins imprévu les limites que celui-ci franchit de si loin dès sa première inspiration? Viart lui-même peut-être, cet architecte qui s'était acquis tant de célébrité dans la contrée, ou quelque admirateur passionné de son talent, ne fut-il point inspiré par les derniers succès de nos armes pour élever de ses propres mains, sur un ordre souverain, cette demeure qu'il aurait su, par un nouvel effort, transformer en un monument de sa courtoisie d'artiste.

Les bas-reliefs, d'élégantes sculptures, de purs profils, mille ornements exquis sembleraient, en vérité, confirmer ce sentiment, bien qu'il manque cependant de toute preuve historique. Mais, quand nous le pouvons si bien sans encourir la chance d'un anachronisme frappant, sachons ne pas ôter à nos monuments civils le charme poétique de leurs baptêmes populaires. Dans la voix unanime de ces classes ignorantes qui prétendent toujours à des faveurs royales ou princières pour leurs édifices d'adoption, reconnaissons le cri de l'admiration reconnaissante ; et, sans trahir l'histoire, respectons ces hommages plébéiens rendus aux beaux-arts. Après ces simples et faciles réflexions, il nous sera loisible sans doute de laisser la belle Agnès errer dans les salles et les galeries du plus ancien des deux corps de logis que nous reproduisons ; car elle put les animer de sa présence deux années au moins avant qu'elle ne descendît, à la moitié même de son siècle, sur les dalles du magnifique tombeau qui lui fut élevé à l'ombre des coupoles byzantines de la collégiale de Loches.

Le plan [2] de la partie antérieure de ce manoir s'étendant sur la rue se tracerait aisément par la pensée ; deux salles basses, parallélogrammes irréguliers que sépare un corridor central, occupent presque toute l'étendue du rez-de-chaussée. En arrière et à gauche, dans la profondeur même du bâtiment, a été ménagée, un peu avancée vers la cour, la cage d'un bel escalier de pierre en hélice. Les degrés en sont larges et tous d'une seule pièce. Il descend aux caves avec

----

1. *Histoire architecturale de la ville d'Orléans*, par M. de Buzonnière, tome II, page 173.

2. La planche sur bois de ce plan laisse très-bien apercevoir à gauche la partie que nous décrivons, et qui serait, à proprement parler, la maison d'Agnès Sorel. Tout le reste, depuis l'escalier, aurait été ajouté dans la suite, au temps d'un certain Jean Hutte, et peut-être par lui.

tout son développement et monte de même jusqu'au plain-pied des grands
combles aux pentes rapides. Les magasins inférieurs, à fleur de sol, étaient

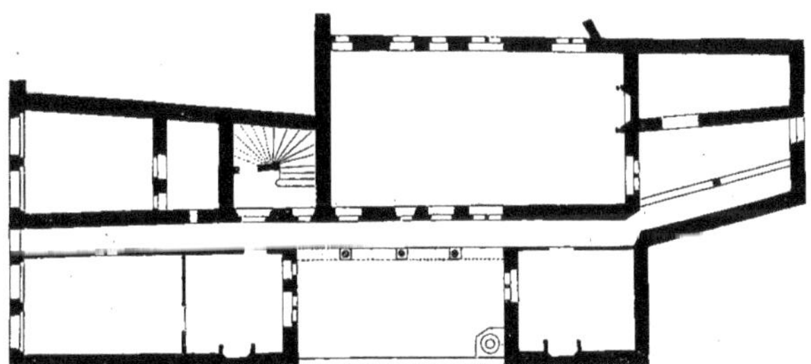

éclairés par les cintres de leurs quatre grandes arcades, au-dessus de leurs
deux linteaux, l'un de bois formé de poutrelles engoulées à leurs extrémités, et
l'autre, plus haut, composé de claveaux de pierre portant des reliefs détériorés
par le temps. Les aires de ces baies, ainsi que la porte de l'allée centrale, sont
intégralement représentées dans l'une de nos cinq gravures de ce sujet. Elles
étaient fermées par de larges battants de chêne, dont les caissons, d'un fin
travail de menuiserie, portaient des feuilles taillées au ciseau en des losanges.

Une décharge supérieure à jour, consistant en une simple anse de panier
surhaussée, a été pratiquée sur l'encadrement qui couronne de ses jolies arabesques et de ses élégantes retombées le sommet de l'entrée du couloir. Les cinq
principales ouvertures ont des pieds-droits fort étroits et ornés seulement de
légères moulures. Cinq bas-reliefs, d'un faire peu correct, les décoraient à la
naissance des arcs : deux subsistent encore. Une planche de nos détails reproduit celui du milieu, le mieux conservé. L'agencement de toutes ces choses
devait offrir un bien gracieux aspect : à la vue de ce qui reste, l'on se prend à
regretter bien vivement les déplorables mutilations qui ont fait disparaître les
autres. Nous nous abstenons de donner avec plus de détails la description de
ces divers tableaux dont il est d'ailleurs assez difficile de saisir la signification
aujourd'hui. La disposition générale de ces objets seule nous intéresse pour le
but que nous nous proposons.

Deux étages à peu près semblables complètent la façade sur la voie publique.
A l'aplomb de la porte d'entrée ; deux jours d'étude, avec cadre de perles, à plus
de quatre pieds de hauteur, rendaient sans doute plus commode l'accès des appartements. De chaque côté, une croisée et une petite fenêtre à meneau horizontal
sont séparées l'une de l'autre par un trumeau d'un mètre environ. Les appuis
sont marqués par une tablette qui s'étend dans toute la longueur du mur en
déroulant ses feuillages profondément fouillés, et ses culs-de-lampe brodés de

ciselures légères. Un couronnement de chambranles à retombées rectangulaires s'appuie sur des consoles avec figures fantastiques. La corniche supérieure se cache presque entièrement sous la forte saillie du toit ; enfin deux lucarnes à pignon, formant croisées à montants frustes, intégralement restitués par nous, décorent la pente rapide de la couverture. Telle est, du sol à son faîte, la maison que nous essayons de décrire dans sa portion la plus apparente et la plus belle. La surface de sa muraille antérieure qui n'est rompue que par de légères saillies, la juste proportion des parties, le choix de bon goût et l'exécution parfaite des ornements, une complète symétrie, qualité rare au xv⁰ siècle, reposent agréablement le regard, et font de cette heureuse composition un modèle que nous n'avons point hésité à recueillir. Puisse l'architecture y puiser des inspirations fécondes pour l'avenir.

Remarquons à la hâte l'huis ou jour d'étude presque percé à hauteur d'homme comme pour soustraire aux regards indiscrets des voisins les visiteurs se dérobant, à travers des détours réservés, pour gagner, suivant l'occurrence, ou les salles de réception ou la chambre de retraite. Admirons aux montants et aux meneaux des croisées les moulures en talon tracées entre une rangée de perles et une guirlande de feuillage, toutes deux elles-mêmes posées dans un cavet qui les protége ; et tenons bon compte aussi de ces trois zones de profils, dont la base, composée d'autant de petits cubes en retrait, descend par trois redents à quelque distance de l'appui. Les tableaux et le plafond, dont l'ébrasement égale presque la profondeur, doivent encore attirer l'attention, moins peut-être par leurs dimensions un peu ramassées que par la parfaite convenance de leur appropriation. Mais il manque aujourd'hui à ce rapide examen les vieux châssis et leurs capricieuses résilles de plomb avec toutes les fantaisies de leurs verrières. Il ne reste pas à cette heure un lambeau de ces vitres à sujet, qui auraient pu dissiper tous les doutes relatifs aux dates précises que l'on cherche envain dans les annales de la province.

Tel était donc le manoir de cette Agnès qui sut si bien se faire pardonner et aimer de la France en excitant une lueur d'héroïsme au cœur de son royal amant. Mais ce que la maîtresse de ces beaux lieux ne vit point, ce furent les adjonctions qui envahirent après elle les dépendances et les jardins de son petit palais. La sèche critique, avec ses liasses de contrats laborieusement compulsés, peut bien avec raison lui ravir l'aile en retour d'équerre sur la cour, qui fut ajoutée à ce beau refuge, nous y consentons cette fois, par une autre main que la sienne. Environ de même étendue, de même élévation, de même disposition intérieure que le précédent, ce nouveau corps de logis a revêtu de son côté un autre genre de beauté qui a dû lui faire chercher une date différente. Il se rapporte en effet à un siècle presque au delà de la première : on voit qu'il dut s'élever en pleine renaissance ; et c'est pourquoi, titres en main, on attribue cette bâtisse à un puissant et riche bourgeois de ces temps-là, dont le prosaïque nom de Jean Hatte est à lui seul une disparate choquante avec toutes les grâces qu'elle reflète. Cette découverte ne pouvait être un motif de changer la dénomination populaire d'un édifice où l'archéologie la plus sévère aurait dû voir la prophétie réalisée depuis longtemps de la transformation de l'art du moyen âge. En séparant des parties si distinctes, on eût facilement évité une erreur et une contradiction que nous ne pouvons pardonner à une érudition incontestée.

Ce que fit donc construire ce Jean Hatte, ou quelque autre Orléanais, est bien sans aucun doute cette galerie en forme de portique de quatre arcades jetées à l'italienne dans le style de Palladio. Trois colonnes assez épaisses portent, concurremment avec deux fortes et riches consoles, ces larges arcs dont les claveaux ne sont point extradossés; leurs fûts n'ont point de renflement; leurs bases rappellent un peu les empatements du XIIe siècle; leurs chapiteaux sont décorés de chimères qui supportent, au lieu de volutes, les cornes des tailloirs; la corbeille peu évasée est toute brodée de rinceaux déliés, et les figurines aériennes, fantastiques, qui décorent les angles de ses abaques semblent, en s'en détachant, la toucher à peine. Deux étages de croisées s'élèvent sur ce hardi soubassement. Celles-ci, au nombre de six, superposées trois à trois sur deux rangs, se trouvent en désaccord avec les aplombs des arcades : toutes ont leurs tableaux et plafonds, comme leurs rinceaux et croisillons, parés de moulures profilées sans sculptures. Dans leurs alléges, des cadres renferment chacun un écusson entouré d'entrelacs et de banderoles d'une rare élégance. De chaque côté des croisées, des pilastres saillants, à chapiteaux corinthiens, semés de losanges fleuronnés comme leurs piédestaux, font une décoration que l'on voit se dérouler, de bas en haut, depuis les petits culs-de-lampe émergeant au-dessus des arcs jusqu'aux moulures avancées qui règnent sous les chevrons du toit.

On reconnaît, au premier coup d'œil, que cette partie est postérieure à toute celle qui lui est adjacente en avant. La pierre dont elle est bâtie est beaucoup plus tendre. A l'extérieur, les assises ne se raccordent pas, défaut que trahissent des arrachements faciles à découvrir près de l'angle de jonction. A l'intérieur, des marques non moins significatives, comme ornements coupés par des planchers, quelques plains-pieds placés à différents niveaux, sont autant d'indices certains de l'extension ultérieure de la première construction. Il en est d'autres encore tirés d'un ordre de caractères non moins tranchés. Ici, la profusion fait place à la sobriété : le luxe se montre partout dans tout ce qu'il a de plus épanoui. La prodigalité des détails a succédé à la noble simplicité, et l'on ne tarde pas à s'apercevoir que les prétentions de l'enrichi ont voulu s'étaler à l'aise sur la tête des heureux possesseurs de ce séjour.

Laissons parler un instant l'archéologue savant que nous avons cité plus haut en le combattant à regret. Après avoir parlé de la grande salle qui occupe tout le rez-de-chaussée, en arrière et le long de la galerie; après avoir dit de cette vaste pièce qu'elle devait avoir une destination au-dessus des usages domestiques, et avoir établi qu'elle devait être consacrée à de nombreuses assemblées, comme celles des corporations de citoyens qui venaient du dehors y traiter des affaires communes : après avoir décrit son imposante et vaste cheminée, les colonnettes de ses jambages avec leurs chapiteaux de galbe corinthien; son entablement élevé qui se profile en retour sur les deux côtés; son architrave encorbellée sur une corniche complète ornée de denticules ; une seconde corniche à rinceaux plus développés que ceux de la première; une troisième enfin qui diffère peu de la corinthienne; la grande escarre de son manteau place évidente des anciennes armoiries, et au-dessus encore un écusson déchiqueté ayant pour support deux enfants ailés; il ajoute une belle page de plus à son histoire architecturale de la ville d'Orléans, pour achever de peindre la somptuosité répandue sur certains points de ce corps de logis : « On ne peut rien se figurer de plus « riche que le plafond du rez-de-chaussée de la galerie. Trente-deux caissons « disposés par deux sur seize de longueur, sont encadrés d'une grosse baguette « et de moulures plates en retrait. Dans chacune se remarque un sujet différent, « brochant sur des rinceaux symétriques de feuillages ou de fleurs très-grêles, « du travail le plus délicat. Ce sont des trophées de hallebardes et de plusieurs « autres sortes d'armes blanches, une tête de mouton, et, pour pendant, une tête « de lion, un cœur traversé de deux flèches en sautoir, un foudre rayonnant « dans un disque, un homme monté sur un navire symbolique, une sorte de « rose cantonnée de quatre fleurs de lis, huit poires, que l'on dit être de Rous- « selet, disposées en rayon sur un plat, un cœur avec un carquois et un arc, une « tortue, un Amour dans un bouclier. Certains sujets occupent tout le champ du « caisson. Le plafond du second étage se distingue au contraire par une unifor- « mité complète. Les caissons sont encadrés de moulures plates et séparées par « des plates-bandes bordées de fines arabesques. Ils renferment chacun un « second cadre carré, tracé en diagonale, et dans celui-ci une rosace formée de « quatre feuilles déchiquetées et disposées en soleil d'artifice. Quelque simple « que soit cette ornementation, elle plaît à l'œil par la proportion parfaite des « parties et surtout par le fini de l'exécution. »

Grâce au ciel, nos quatre cartouches de détail, pris de la galerie, sont de ceux qui n'ont point été placés dans l'énumération descriptive qui précède; mais ils ont été entre tous choisis et exécutés avec ce goût exquis qui donne tant de valeur artistique aux dessins de M. Roguet. Nous regrettons pourtant que le panneau des poires de Rousselet n'ait pas été recueilli pour cette planche, traitée avec ses soins habituels par l'un de nos graveurs justement renommé. Nous ne dédaignons point, pour notre compte, la donnée traditionnelle de la fantaisie d'Agnès

pour ces fruits, et le souvenir de ce caprice a bien pu se garder dans la mémoire
de celui qui fit ciseler sur chêne cet objet dont la présence rappelait peut-être
aussi des nuances préférées de couleur et de teint. Les médaillons incrustés au-
dessous, dans les parois des murs, sembleraient bien aussi, de leur côté, confirmer cette pensée, bien que ces effigies ne répondent en rien, ni par la ressemblance supposée des personnages, ni par la perfection du travail, à ce que
l'on aurait pu attendre d'une main plus habile.

Diverses sculptures demeurées à leur place, sur la rue, ne nous ont pas paru
devoir entrer dans cet article. Nos planches en exposent les sujets restés inex-
pliqués jusqu'à ce jour. Le principal d'entre eux surtout y est exposé avec plus
de développement comme partie intégrante de l'entrée empruntant le portique
sur la cour pour conduire aux appartements du fond. Le faire de ce bas-relief
est un peu négligé, comme on peut le voir dans la gravure; mais les poses des
personnages sont naturelles, et leur suite paraît bien enchaînée. Le pavé de
la cour se trouve composé de très-petites pierres affectant des dessins réguliers;
son milieu, mosaïque de morceaux blancs et noirs, rappelle celle de quelques
vitrages de nos églises. Nous devons signaler encore, non loin de là, une tête de
lion sculptée sur la margelle du puits, et les gouttières en plomb toujours rete-
nues à leur place par leurs colliers ciselés; quelques traces de dorures res-
semblent assez à des nielles qui auraient couru le long de leurs tuyaux de
descente comme de légères branches de feuillage.

Eh bien! ce spécimen méconnu, trésor dont nous venons offrir les richesses
aux applications de l'art moderne, reste caché, oublié, ignoré dans un recoin
qui ne peut plus attendre que mépris et rebut. Mais le peuple, qui n'a pour le
guider dans le goût de ces choses que ses instincts inspirés, le peuple qui l'a
seul sauvé jusqu'ici de son entier anéantissement, seul encore le préservera
dans la suite d'une ruine certaine. Le respect qu'il garde là surtout pour les
vieilles habitations aujourd'hui délaissées par la fortune, finira bien par leur
rendre, en leur conservant son admiration, le lustre qu'elles n'auraient jamais
dû perdre. Il sent que parmi ces demeures illustrées par tant de brillantes célé-
brités, au milieu de celles dont les dénominations sont incontestablement usur-
pées, il en est plusieurs qui portent leurs titres avec une fierté méritée. Telle est,
pour ses beautés sans nombre, la maison qu'il attribue justement sans doute à
celle dont le nom fut avec sa vie une éclatante opposition; Agnès, pseudonyme
transparent de ce que l'innocence et la vertu ont de plus doux éclat.

HOTEL DE VILLE DE COMPIÈGNE

SEIZIÈME SIÈCLE

Une œuvre du règne de Louis XII, fruit de cette grande architecture du nord qui brille avec tant d'éclat, surtout aux façades des hôtels de ville, une page qui, malgré les tendances nouvelles, se traça, sous la main tutélaire du père du peuple, en conformité parfaite avec les vieilles traditions, surgit tout à coup, en 1499, et d'un seul jet, près de la plus antique résidence que les monarques français se fussent préparée dans leurs provinces. Les échevins de la petite ville de Compiègne, pour se créer un lieu de leurs délibérations, ne s'effrayèrent point du voisinage du palais de leurs princes, bien que ceux-ci l'eussent, à l'envi les uns des autres , somptueusement agrandi dans le cours des siècles ; car l'on pense que jusqu'à Louis XIV, qui entreprit de tout renouveler ici, tous ses devanciers avaient apporté leur tribut d'agrandissement à la royale demeure. Depuis Clovis ou Charles-le-Chauve, qui rebâtit en entier la cité de Compendium en l'appelant de son nom, Carlopolis, chacun de nos souverains avait ajouté de sa création quelque édifice nouveau à ce vaste manoir des bois. Nos premiers rois avaient tous pris à cœur d'embellir, en le développant, le séjour qu'ils s'étaient plu à élever comme un refuge contre les ennuis de la grandeur, aux bords des forêts, dernières limites de leur gouvernement de l'île de France.

Comme nous l'avons dit, l'édilité compiégnoise ne recula point devant le parallèle royal : elle se fit un abri digne d'elle, sans s'inquiéter de ce qui l'entourait. A l'exemple de ses voisines des Flandres et du Brabant, elle eut son inspiration municipale, et de ce mouvement d'émulation naquit le joli monument que notre gravure, la seule de ce sujet qui puisse se rattacher à notre présente notice, reproduit avec une si rare perfection, sous le trait habile et fin de M. Penel. Les intérêts de la communauté d'alors, on le comprend, n'avaient pas besoin de plus d'espace ; la population, jugeant avec mesure son importance, voulait une maison commune qui lui fût proportionnée, et jamais édifice ne répondit mieux à sa fin, soit par son étendue, soit par tous les traits extérieurs de son expression architecturale. Comme à Ypres en effet, à Oudenarde, à Bruges, à Bruxelles, nous retrouvons là le caractère spécial du beffroi qui rend admirablement au

premier coup d'œil la destination publique de ce genre de monument. Ce n'est
plus la tour de l'église, le clocher de la chapelle, le donjon du château seigneurial ; c'est ce je ne sais quoi de fort et d'élégant, d'ample et d'élancé, qui traduit
de haut et de loin l'indépendance locale des citoyens.

Rien n'annonce plus là, ainsi que dans les hauts et perpendiculaires rectangles
des palais publics d'Italie, le dessein de rompre au moindre caprice les liens de
subordination sociale. Rien n'annonce plus ces forteresses disséminées sur notre
sol où se retranchaient naguère encore de puissants et redoutés vassaux. A ce
moment de la civilisation, l'édifice civil par excellence ne sera plus percé de
meurtrières, ne se couronnera plus de créneaux et de mâchicoulis. Loin de là,
toute son attitude exprimera la paix et la prospérité publiques ; tout à l'extérieur
prophétisera une ère nouvelle de lois plus sages, de mœurs plus douces, d'habitudes plus calmes, plus régulières, et de libertés mieux assurées.

Voyez plutôt, en preuve du jugement émis par nous, ce que nous allons
décrire et trouver au dehors de cette mairie, la première qui se présente à nous
de ce côté, avec le signe distinctif, dans les hôtels de ville du nord, d'une
partie éminente de l'édifice qui surplombe tout le reste, pour porter plus haut la
cloche destinée à annoncer les fêtes comme les grands désastres de la cité et de
la patrie. Un rez-de-chaussée simple, mais largement pourvu des ouvertures
nécessaires, indique assez que la grande place au-devant laissait une entière
sécurité. On accède par une porte dont les angles émoussés et le linteau droit
s'encadrent d'un couronnement en accolade, sorte de petit fronton chargé de
feuillages sur ses bords, qui se reproduit au-dessus de toutes les autres baies. Une
imposte à meneau, trois croisées de bel aspect portent la lumière aux pièces du
dedans. Un jour d'étude, en apparence gauchement placé, donnait aussi quelques
rayons à l'escalier qui occupait cette partie moyenne de la façade. De plus, deux
niches peu excavées, mais bien ornées, avaient symétriquement leur place des
deux côtés de cet espace central. L'une à gauche abrite un ange présentant
l'écusson de France entre ses mains ; l'autre à droite, près de l'entrée, protége
deux sauvages portant les armes peintes et sculptées de la ville. Quelques moulures forment un bandeau contre lequel s'appuient et se relèvent les ornements
inférieurs qui empiètent légèrement ainsi sur l'espace du premier étage.

Parvenus à cette élévation, nous trouvons une surface sensiblement plus haute
que la précédente et surtout beaucoup moins unie. En son milieu une niche large
et carrée avait assez de profondeur pour recevoir la statue équestre de Louis XII,
fondateur auxiliaire sans doute de ce monument de son règne, et ensuite celle
de Louis XIII, qui le fit réparer de ses royales largesses. Le cadre entier qui l'entoure a été restitué par nos soins avec son accolade ascendante et son fleuron
terminal. Nous n'avons retrouvé que son appui, assez jolie corniche à modillons,
qui relie entre elles, presque dans toute la largeur du bâtiment, diverses parties

dont il nous reste à parler. Ce sont d'abord quatre hautes croisées, rapprochées deux à deux de chaque côté au moyen de trumeaux inégaux ; puis un même nombre de niches à dais pyramidaux, en même temps que deux autres placées plus haut, alternant avec les fenêtres et le grand ébrasement du milieu. On y voyait autrefois les statues de la sainte Vierge, de l'ange de l'Annonciation, de saint Denis, de Charlemagne, de saint Louis et du cardinal d'Ailly : toutes avaient été posées en 1505, suivant leur ordre hiérarchique, et toutes ont disparu dans notre tempête révolutionnaire. A notre profond regret, notre gravure ne les a pas rendus à leurs places : espérons que la restauration projetée ira plus loin que nous en réparant jusqu'aux dernières traces des mutilations passées.

Immédiatement au-dessus de ce que nous venons de signaler à la hâte, l'architecte a su ménager un *mezzanino* composé, à cause de la proximité des greniers, de pièces basses de retraite ou de service. Rien ne traduirait aux regards cette heureuse disposition sans les tourelles d'angles encorbellées en octogones, au niveau même des linteaux des plus grandes croisées, et se détachant agréablement des toits dans le reste de leur projection. Les huit ouvertures presque carrées de ce demi-étage se groupent également deux à deux à l'aplomb de celles qui sont au-dessous ; une autre plus petite encore en anse de panier a été pratiquée sur la même ligne horizontale vers son milieu ; elle est destinée à éclairer quelques degrés de l'escalier en spirale qui monte bien plus haut encore. Enfin, un double faisceau de feuillages bien refouillés constitue une corniche d'un bel effet, d'où se détachent trois gargouilles, et qui supporte une charmante balustrade à jour dans le goût un peu recherché du xvi⁰ siècle. Le toit a ses pentes très-rapides. Une crête en plomb ferme son faîtage. Des pignons très-aigus déterminent son inclinaison par leurs rampants unis et armés à leur sommet d'élégants fleurons. Deux lucarnes en pierre divisées par des meneaux cruciformes ont leurs montants travaillés en ressauts et pyramidant avec grâce aux côtés d'un bouquet plus élancé qu'eux encore ; décoration d'un assez bon effet pour la haute toiture d'ardoises qui leur sert de fond en arrière.

Mais l'objet qui rompt encore mieux l'uniformité de cette imposante couverture, en la dépassant de plus de moitié, c'est le beffroi. Cachet de la maison de ville, ce signe spécial du pouvoir communal, ce trait cher aux échevinages de ces contrées, qui caractérise si bien, à partir seulement de cette ligne du Beauvoisis, tant d'édifices municipaux du moyen âge, se dresse ici verticalement de suite en arrière du chenal. Sa projection comprend deux parties distinctes, un cylindre octogonal en maçonnerie, et un cône en charpente de même forme, armé de sa longue pointe de fer et de sa girouette blasonnée. Deux dés superposés en étages composent la première portion ; leur surface est sillonnée d'un réseau de meneaux déliés qui donnent, par leur réunion, des pleins-cintres, des trilobes, des ogives géminées : ces entrelacements s'étendent à tout ce qui constitue cette sorte de piédestal, ayant en bas, sous un arc surbaissé, une porte à double panneau partagée par un petit trumeau ; un peu plus haut un beau cadran, et plus haut encore une ogive à demi ouverte supérieurement.

Quatre tourelles rondes, également en pierre de taille, occupent les côtés d'angle jusqu'à la hauteur du toit principal ; de là elles se continuent en bois recouvert d'ardoises et de lames de plomb profilées, et gagnent, par leurs extrémités, les versants des lucarnons de la pyramide centrale. Celle-ci, près des abat-sons de ses voisines attenantes, offre, suspendues à une poutrelle transversale, les trois clochettes d'un de ces gais carillons qui marquent communément la marche du temps en subdivisions multipliées.

Par-dessus les timbres aux notes variées et bien accordées se dressent trois statues de chêne, peintes de vives couleurs et figurant des personnages singuliers. Elles se mouvaient autrefois, avec leurs longs marteaux, pour jouer, par leurs battements, un de ces airs simples tant aimés de nos pères. La vieille et grosse cloche, cachée par derrière au dedans, fondue en 1350, comme l'indique le titre de son baptême, donnait aux quatre grandes divisions des heures le signal de ces harmonieux tintements. Il y a plus loin encore dans cette direction, comme à Anvers et ailleurs, de ces accords argentins dont les dépenses, dit-on, se sont élevées à des sommes surprenantes. Gardons avec soin celui que Compiègne nous a donné ; c'est le seul qui nous reste, s'il n'est pas même le seul que notre pays ait jamais possédé. Plus modeste dans son développement, plus simple dans son originalité, la restauration qu'il appelle en deviendra plus facile à qui voudra l'entreprendre.

Le plan par terre de ce bâtiment se trace aisément de lui-même. Un passage pour gagner la cour, un escalier à vis fortement épaulé en dedans, quelques pièces de service, une grande salle en bas ; au-dessus, deux vastes salons d'apparat, une spacieuse bibliothèque : telle est, en grand, la distribution de l'espace compris dans ce principal corps de logis. Nous négligeons les dispositions accessoires qui se devinent assez bien à la première vue ; et pour ne rien omettre d'important, nous indiquerons seulement les galeries récemment élevées où une fortune rapide, étonnée d'elle-même [1] a rassemblé mille objets précieux des meilleurs temps et de tous les genres. Mais le trait frappant de l'édifice, malgré diverses irrégularités de sa façade, c'est l'heureux effet d'ensemble qu'il produit. L'absence d'un portail suffisant, des trumeaux inégaux entre eux, deux ou trois jours d'étude ouverts çà et là, sans symétrie, suivant le besoin, ajoutent plutôt encore au charme du tout. Si le développement général ne répond pas à l'idée qu'on se fait de l'importance d'une ville impériale, souvenons-nous que nos prédécesseurs s'en contentèrent ainsi que leurs clients, et qu'il dépendit sans

---

[1] M. M. Vivenel, entrepreneur de bâtiments, dans sa prodigieuse prospérité, a voulu doter sa ville natale d'un riche Musée.

doute d'eux de lui donner plus d'étendue. Cette réflexion nous ramènera de suite à plus de sage réserve en notre jugement.

Il nous reste pour complément une dernière considération à établir : tel n'est point aujourd'hui l'hôtel de ville de Compiègne. Les petits frontons au-dessus des ouvertures sont mutilés et les feuilles de laurier de leurs rampants effacées. Les dais des niches sont renversés, les statues ont été détruites, des fenêtres entières ont disparu, d'autres ont été obstruées, des murs croulent, les toits tombent; enfin, dn faîte au pied, des adjonctions, des destructions, des altérations désastreuses ont affecté ses parois au dehors comme au dedans. Une sollicitude intelligente a compris cet état de choses et le veut faire cesser. Le premier magistrat de la cité, chef du corps municipal, M. Arachequesne (1), homme de dévouement et de goût, appréciateur éprouvé, entreprendra cette tâche qu'il accomplira; ses collègues ne lui feront point défaut. Pour tous il s'agit par de généreux efforts de sauver un édifice digne d'un intérêt éclairé.

Les efforts tentés en commun pour relever des ruines sont assurés d'avance d'une haute et puissante coopération. La munificence impériale leur vient toujours en aide. Il n'est projet de l'importance du nôtre qui n'en reçoive appui. Déjà une immense impulsion, partie d'en haut, a inauguré de toutes parts les grandes réparations dues par la France au passé des beaux-arts. Un regard du souverain, nous l'espérons, jeté en passant sur les dégradations que nous venons de déplorer, mettra fin à leur durée. Puisse cette insigne faveur ne se point faire attendre! Le monument lui-même qui tombe est prêt, au nom de tous, à marquer la publique reconnaissance. La place occupée jadis à son frontispice par l'image de deux de nos rois est demeurée veuve de leur présence. L'arc commémoratif de sa façade reste ouvert au plus magnifique témoignage de la gratitude des peuples. Le marbre cette fois ou le bronze consacrerait cet hommage. Il retracerait la double effigie de l'Empereur et de l'Impératrice, bienfaiteurs. La postérité verrait ainsi dans ce grand relief la majesté calme de la puissance s'unir à l'air le plus auguste, au plus pur reflet de toutes les grâces.

(1) En matière d'art, M. le maire actuel de Compiègne est un juge autorisé. Le souvenir est resté de tableaux donnés par son habile pinceau à plusieurs de nos expositions.

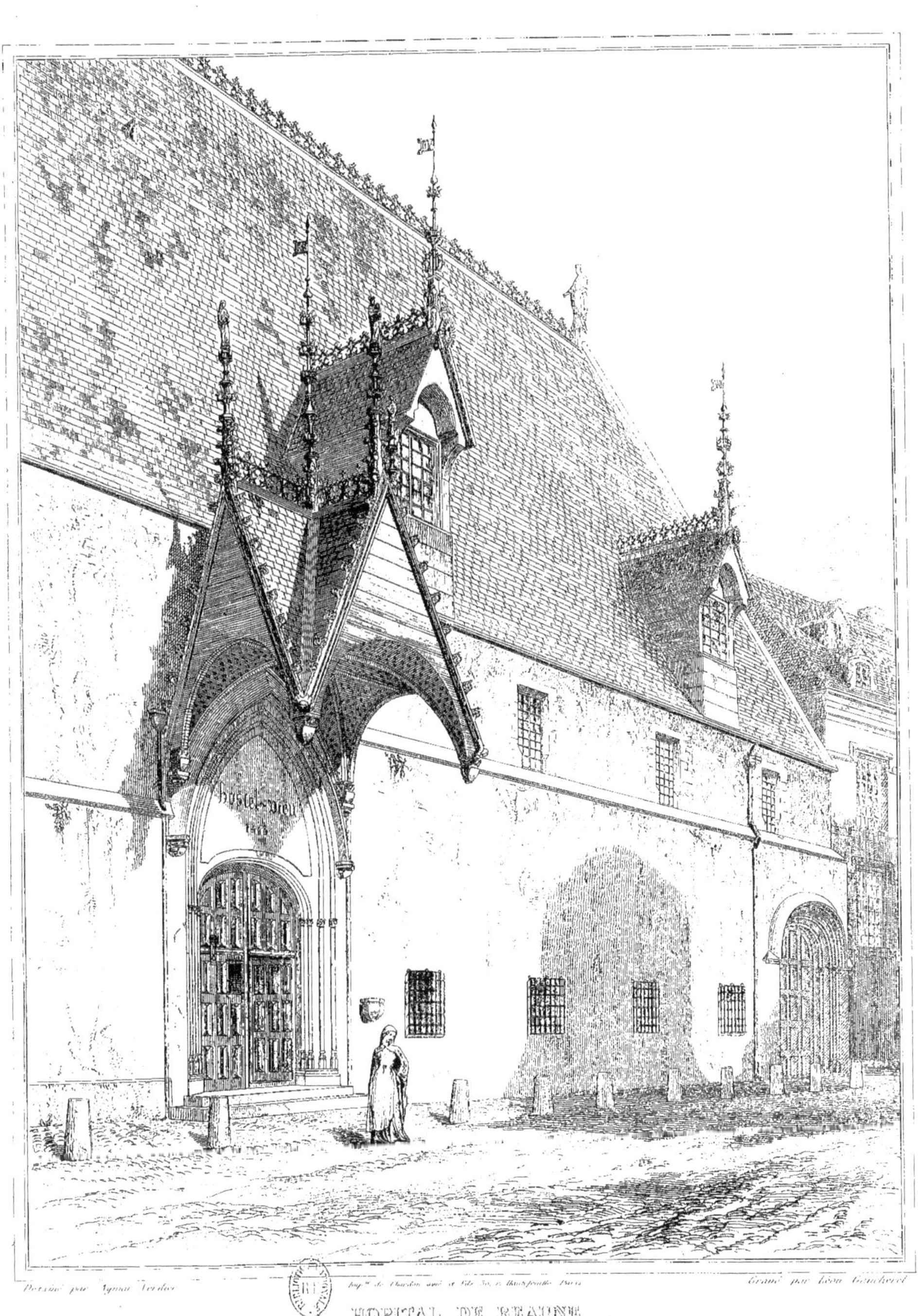

HOPITAL DE BEAUNE

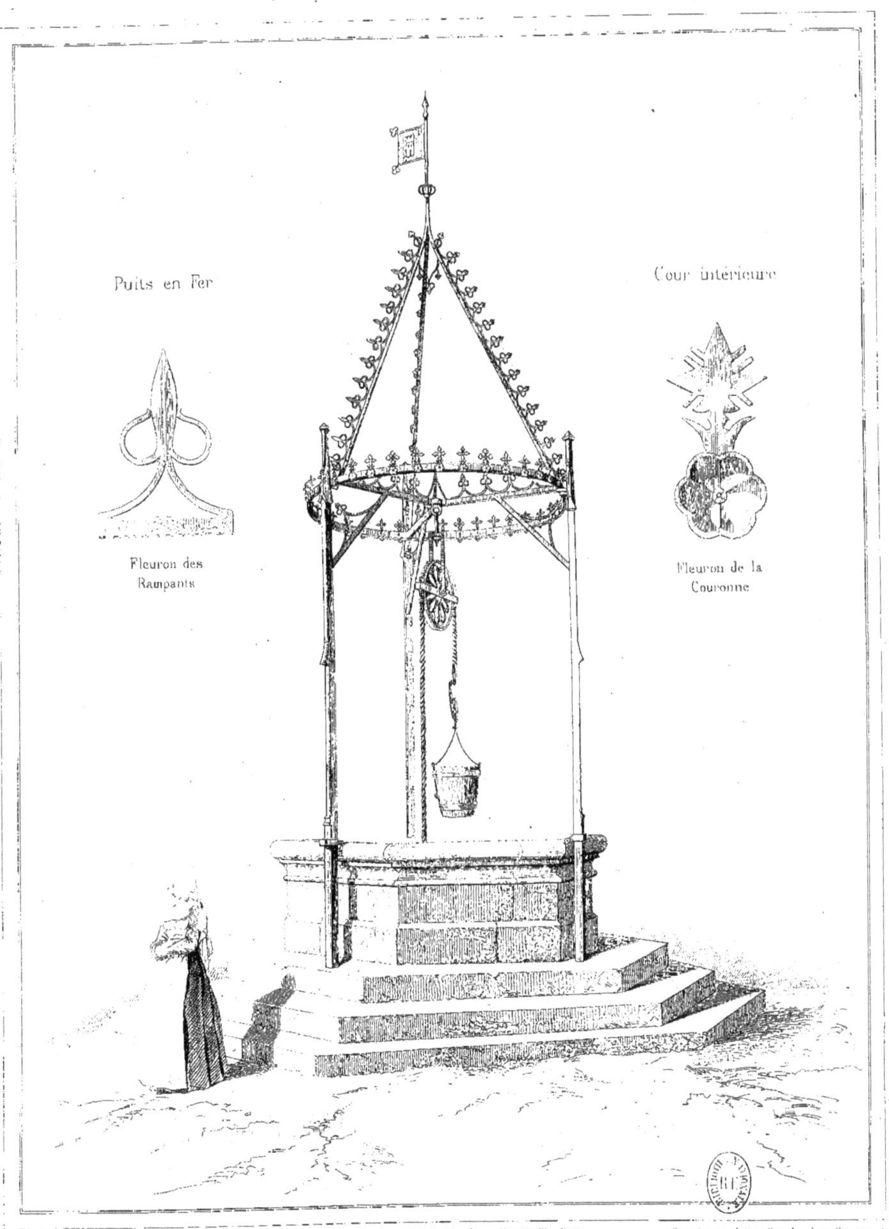

HOPITAL DE BEAUNE

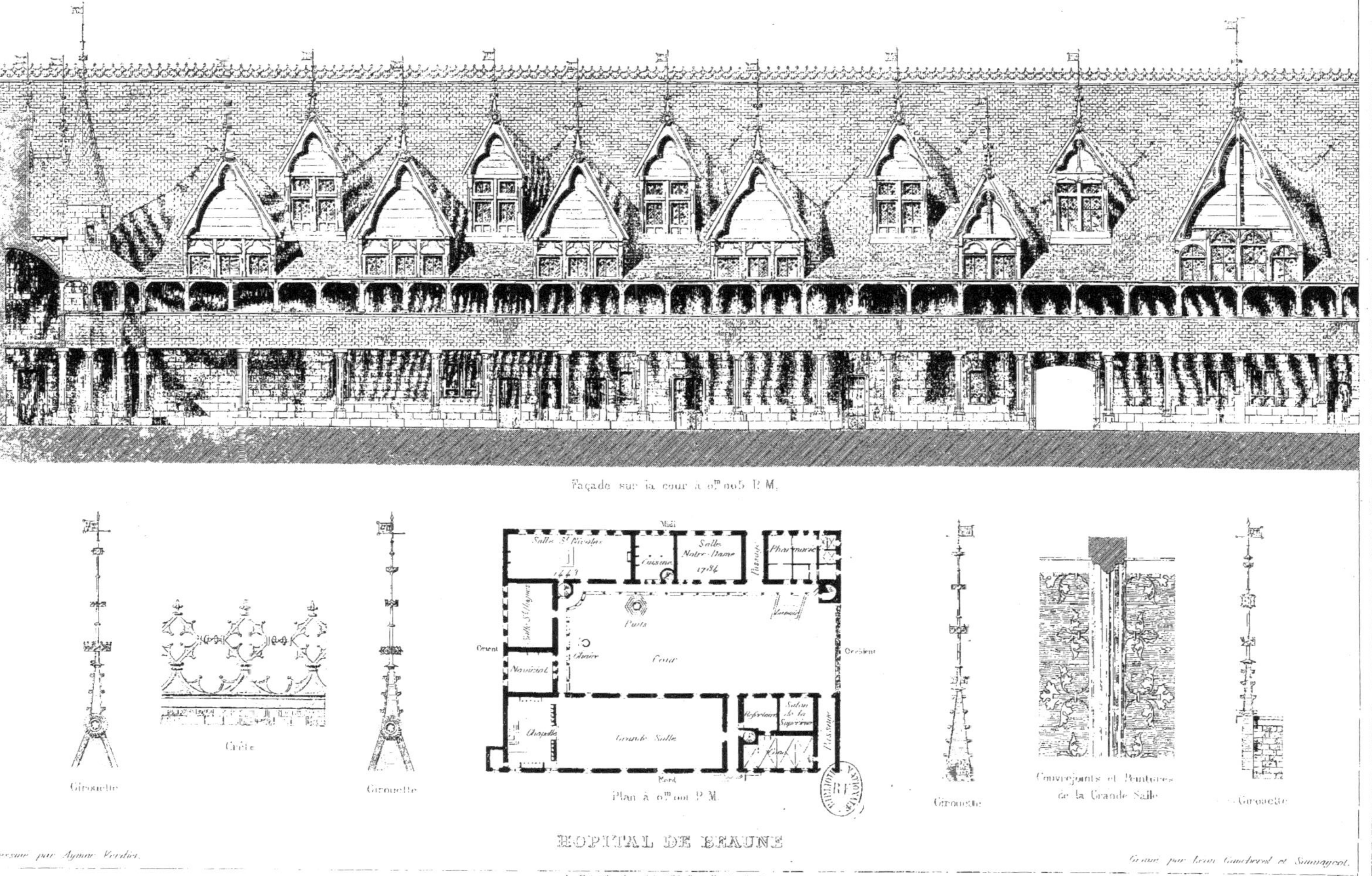

Façade sur la cour à 0m.005 P.M.
Girouette
Crête
Girouette
Salle St Nicolas 1443
Cuisine
Salle Notre-Dame 1784
Pharmacie
Lavoir
Puits
Orient
Salle Ste Agnès
Clavier
Cour
Occident
Noviciat
Chapelle
Grande Salle
Réfectoire
Salon de la Supérieure
Midi
Nord
Plan à 0m.001 P.M.
Girouette
Couvrejoints et Peintures de la Grande Salle
Girouette
HOPITAL DE BEAUNE
Dessiné par Aymar Verdier.
Gravé par Léon Gaucherel et Sauvageot.
Imp. de Chardon ainé et fils, 30 r. Hautefeuille, Paris

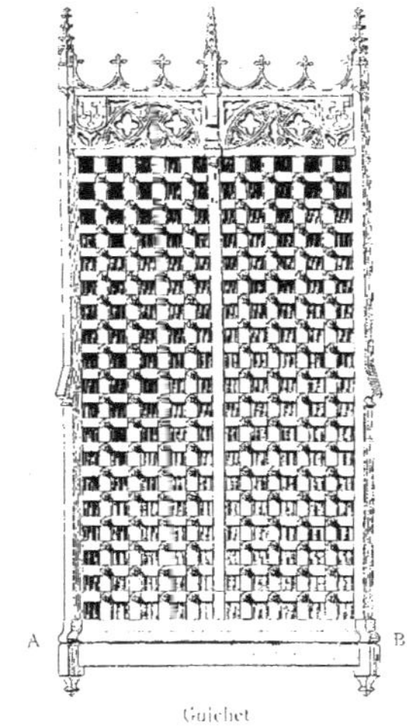

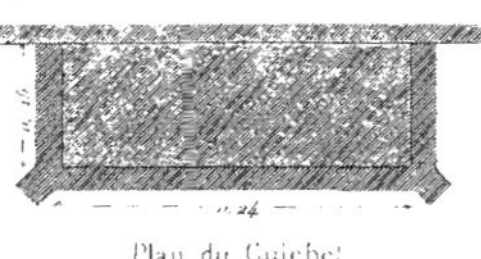

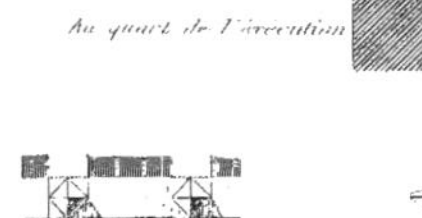
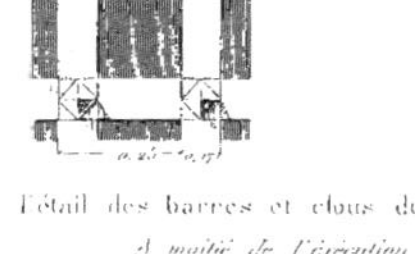

Dessiné par L. Gaucherel et A. Lenoir.

Imp. de Chardon ainé et Fils, 6e, r. Hautefeuille, Paris.

Gravé par Sauvageot

HOPITAL DE BEAUNE

Serrurerie de la porte d'entrée

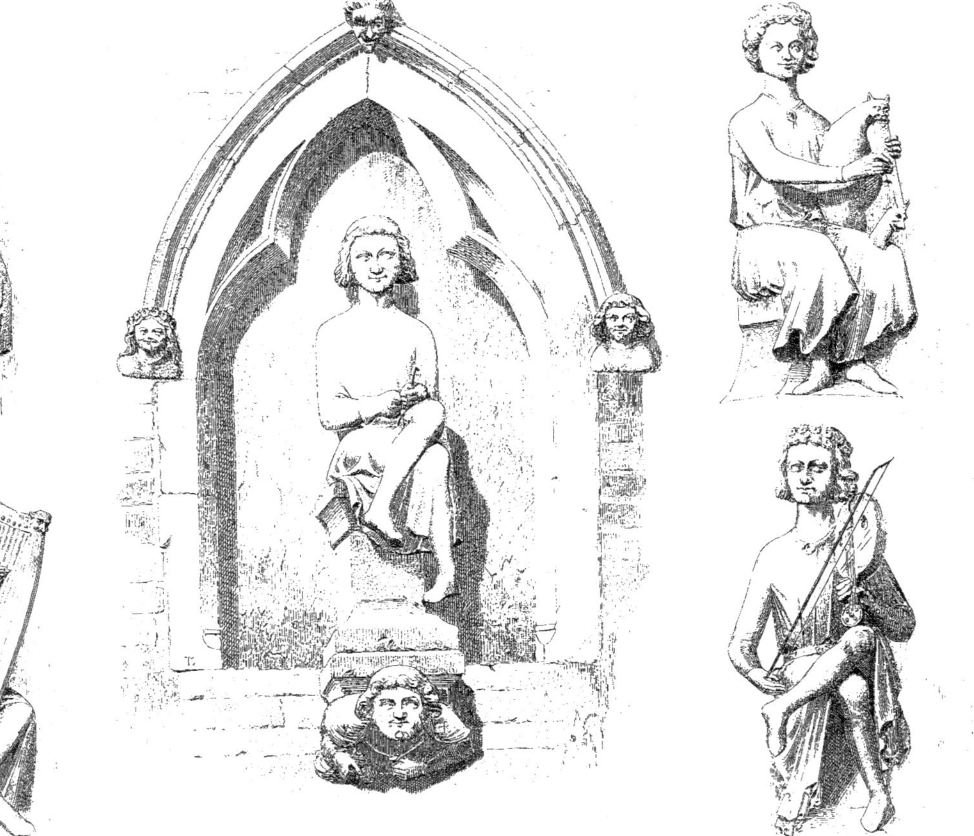

MAISON DITE DES MUSICIENS — TREIZIÈME SIÈCLE

Rue de Tambour. — À Reims

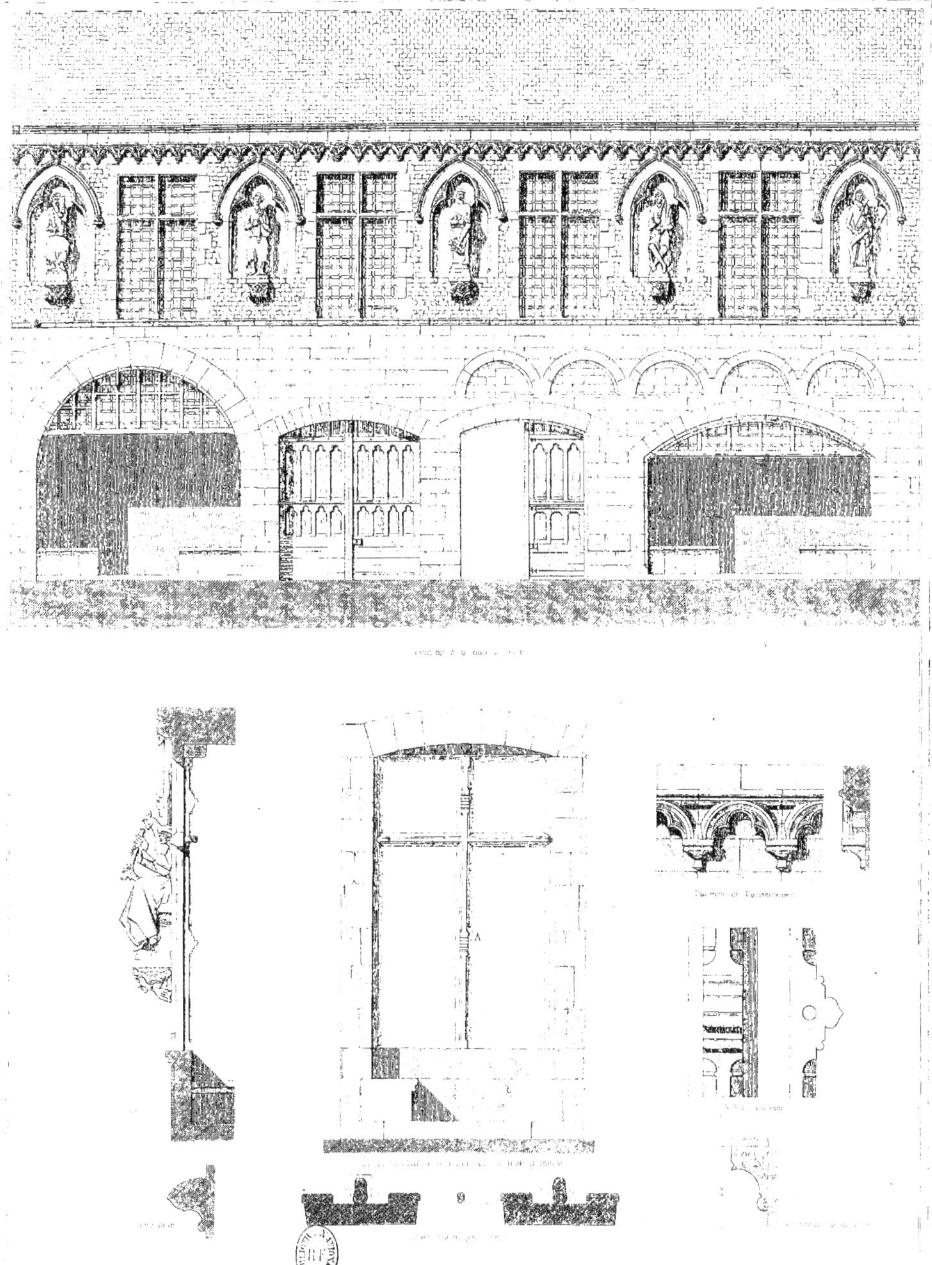

MAISON DITE DES MUSICIENS — TREIZIÈME SIÈCLE

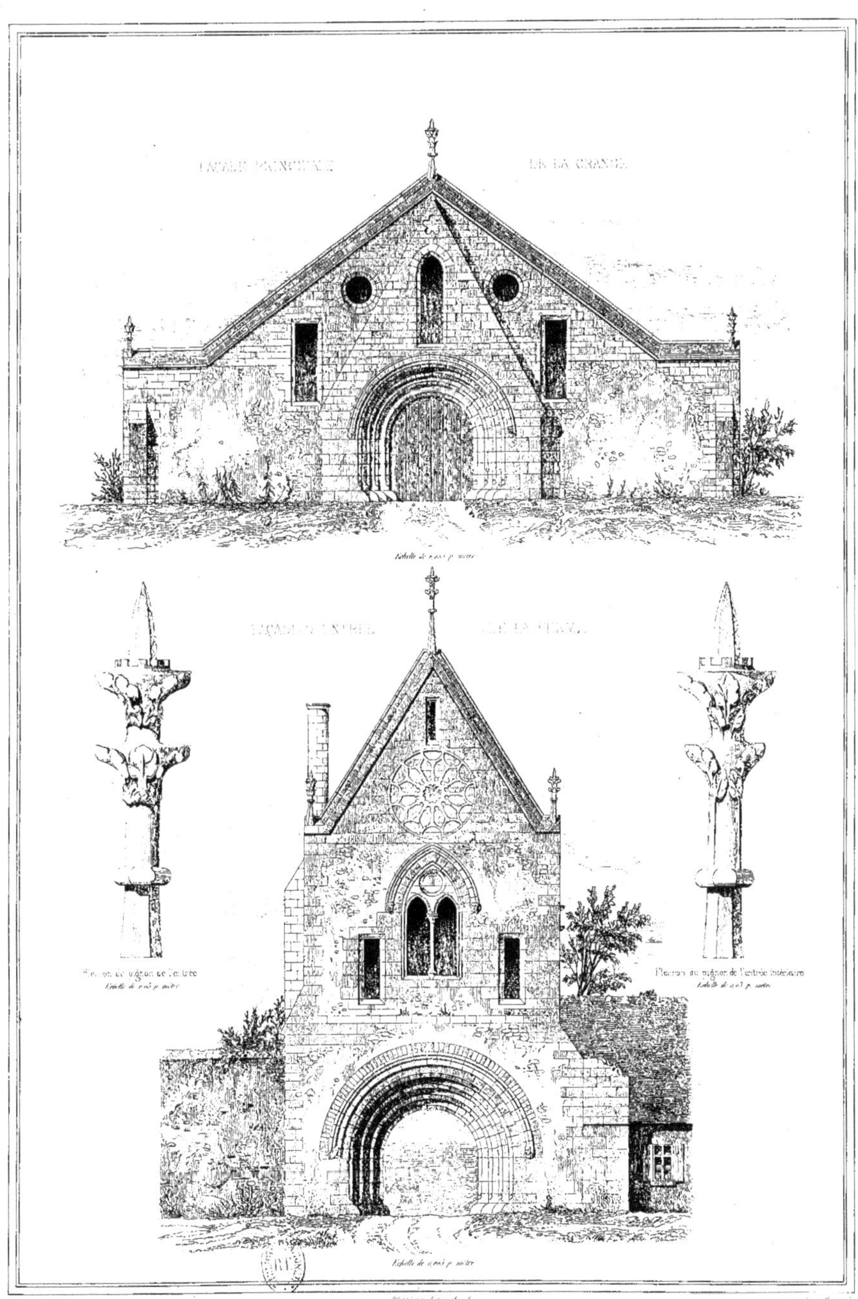

FERME DU TREIZIÈME SIÈCLE

À Meslay, près de Vendôme

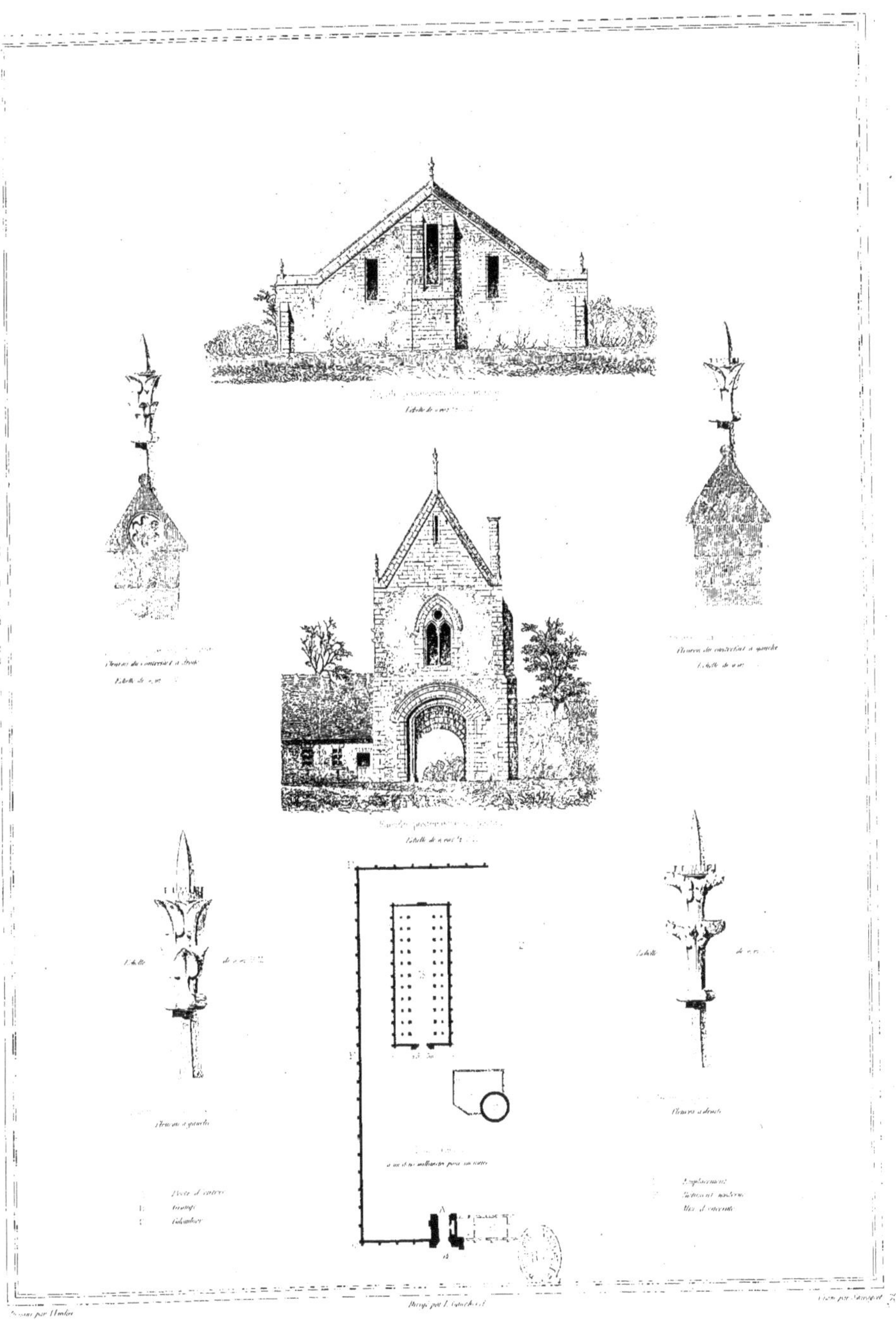

FERME DU TREIZIÈME SIÈCLE

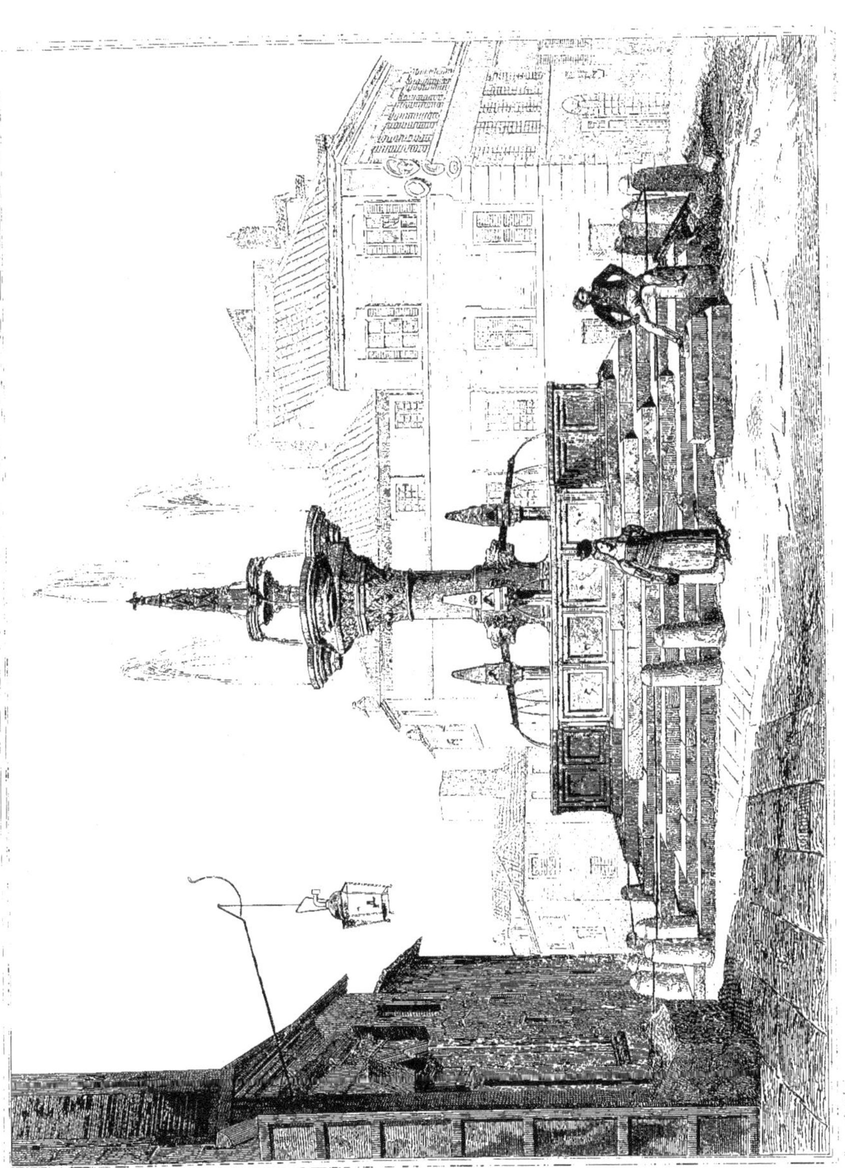

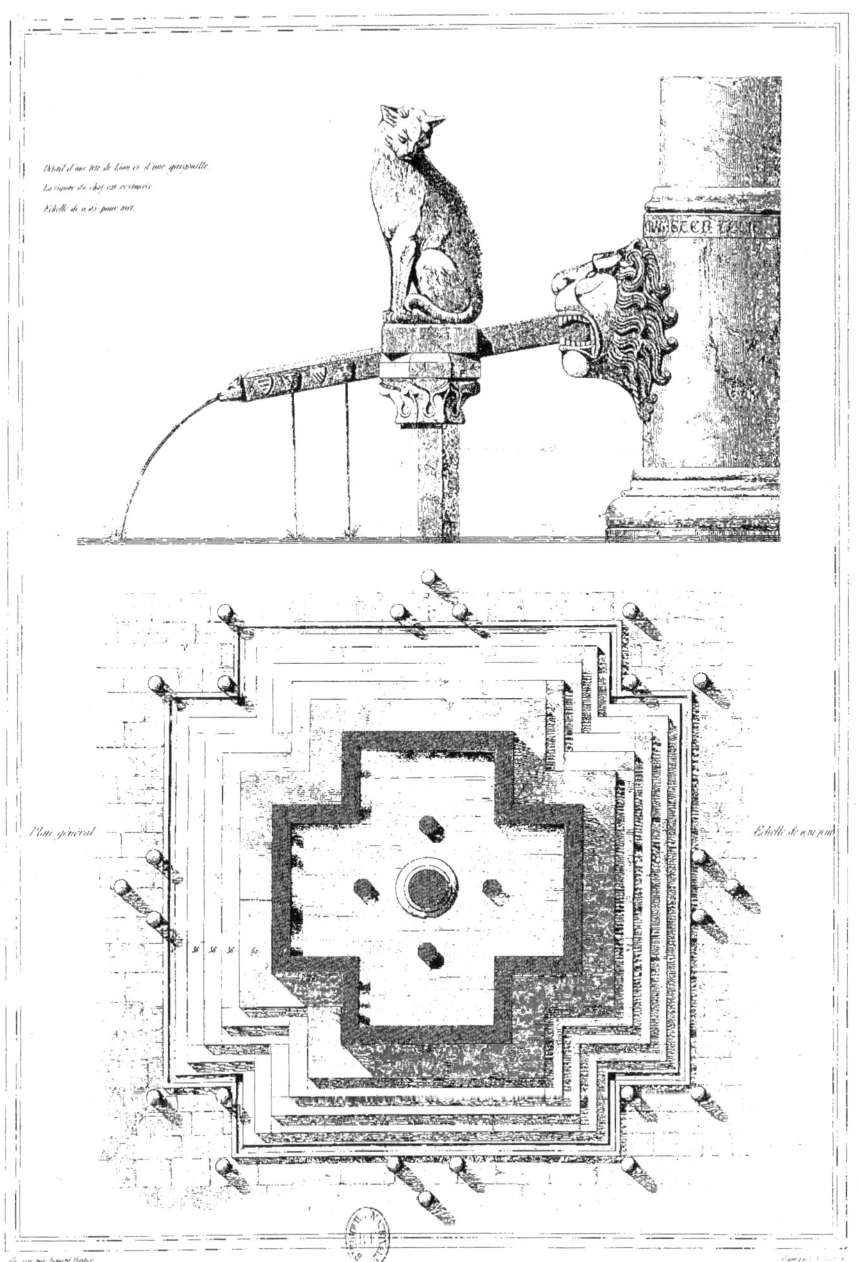

FONTAINE DES GATTESCHI A VITERBE

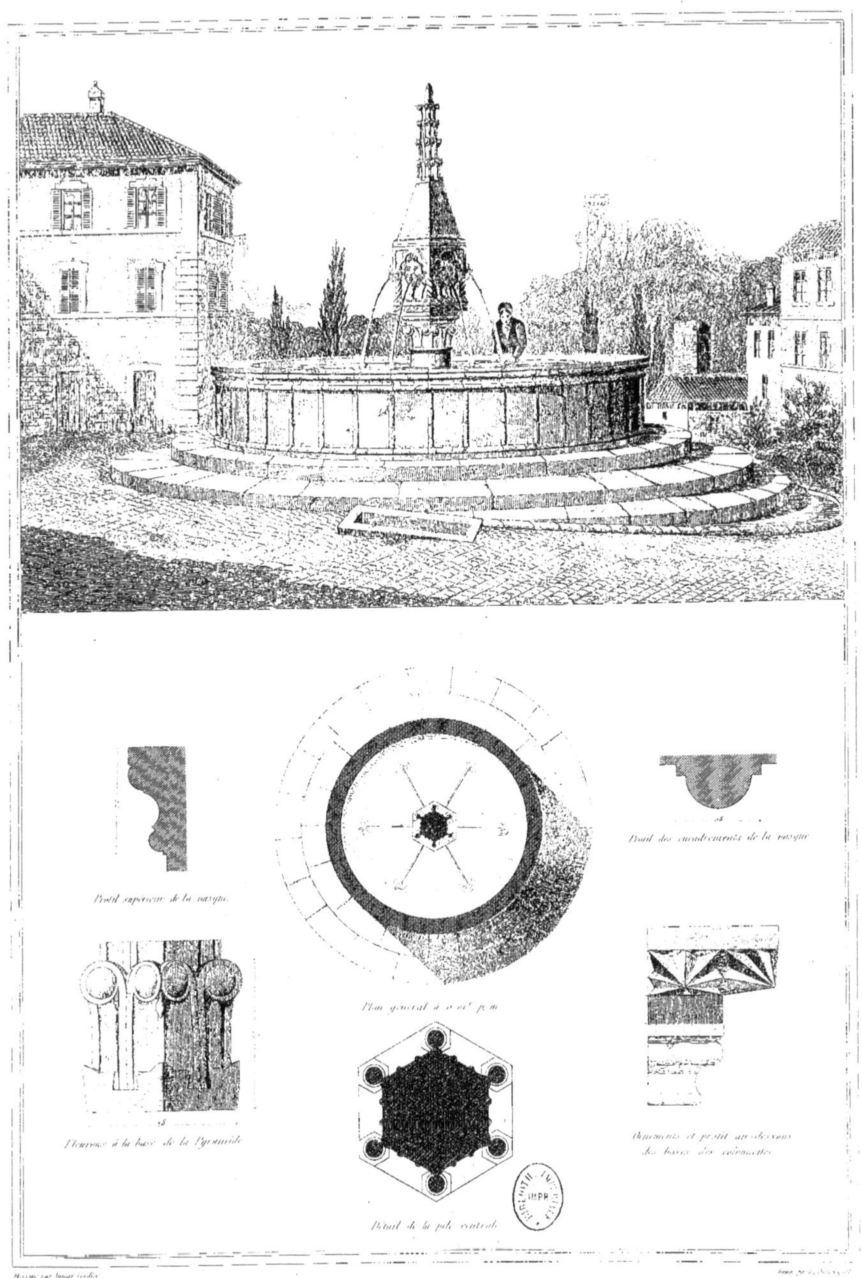

FONTAINE PLACE CARIANO

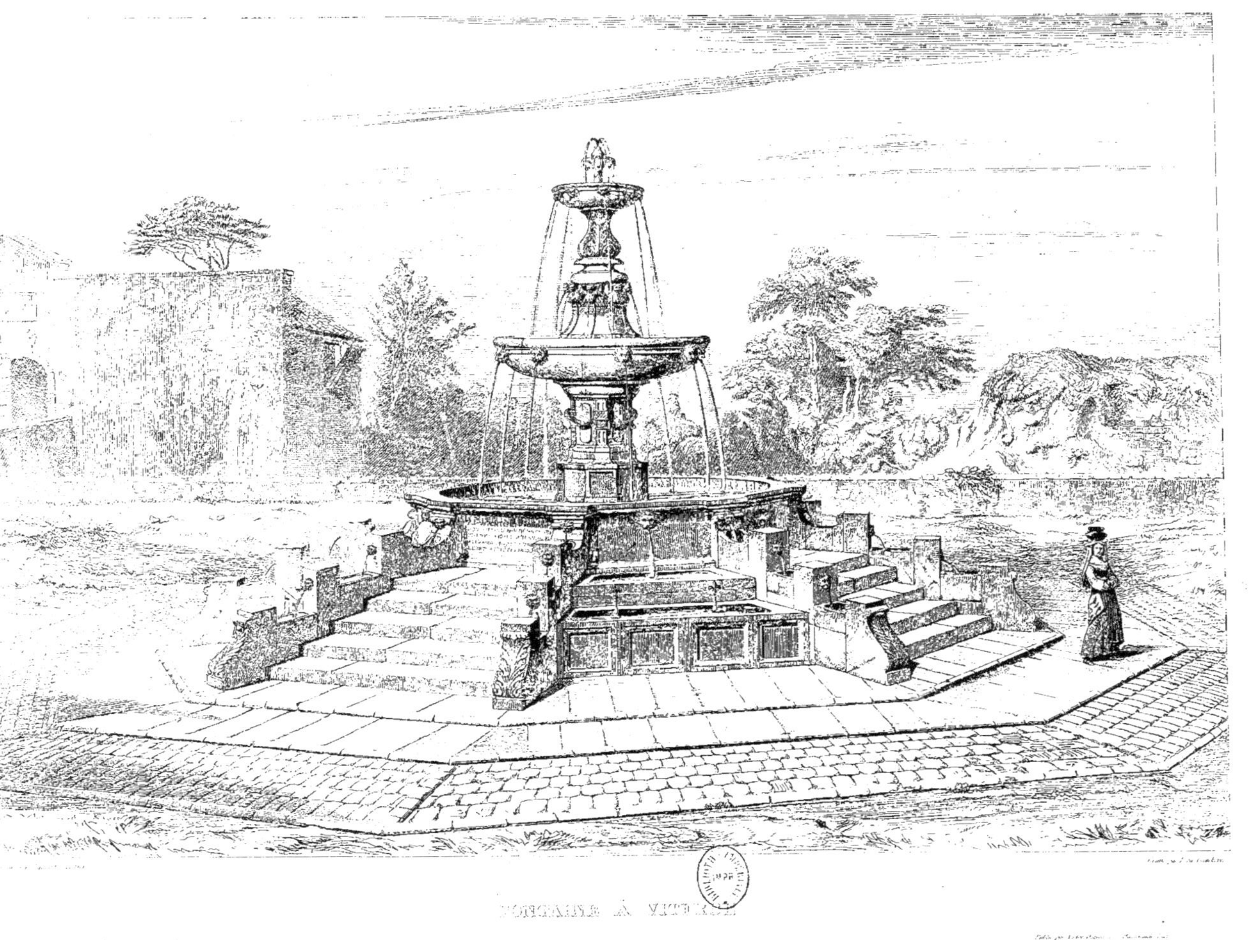

FONTAINE À VITERBE

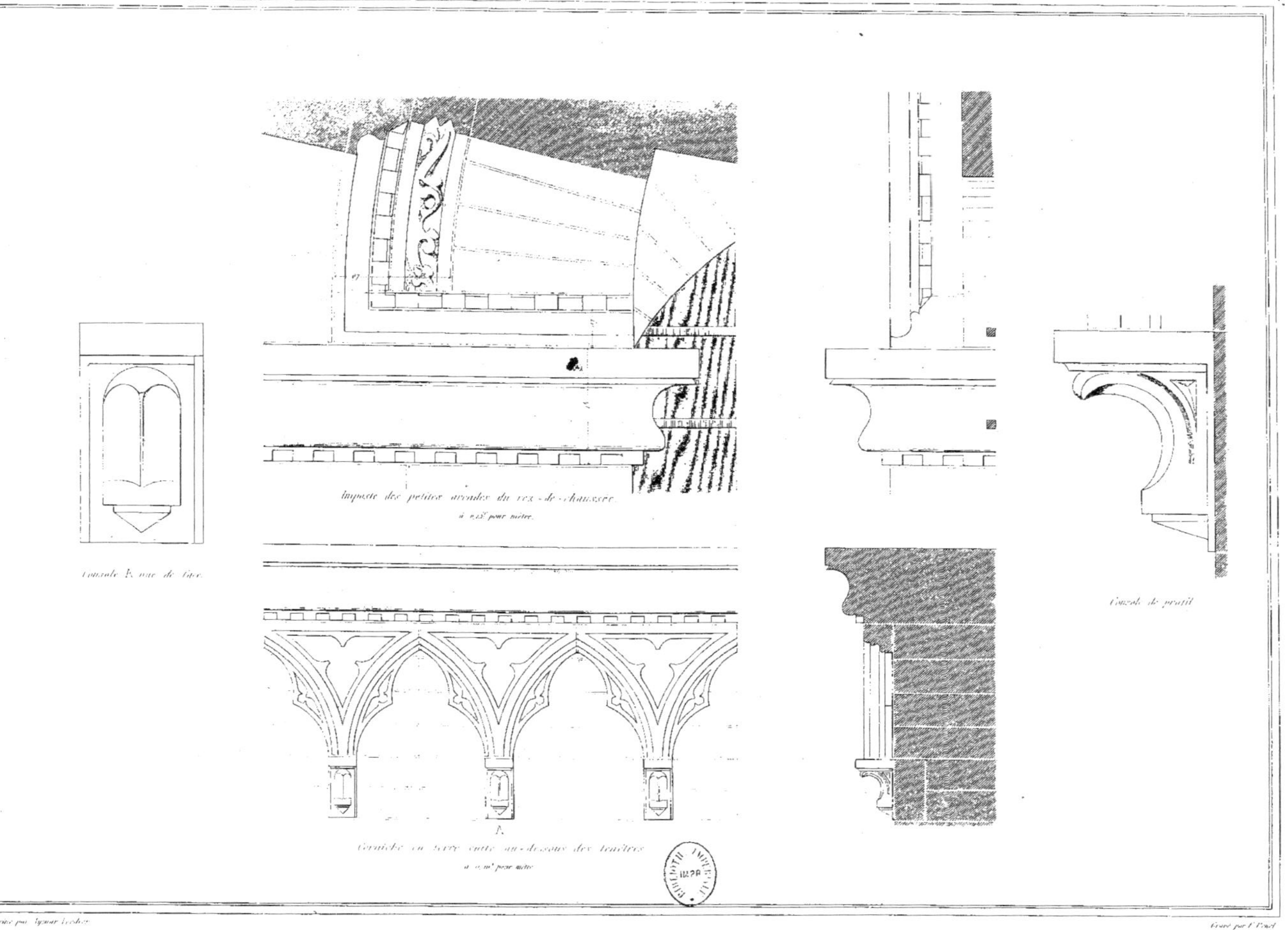

Dessiné par Aymar Verdier.

Gravé par E. Finel.

PALAIS BUONSIGNORI À SIENNE

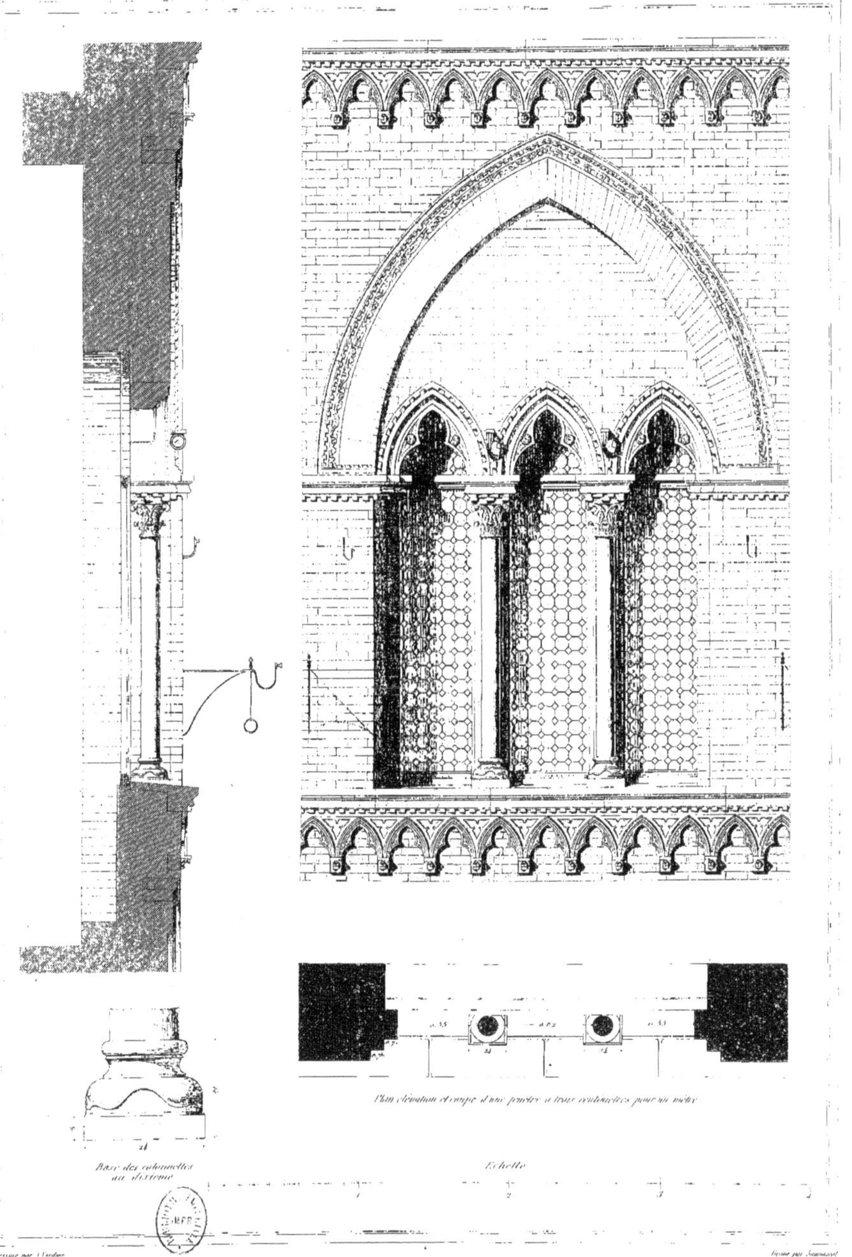

PALAIS BUONSIGNORI À SIENNE

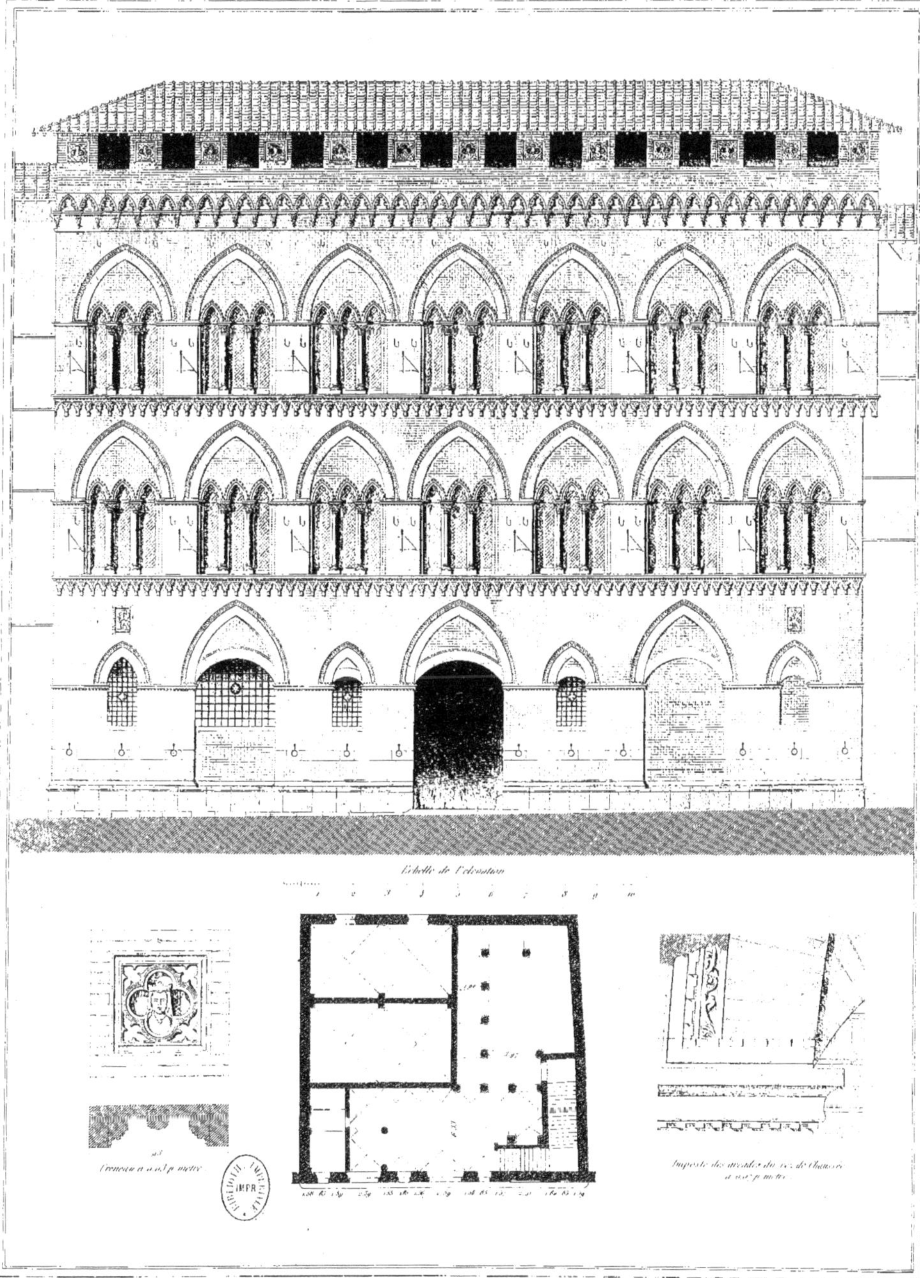

PALAIS BUONSIGNORI A SIENNE

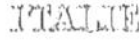

ITALIE
XIII.e Siècle 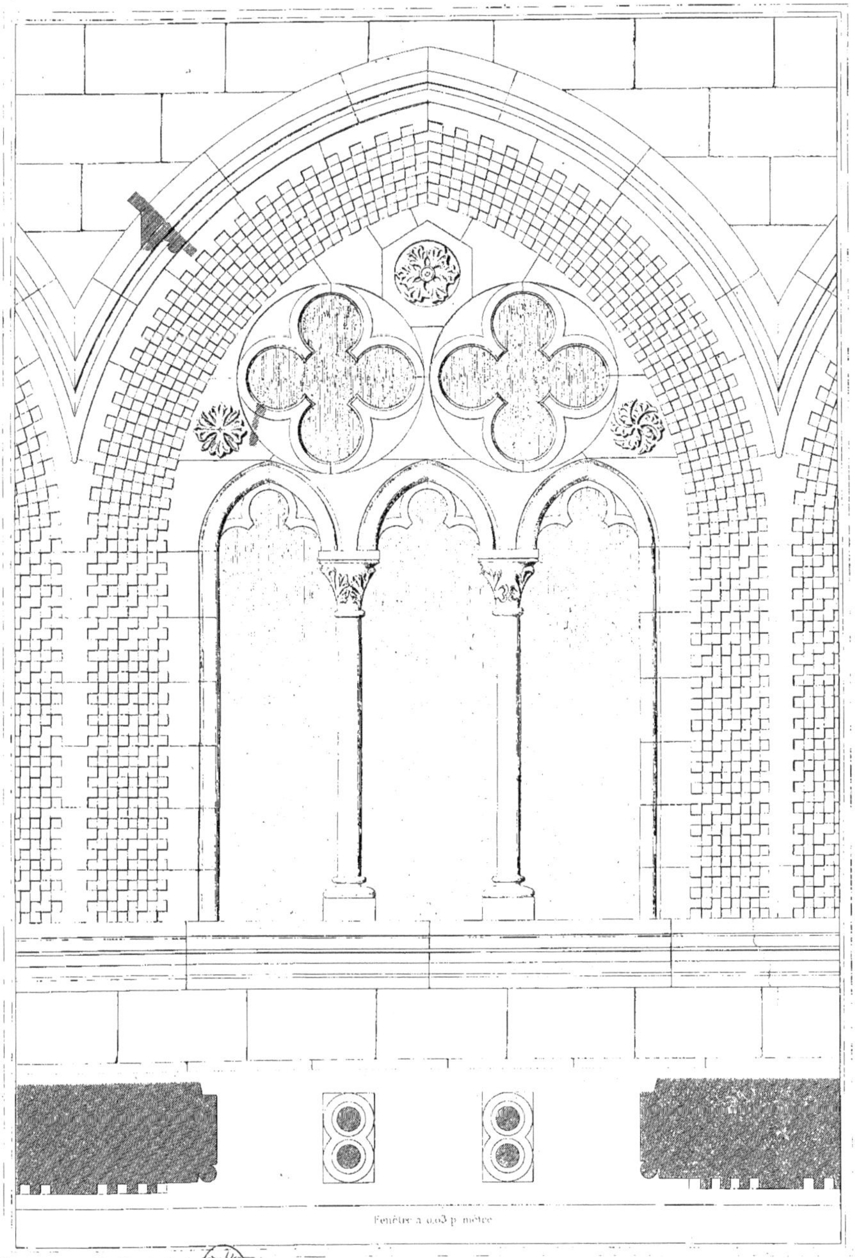
Fenêtre a 0,03 p mètre
PALAIS ÉPISCOPAL D'ORVIETO

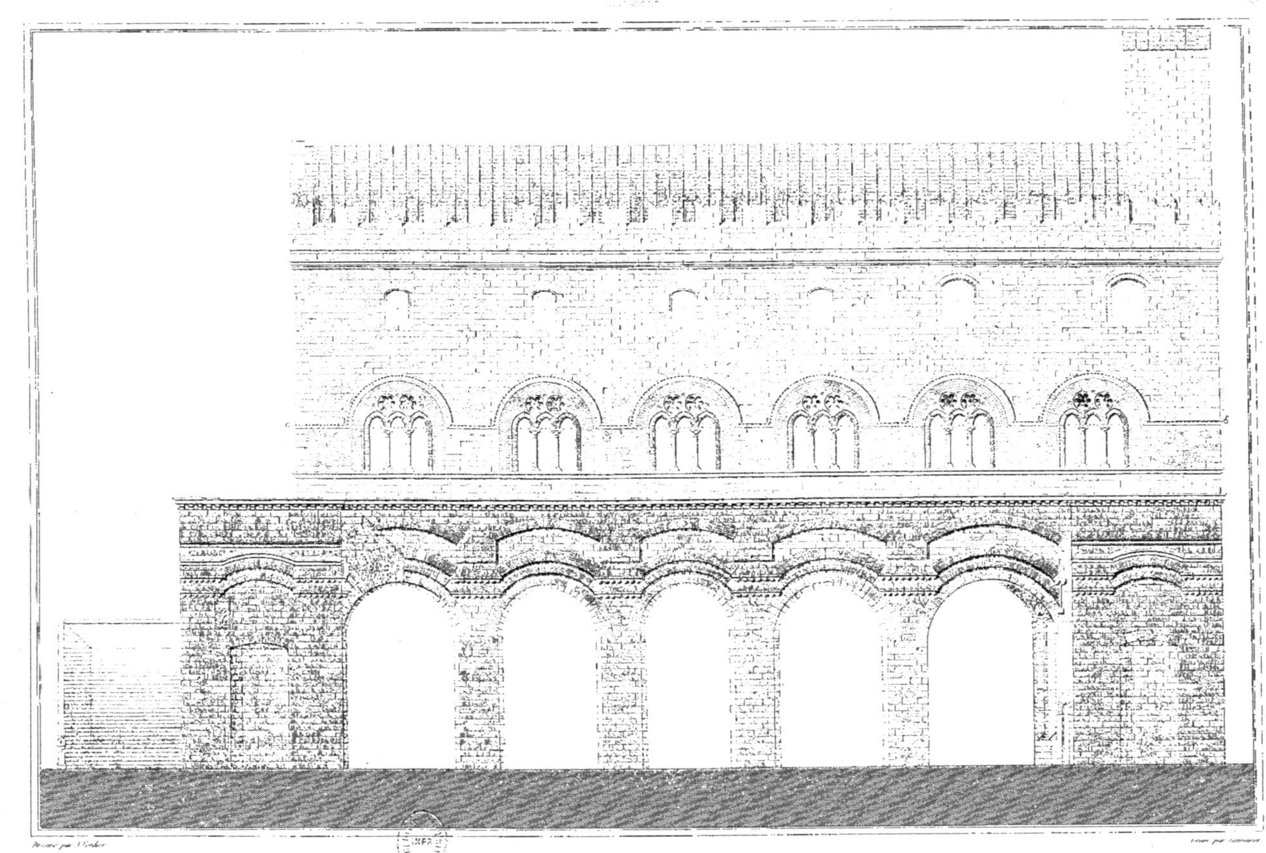

PALAIS DU PODESTAT À ORVIETO

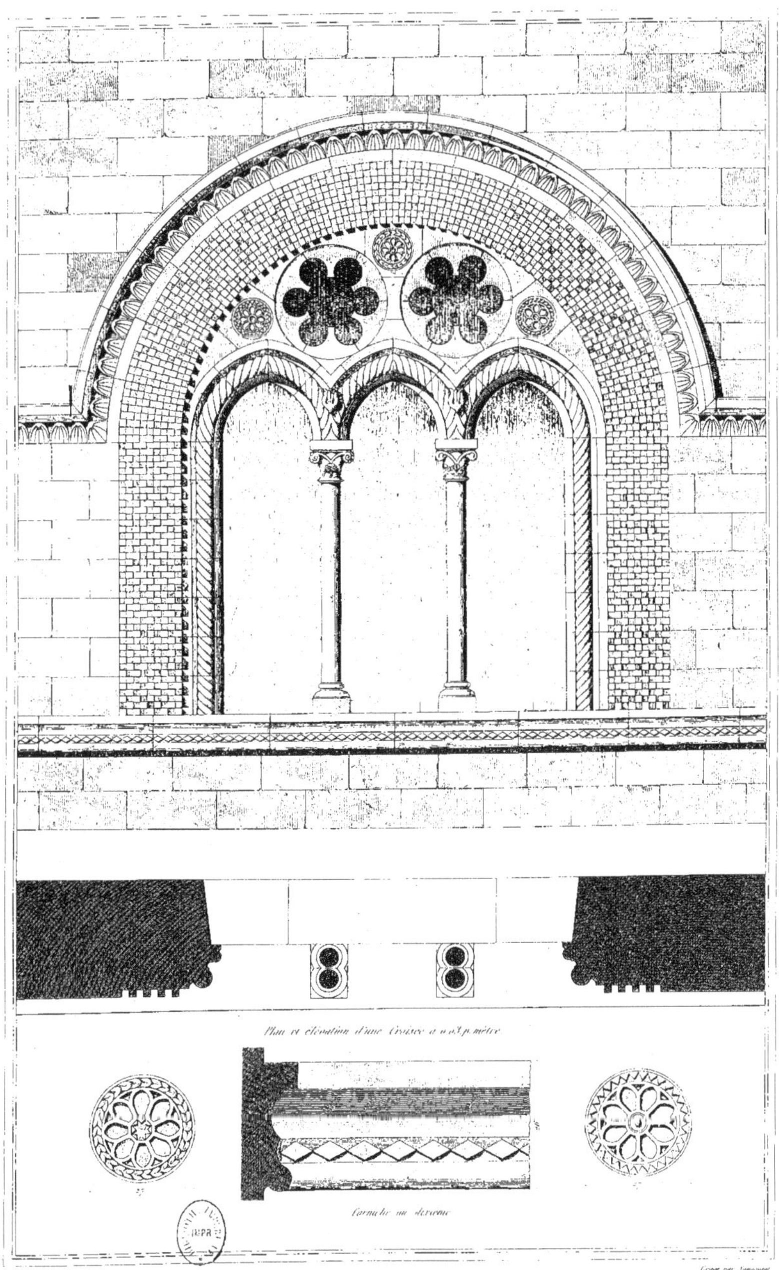

PALAIS DU PODESTAT À ORVIETO

Dessiné par A. Verdier.   Gravé par Lemaître.
Paris Imprimé par A. Bevillet Quai de la Tournelle 35.   Paris Publié par Victor Didron, 13 rue Montpensier.

FRANCE

Pl. 19

XIIe Siècle

1 Maison.
2 Maison.
3 Maison.
4 Maison.
5 Maison.
6 Maison.
7 Prieuré maison a deux étages elle n'avait ni boutique ni magasin au rez-de-chaussée
8 Maison.
9 Maison il ne reste plus qu'un fragment des anciennes fenêtres.
10 Maison, on voit dans le mur une Sculpture du 12e Siècle representant un combat de cavaliers.
11 Eglise Saint Marcel le clocher est Roman elle renferme une cuve Baptismale du 12e Siècle.
12 Eglise abbatiale fondée par St Hugues en 1089.
13 Maison moderne dans le mur de laquelle se trouve une architecture en marbre blanc provenant d'une maison démolie.
14 Maison.
15 Maison, le rez-de-chaussée a été restauré au 17e Siècle.
16 Maison.
17 Maison dite des francs maçons.
18, 19, 20, 21 Maisons.
22 Maison aujourd'hui rebâtie dont les linteaux se trouvent dans le musée de la chapelle de Bourbon.
23, 24, 25 Maisons
26 11e Bâtiment servant d'écurie
27 Portail de l'Abbaye
28, 29 l'Impérieure et fragments divers dans le jardin du Pt Ochier.

XIIIe Siècle

30 Maison le soubassement a été remanié au 18e Siècle.
31 Maison.
32 Maison.
33 Maison.
34 Maison.
35 Narthex de l'Eglise abbatiale construit en 1120 il ne reste que la tour des archives et l'arrachement du Portail
36 Maison.
37 Maison.
38 Eglise Notre Dame.
39 Maison remaniée en partie.
40 Maison
41 Maison elle conserve l'ancienne fermeture de la Boutique une partie se relevait l'autre s'abaissait pour reposer des marchandises.
42 Maison.
43 Four.
44 Moulin.
45 Ancienne Boulangerie.
46 Tour et muraille de l'enceinte.
47 Maison.

XIVe Siècle

48 Maison de la fin du 13e Siècle ou du commencement du 14e Siècle.
49 Maison du commencement du 14e Siècle elle est détruite mais les parts droits sont conservées dans le Jardin de Mr le Bon Ochier on en retrouve de montants à la Serre
50 Tourelle Fabry reconstruite par Hugues Fabry 1347-1354
50bis Bâtiment dit du Pape Gelase

XV et XVIe Siècles

51 Bâtiment abbatiale bâtie très probablement par les abbés de la famille d'Amboise entre 1481 et 1518.
52 Première abbatiale bâtie par Jean de Bourbon 1456-1481
53 Maison en bois
54 Maison.
55 Maison.
56, 57, 58, 59 Maisons.
60 Ancien Hopital.
61 Maison.

XIIe Siècle.
XIIIe Siècle.
XIVe Siècle.
XV et XVIe Siècles

Dessiné par A. Verdier.
Gravé par Erhard.
Imprimé par A. Bertho Quai de la Tournelle 31, Paris.
Déposé chez Victor Dubois 3, Montgivette, Paris.

PLAN GÉNÉRAL DE LA VILLE DE CLUNY

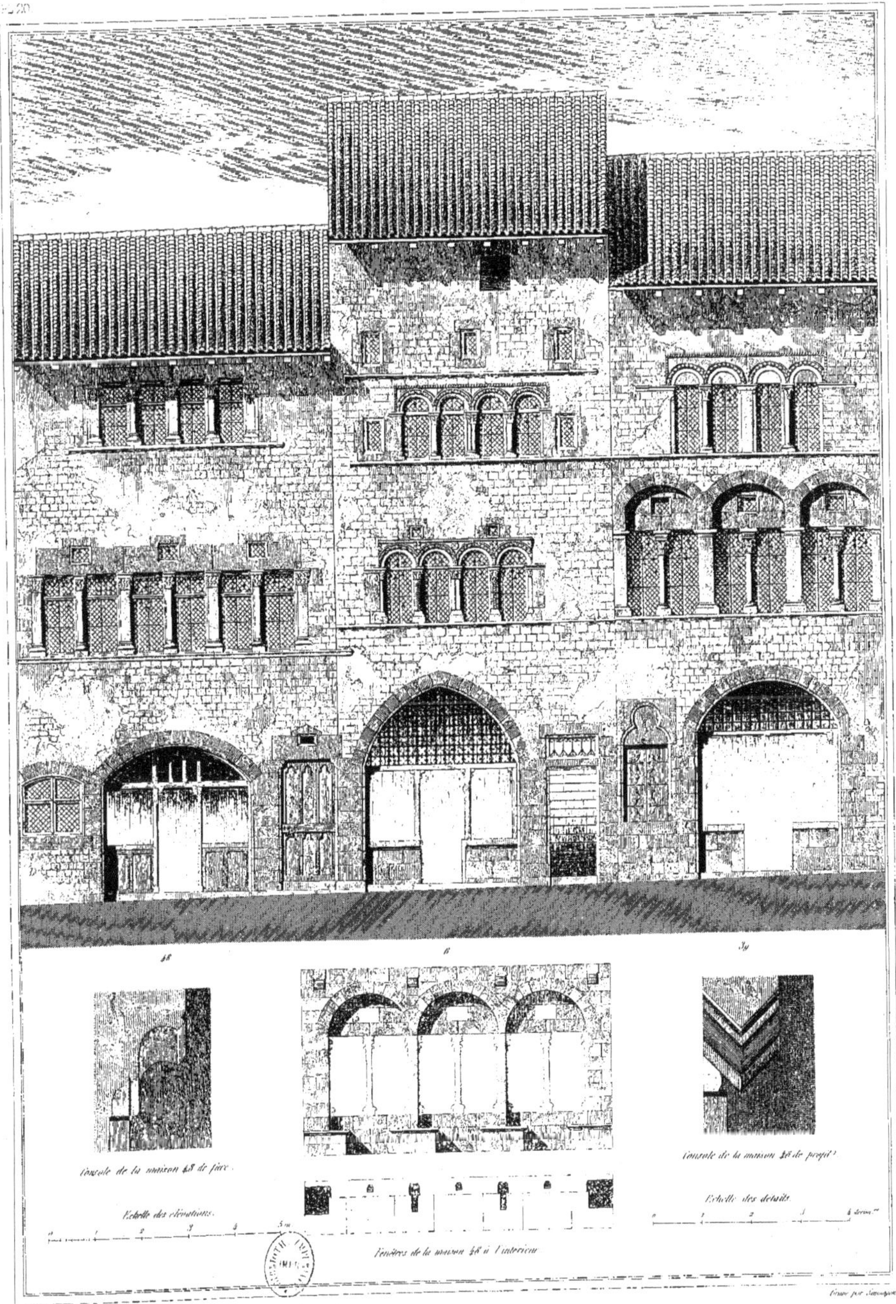

MAISONS À CLUNY

Imprimé par A.Bertit Quai de la Tournelle 31 Paris.

Dépos chez Victor Didron, 37 r. St Jacques Paris.

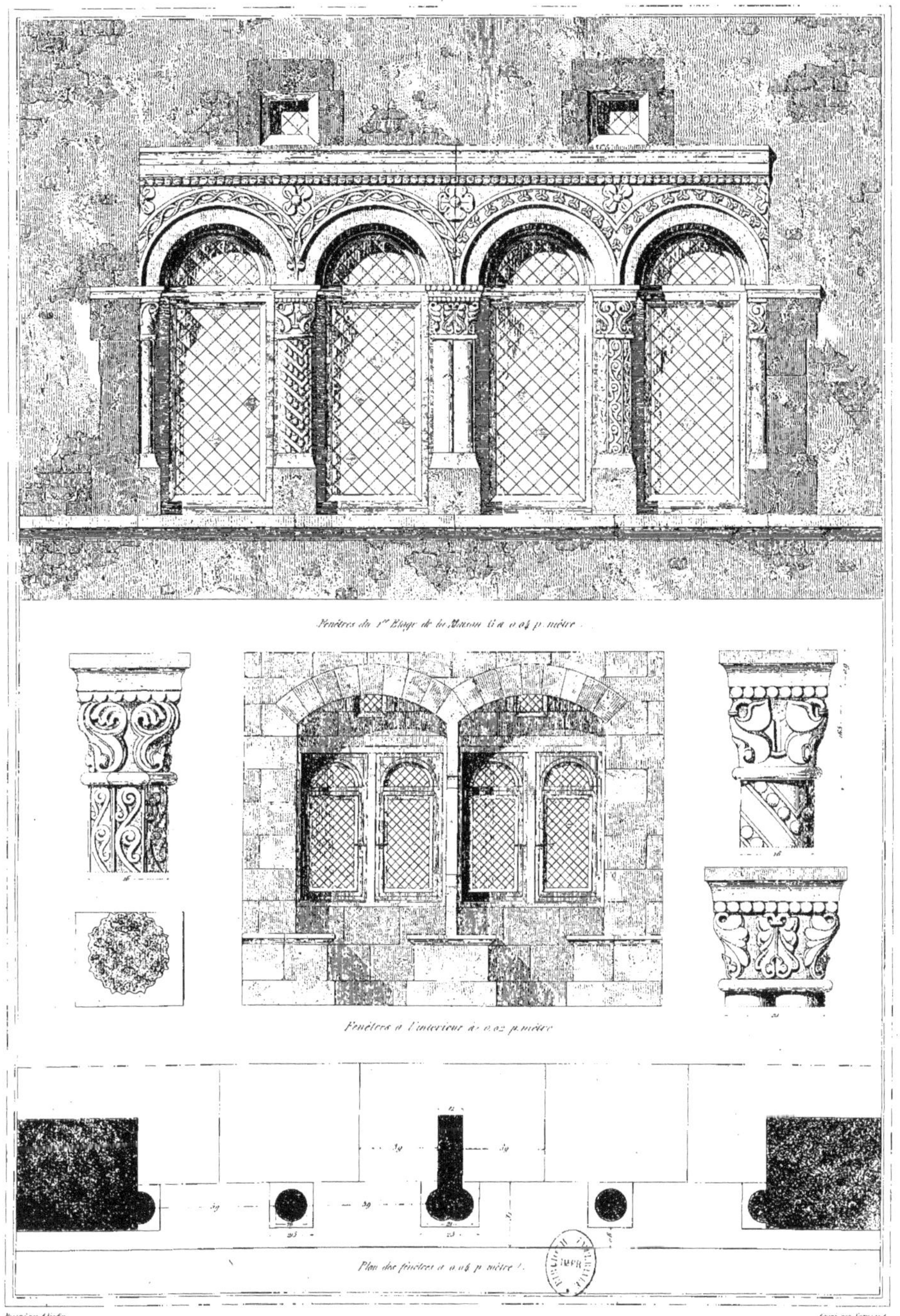

DÉTAIL D'UNE MAISON À CLUNY

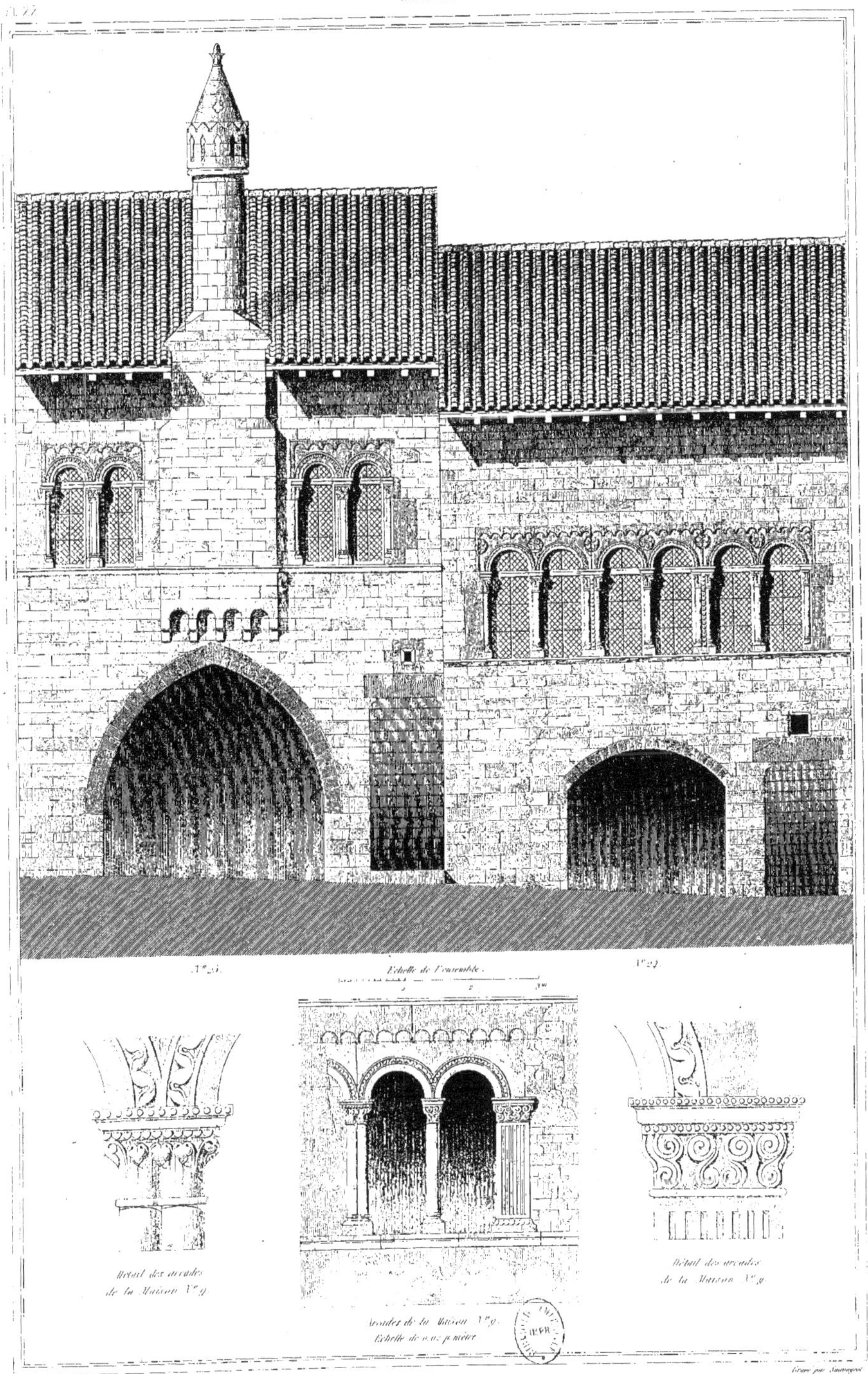

MAISONS À CLUNY

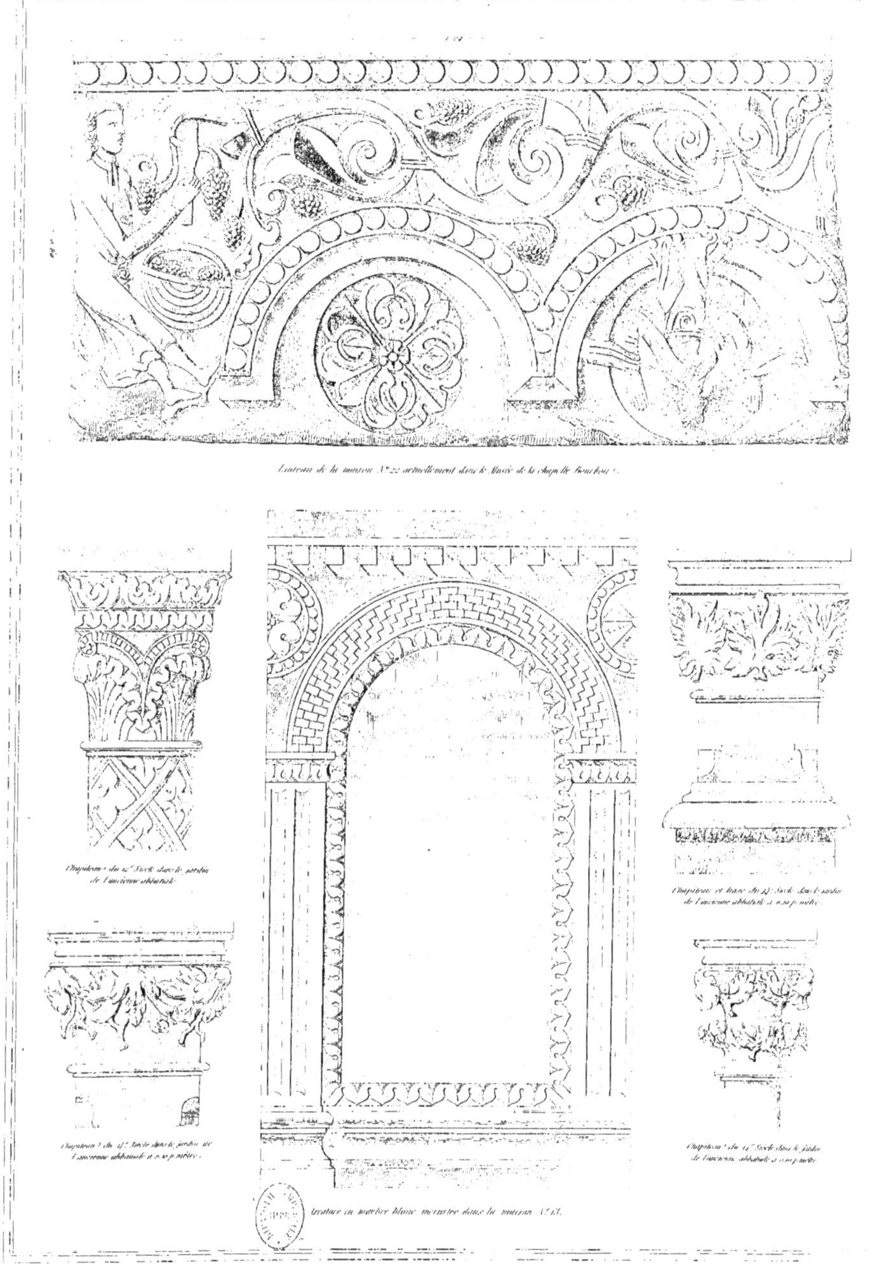

DÉTAIL DES MAISONS DE CLUNY

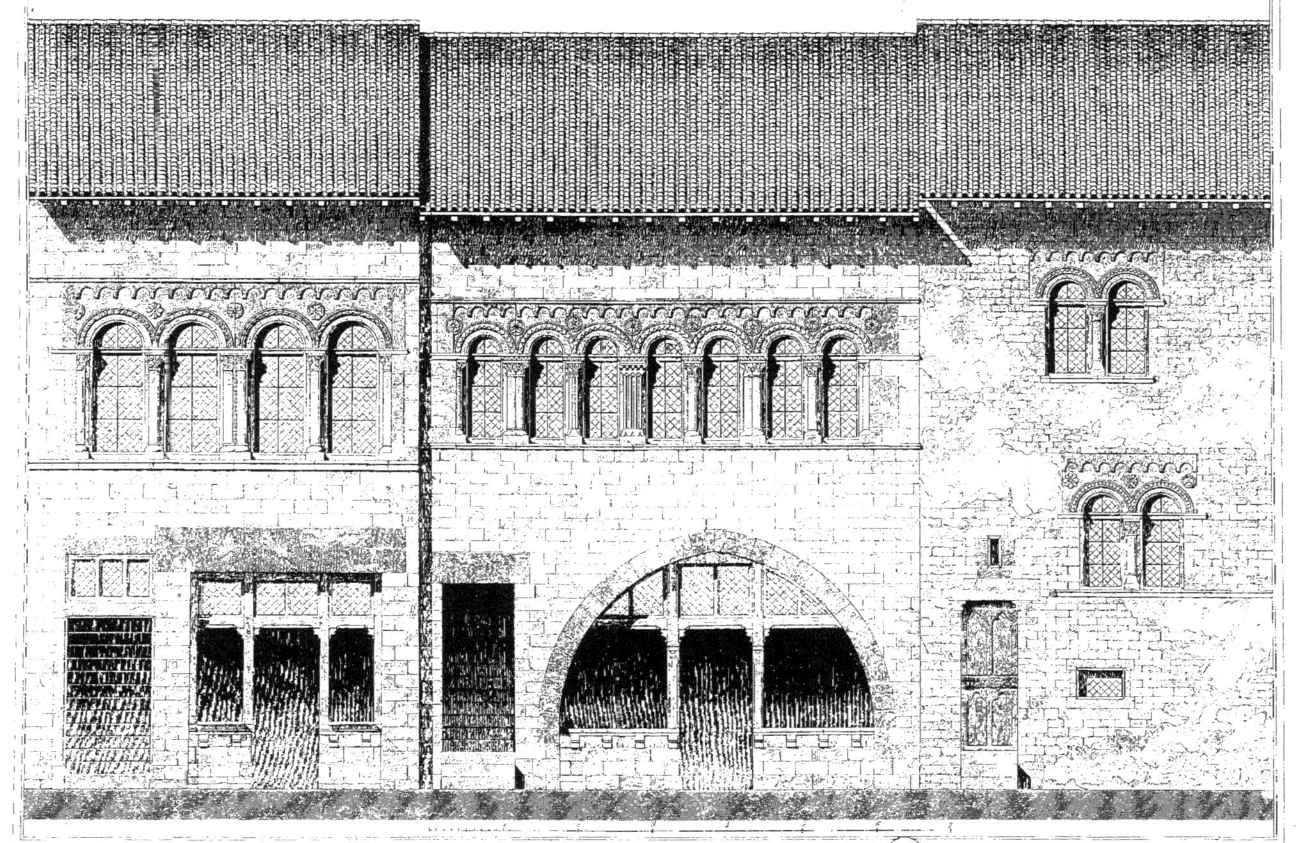

MAISONS À CLUNY

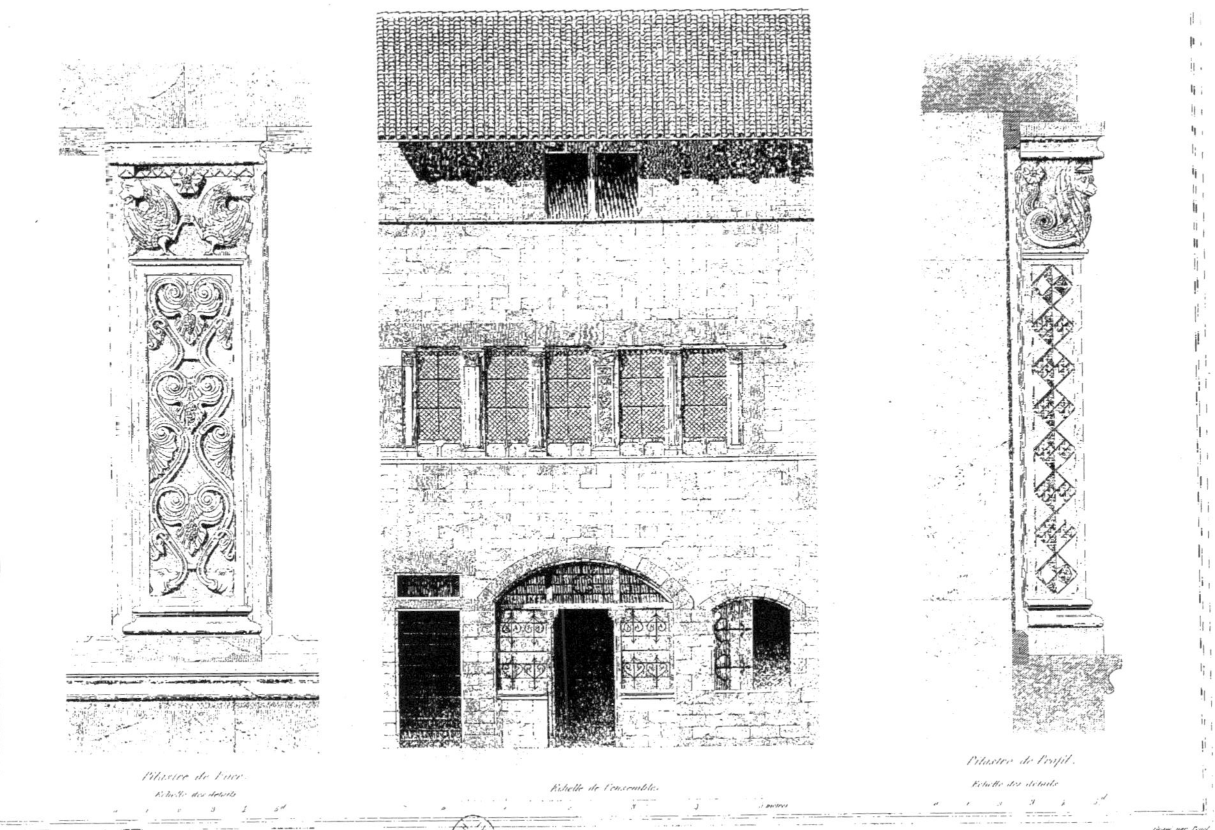

MAISON À CLUNY

FRANCE

XII.e Siècle.

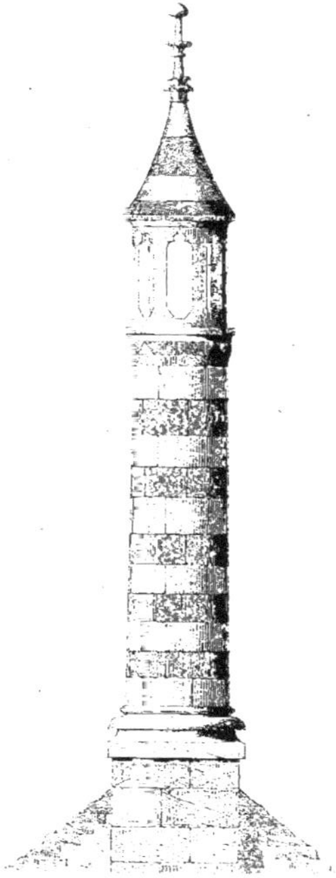

TUYAU DE LA CHEMINÉE DU PUY

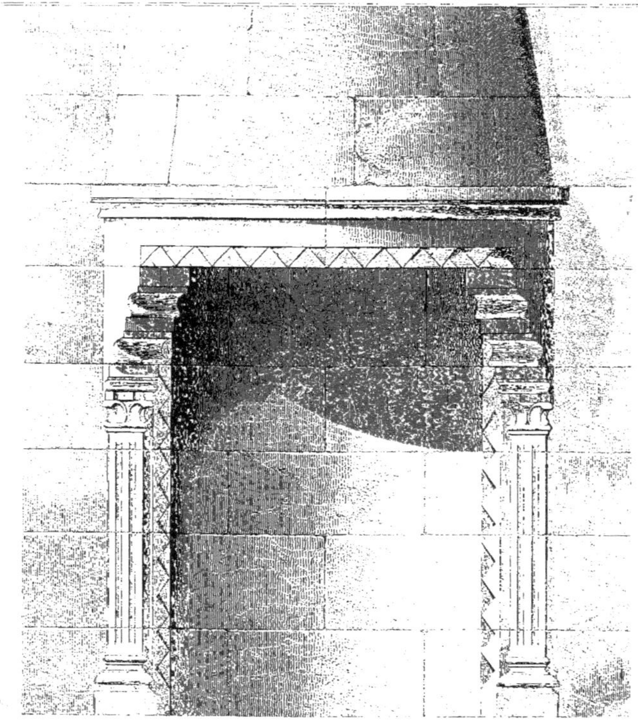

CHEMINÉE AU PUY
(Haute Loire)
Echelle de 0.03 p. mètre.

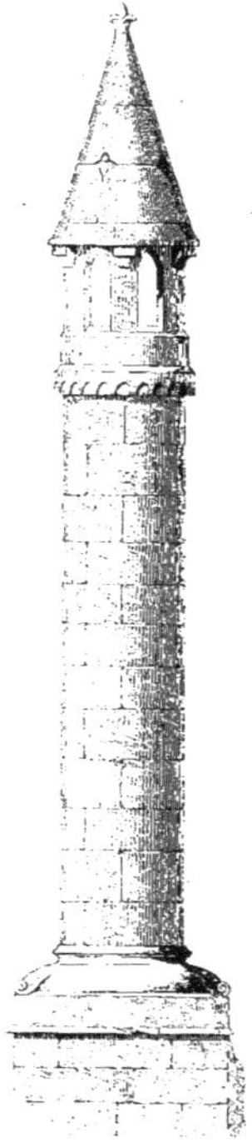

CHEMINÉE DE L'ABBAYE DE MORLAC (Cher)

Dessiné par Verdier.

Gravé par Pend.

Imprimé par A. Rollet Quai de la Tournelle 35, Paris.

Déposé chez Victor Didron 23 r. Hautefeuille, Paris.

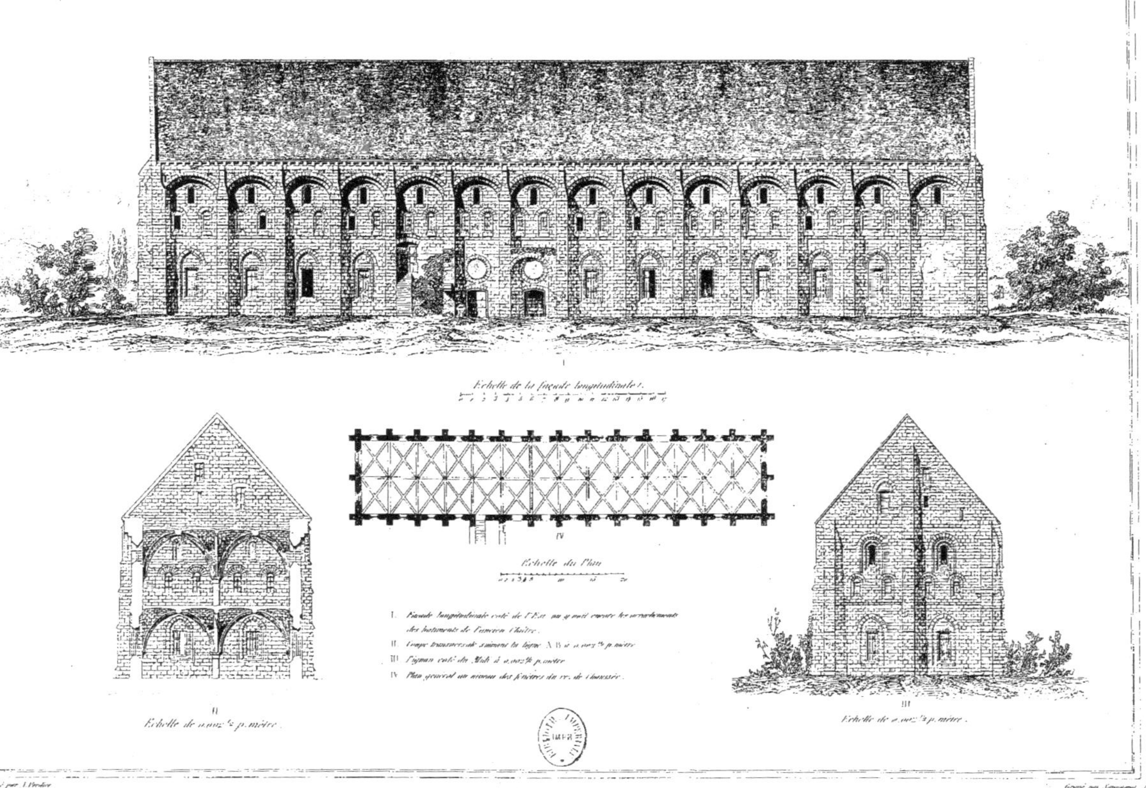

FRANCE
du XIIe Siècle
I
Echelle de la façade longitudinale.
IV
Echelle du Plan
II
Echelle de o,ooz½ p. mètre.
III
Echelle de o,oo²⁵ p. mètre.
I. Façade longitudinale coté de l'Est, ou se voit encore les soubassements des bâtiments de l'ancien cloître.
II. Coupe transversale suivant la ligne A B à o,oo²⁵ p. mètre.
III. Pignon coté du Midi à o,oo²⁵ p. mètre.
IV. Plan général au niveau des fenêtres du rez de chaussée.
Dessiné par L. Verdier.
Gravé par Sauvageot.
GRENIERS D'ABONDANCE DE L'ABBAYE DE VAUCLAIR
(AISNE)
Imprimé par L. Boilet, Quai de la Tournelle 35 Paris.
Chez Victor Didron 23 rue Hautefeuille Paris.

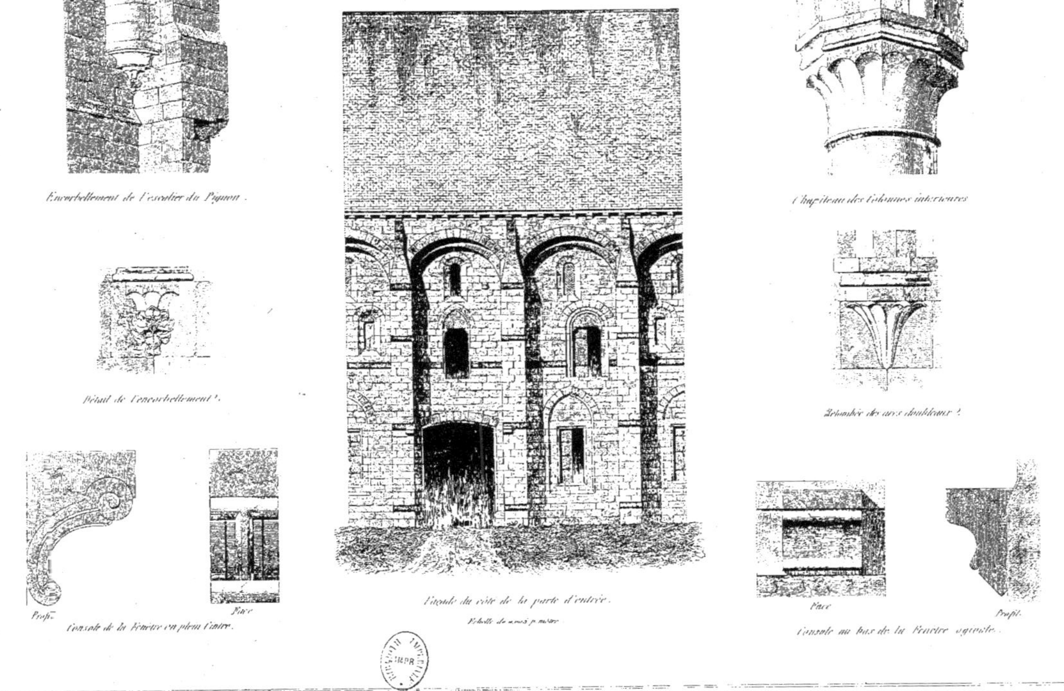

Dessiné par J.Verdier.   Gravé par Sauvageot.

GRENIERS D'ABONDANCE DE L'ABBAYE DE VAUCLAIR
(AISNE)

Imprimé par L.Bodher Passage de la Tournelle,35 Paris.   Chez Victor Dalmont 49 rue Bonaparte Paris.

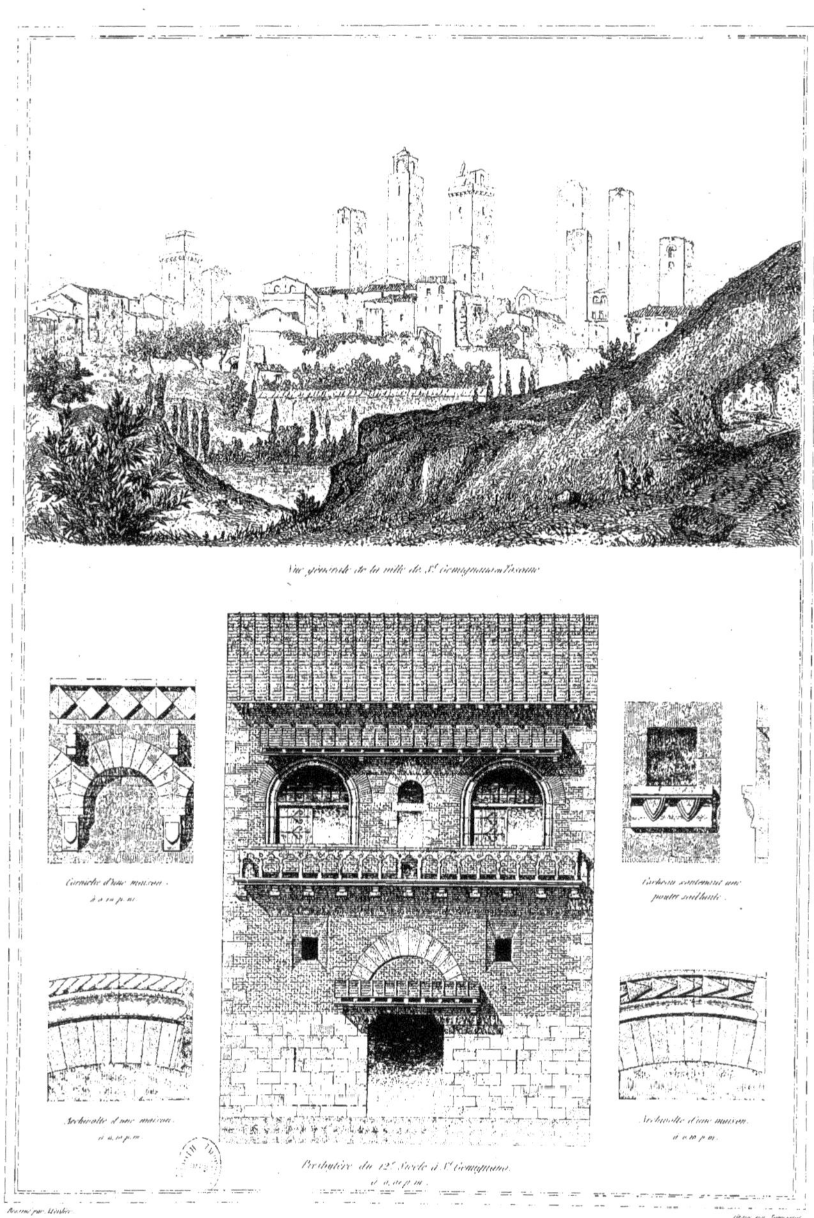

VUE GÉNÉRALE, PRESBYTÈRE ET DÉTAILS DE MAISONS

A St GEMIGNANO en TOSCANE

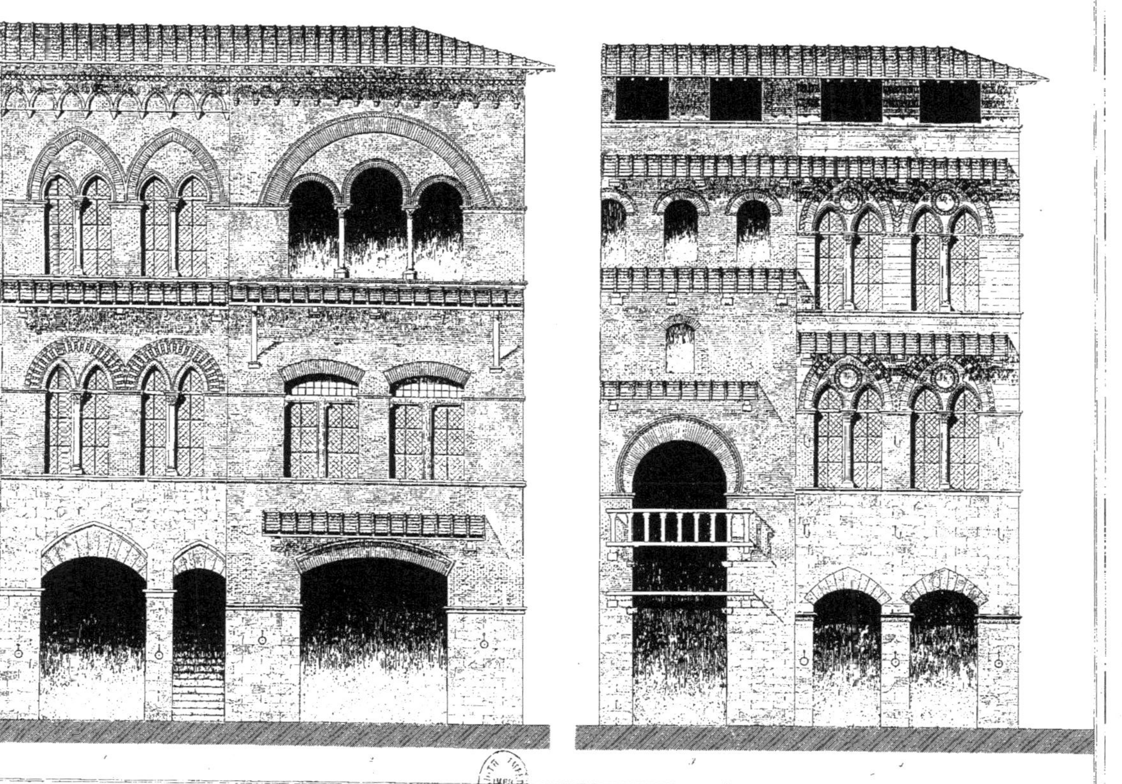

ITALIE
MAISONS À ST GIMIGNANO EN TOSCANE

Architrave de la maison C

Corniche au-dessous de la Loggia de la maison B

Imposte des fenêtres de la Loggia de la maison B

Archivolte d'une maison

Claveaux de l'arc intérieur de la maison B

Claveaux des arcades du 1ᵉʳ étage maison A

1ᵉʳ étage maison D, corniche et claveaux de l'arcade ogivale

2ᵉ étage maison D, corniche au-dessous des fenêtres

Maison D rez-de-chaussée, ornement de l'imposte

Maison D, arcltes au 1ᵉʳ étage

Dessiné par Aymar Verdier   Gravé par V. Petit

MAISONS À St GEMIGNANO
Ornements en terre cuite ... à 0,0⁴ P. M.

Imprimé par F. Chardon, Rue Hautefeuille, Paris   Publié par Victor Didron, Rue Saint-Gilles, Paris

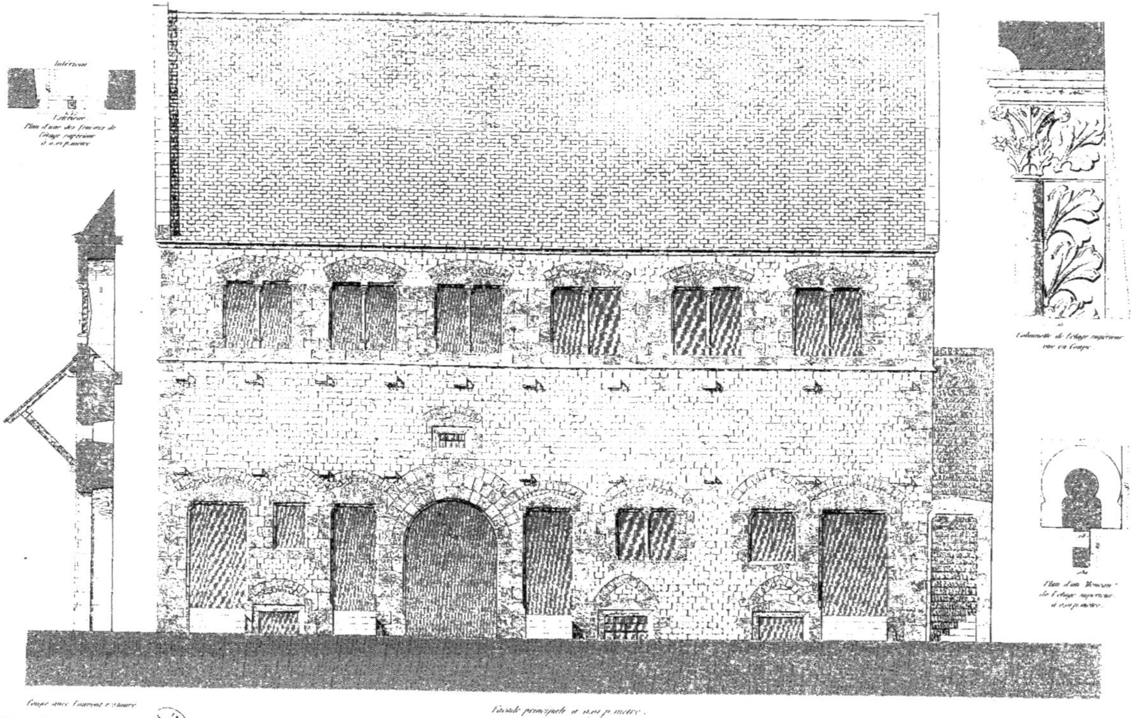

Intérieur

Extérieur

Plan d'une des fenêtres de l'étage supérieur et coupe au mur

Colonnette de l'étage supérieur vue en Coupe

Plan d'un Trumeau de l'étage supérieur et coupe au mur

Coupe avec l'auvent à gauche

Façade principale et coupe p. mètre.

Dessiné par A. Verdier

Gravé par Le Coq

GRANGE AUX DIMES À PROVINS

Seine et Marne

Imprimé par A. Bailly, Quai de la Tournelle, 35, Paris

Chez César Pidoux, 23, r. Hautefeuille, Paris

118

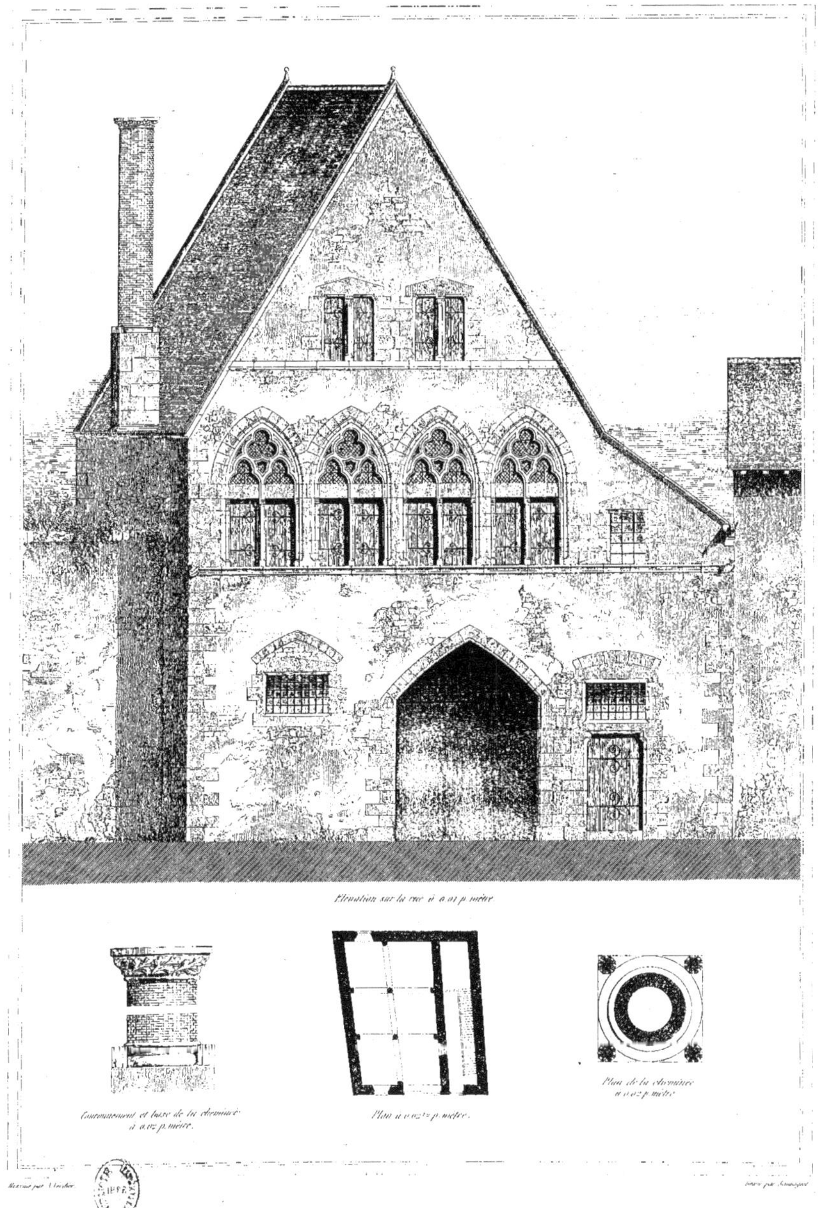

HOTEL VAULUISANT À PROVINS

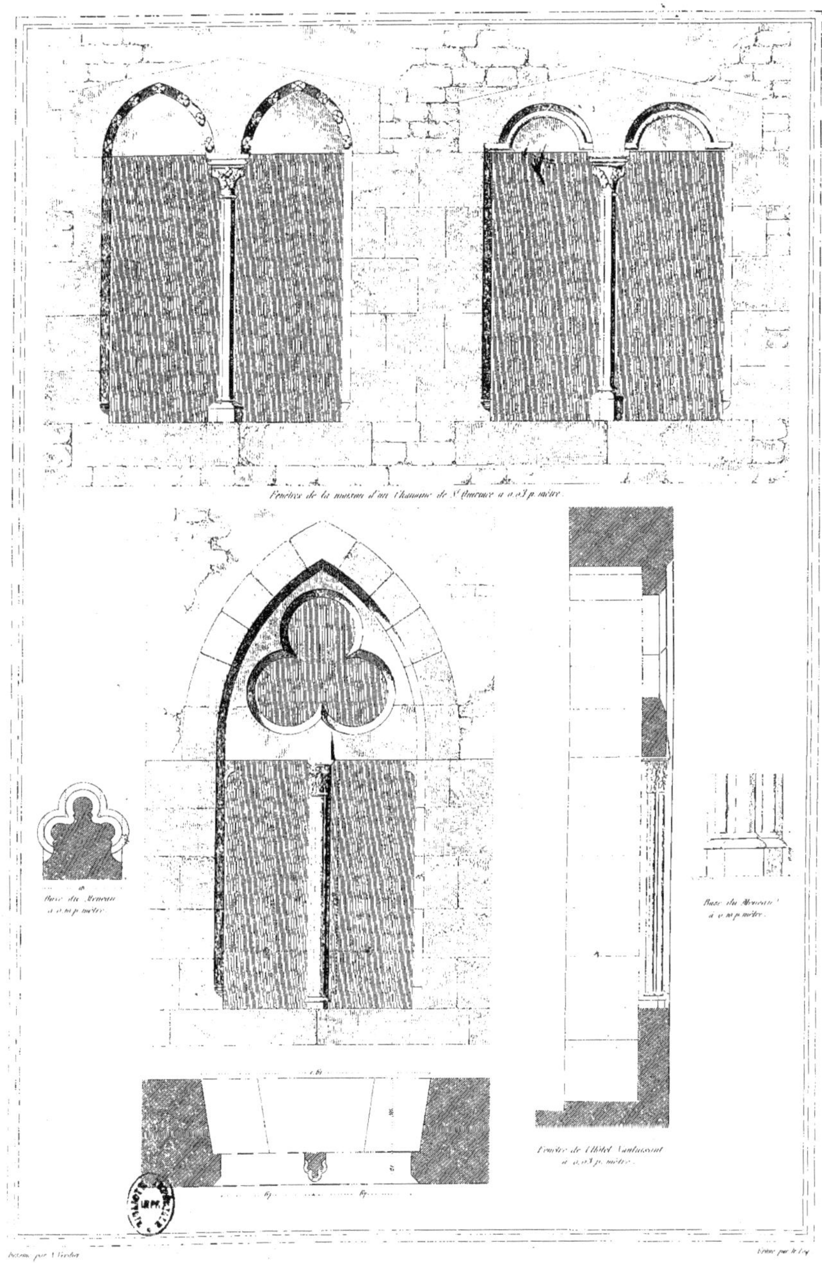

Dessiné par V. Nicolas.

DÉTAILS DES MAISONS DE PROVINS

Imprimé par L. Rollier, Quai de la Tournelle 21, Paris.

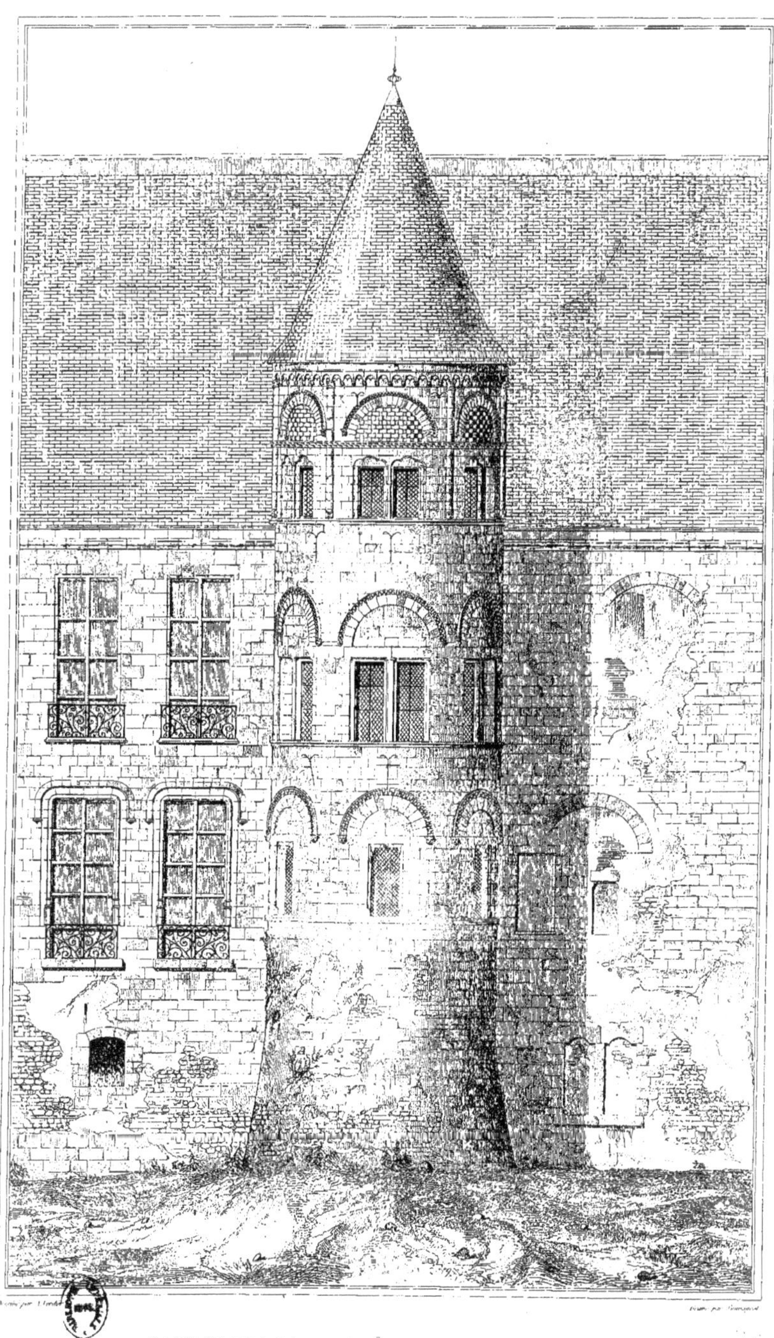

TOURELLE DU PALAIS ÉPISCOPAL DE BEAUVAIS

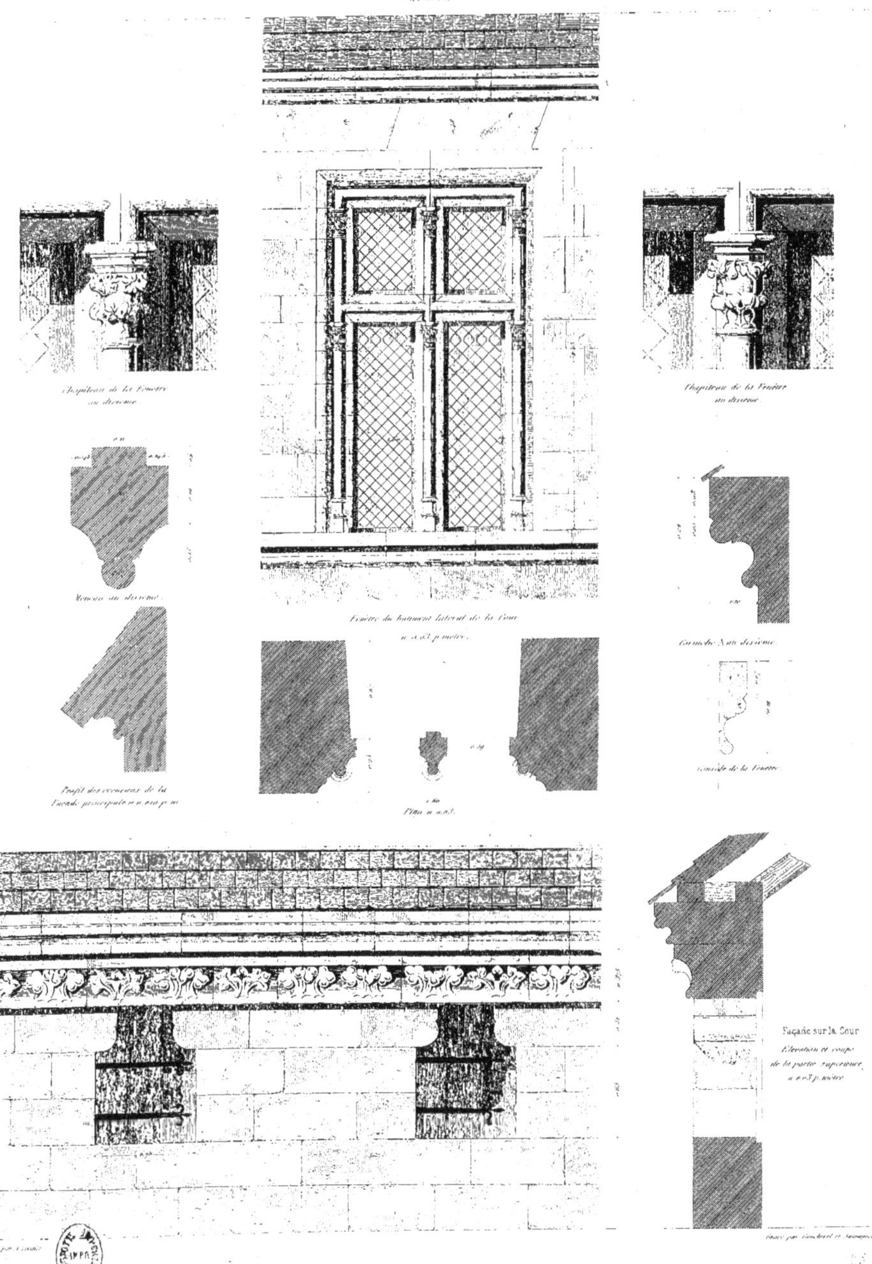

PALAIS ÉPISCOPAL DE BEAUVAIS

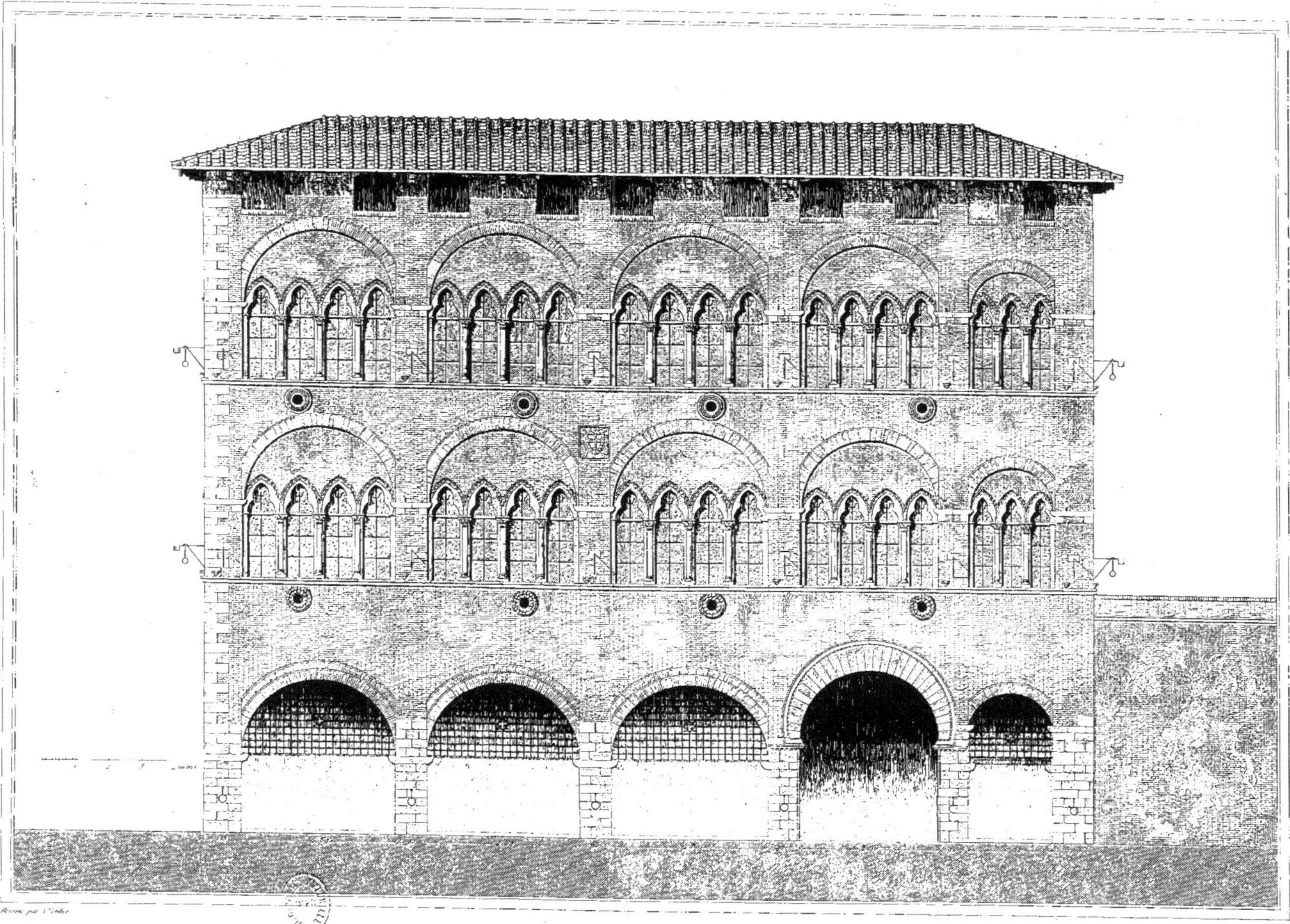

PALAIS GUINIGI À LUCQUES

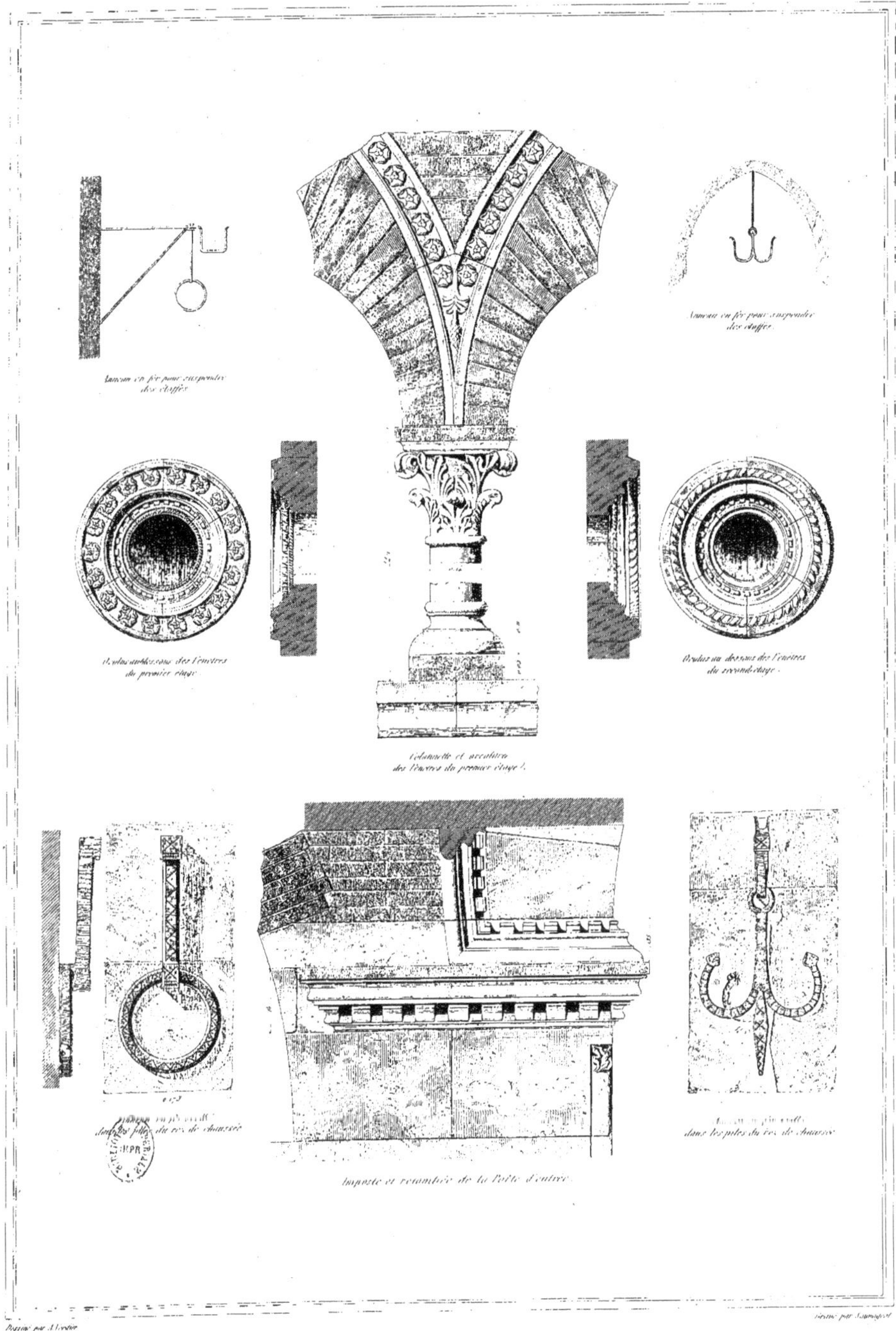

PALAIS GUINIGI
à LUCQUES

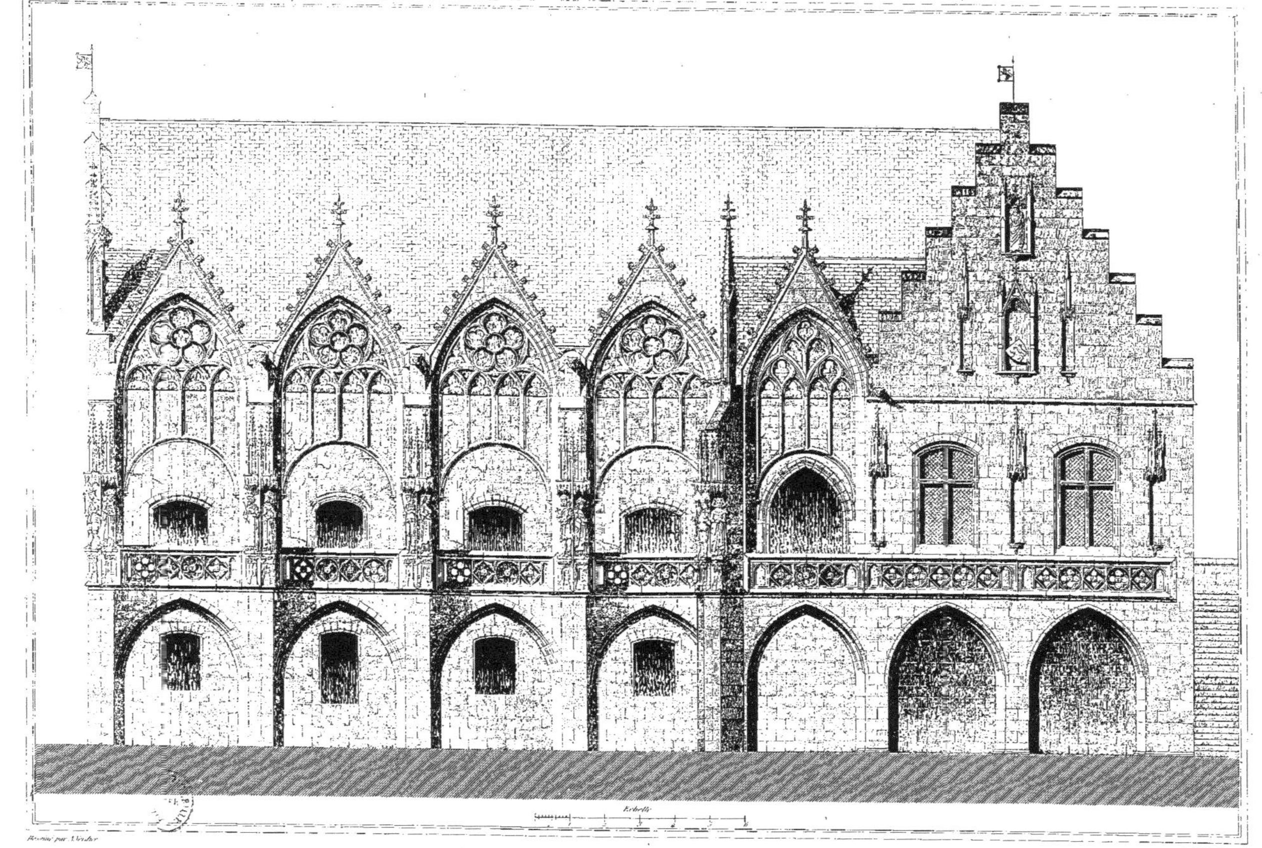

HOTEL DE VILLE DE BRUNSWICK

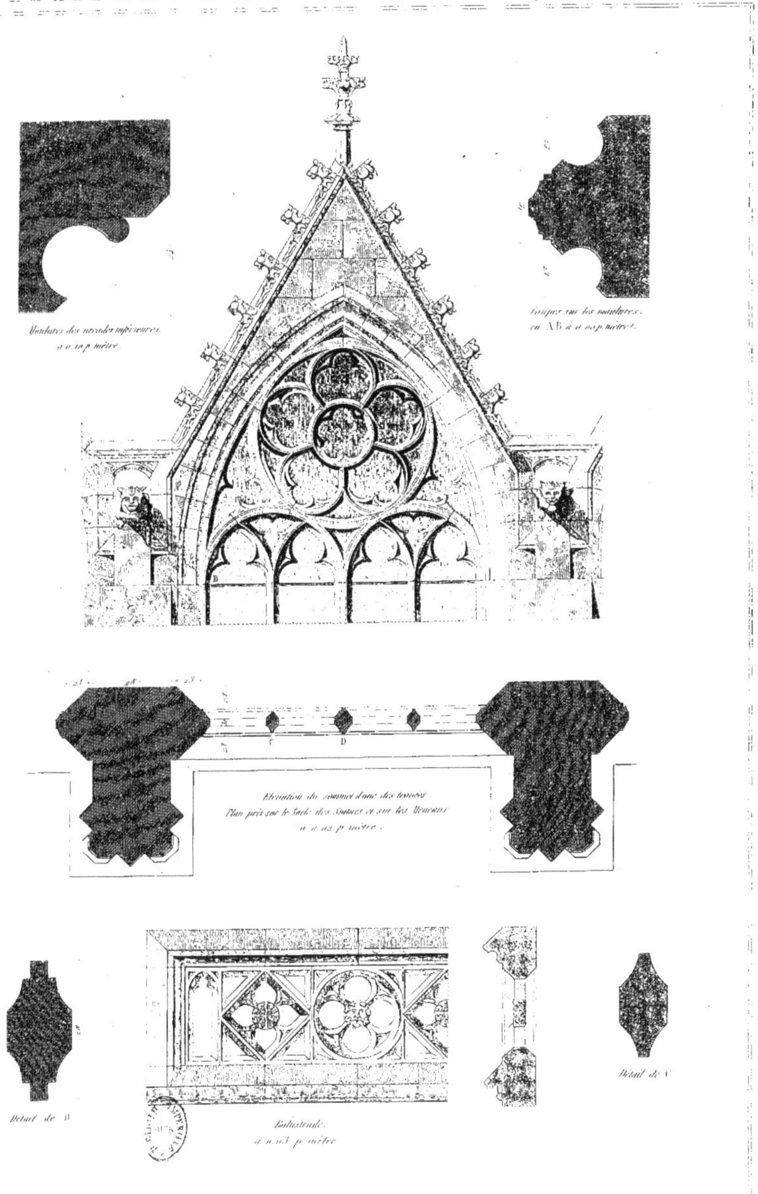

HOTEL DE VILLE DE BRUNSWICK

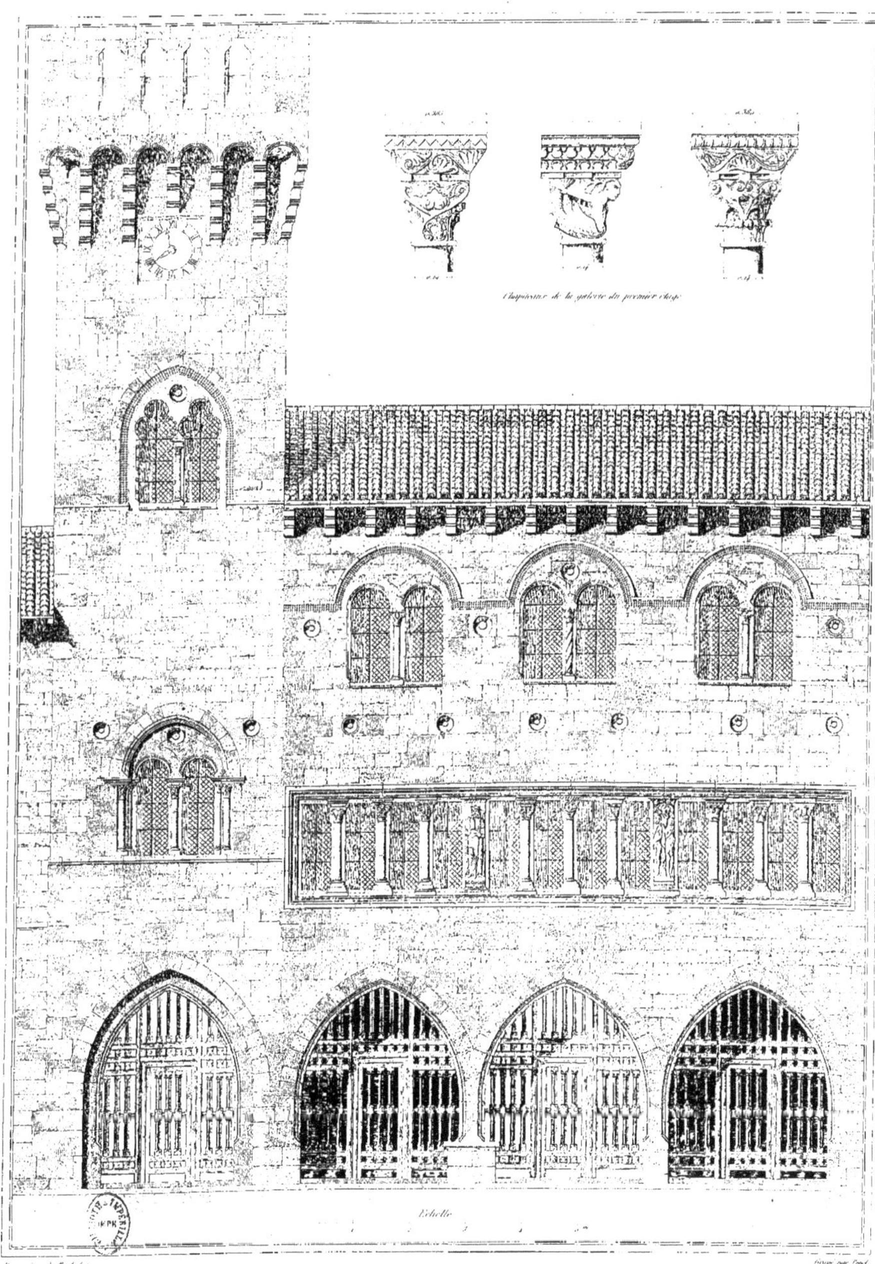

HOTEL DE VILLE DE St ANTONIN

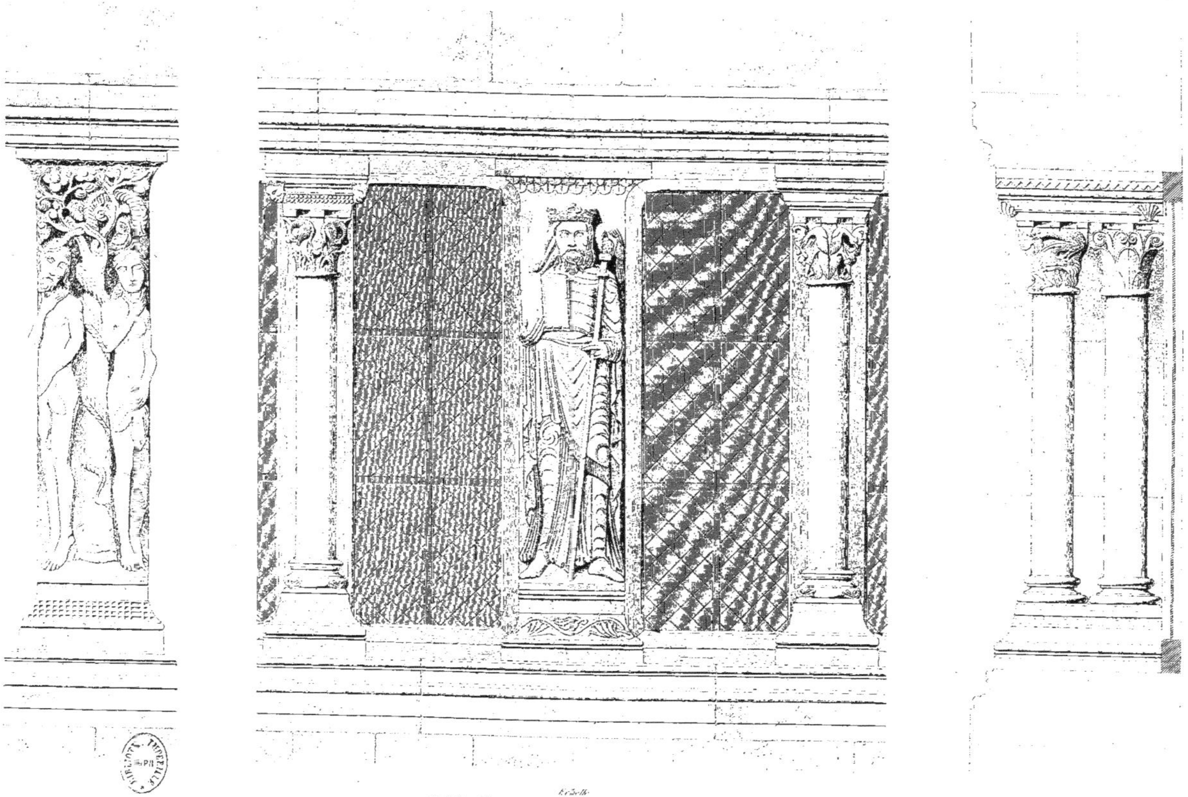

HOTEL DE VILLE DE St ANTONIN.

Tarn et Garonne

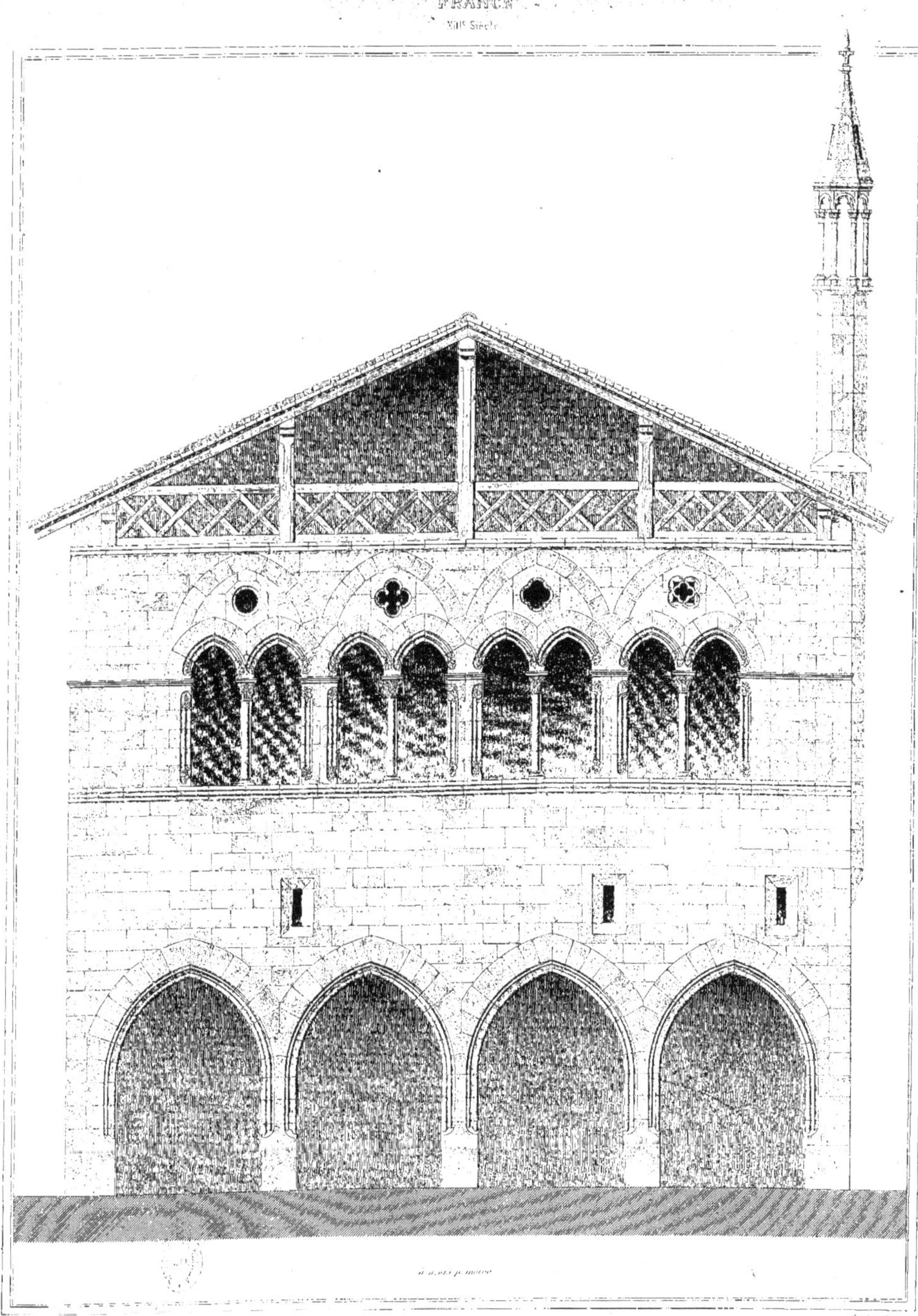

MAISON À CLUNY.

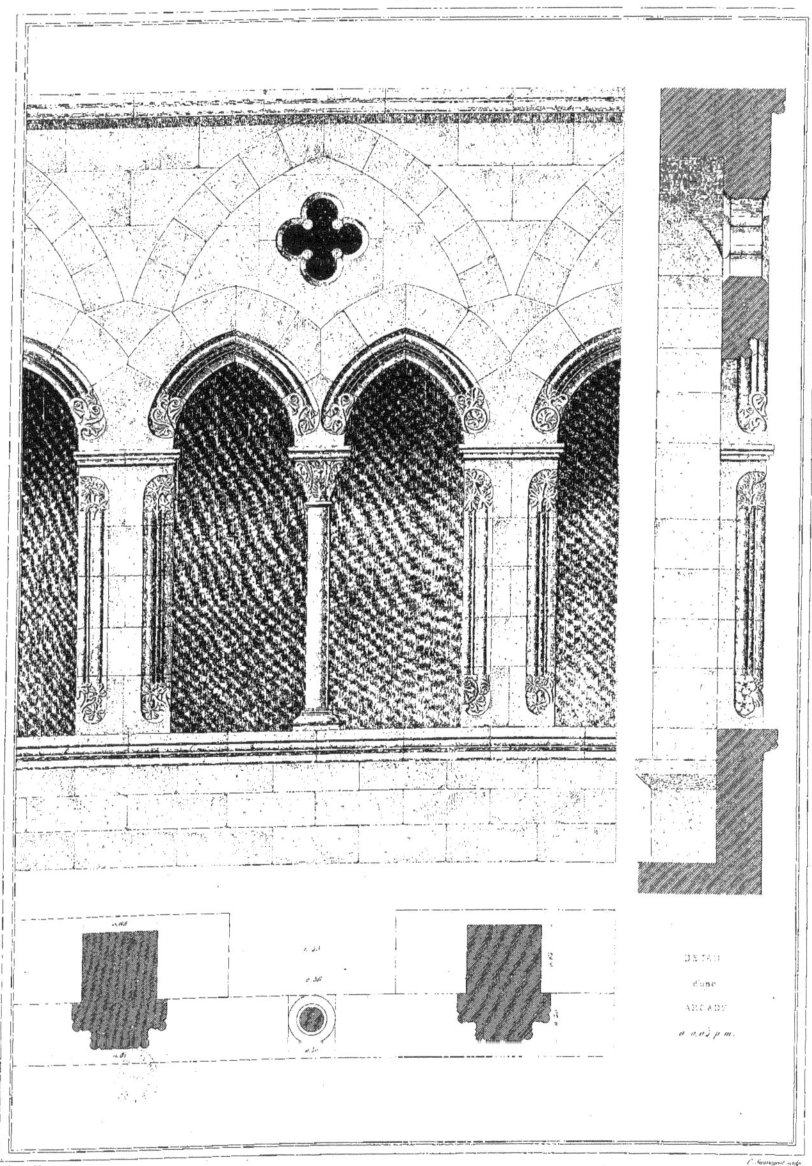

MAISON À FIGEAC, LOT.

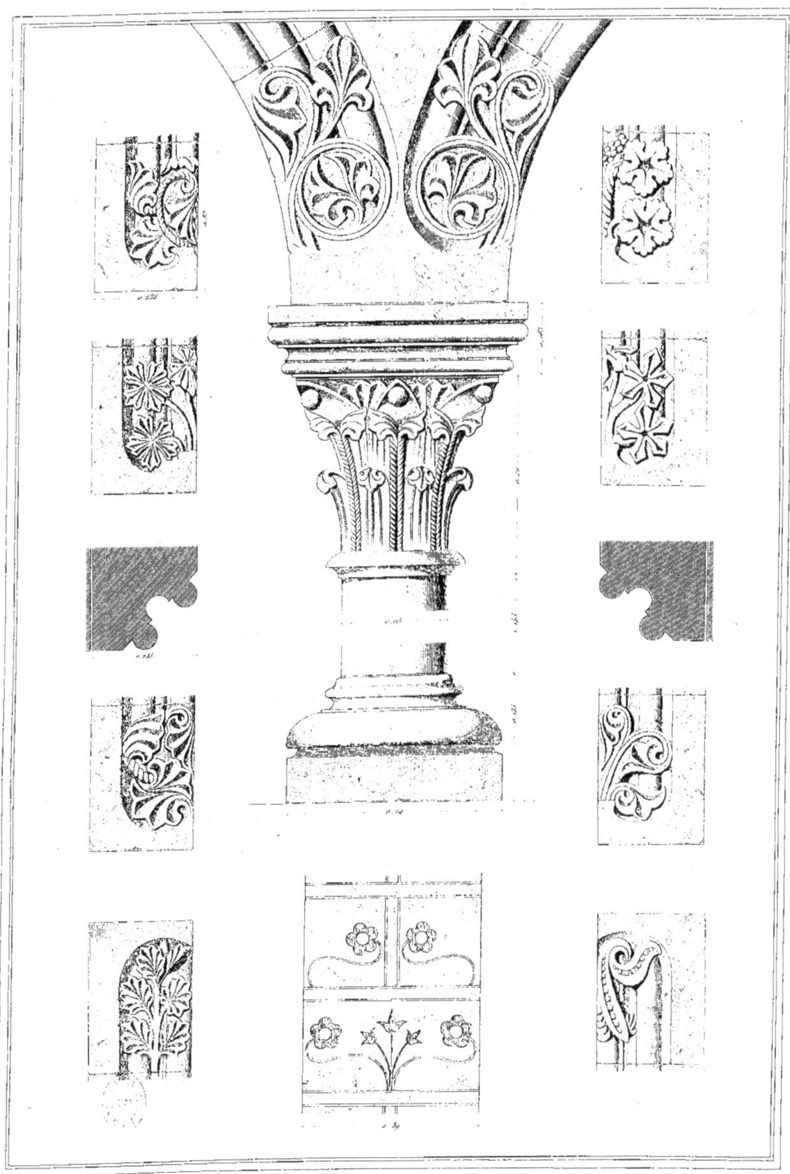

MAISON À FIGEAC.
Détails

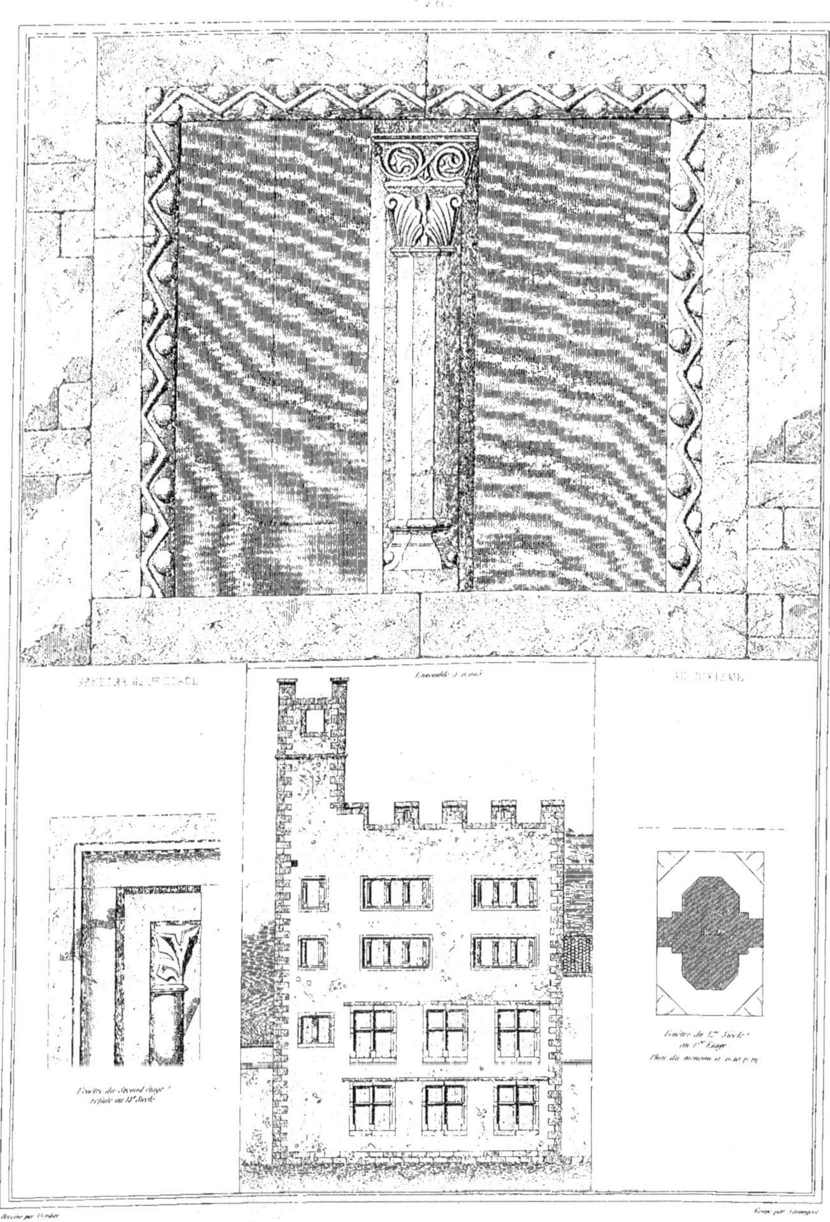

MAISON RUE DES TRINITAIRES À NIORT.

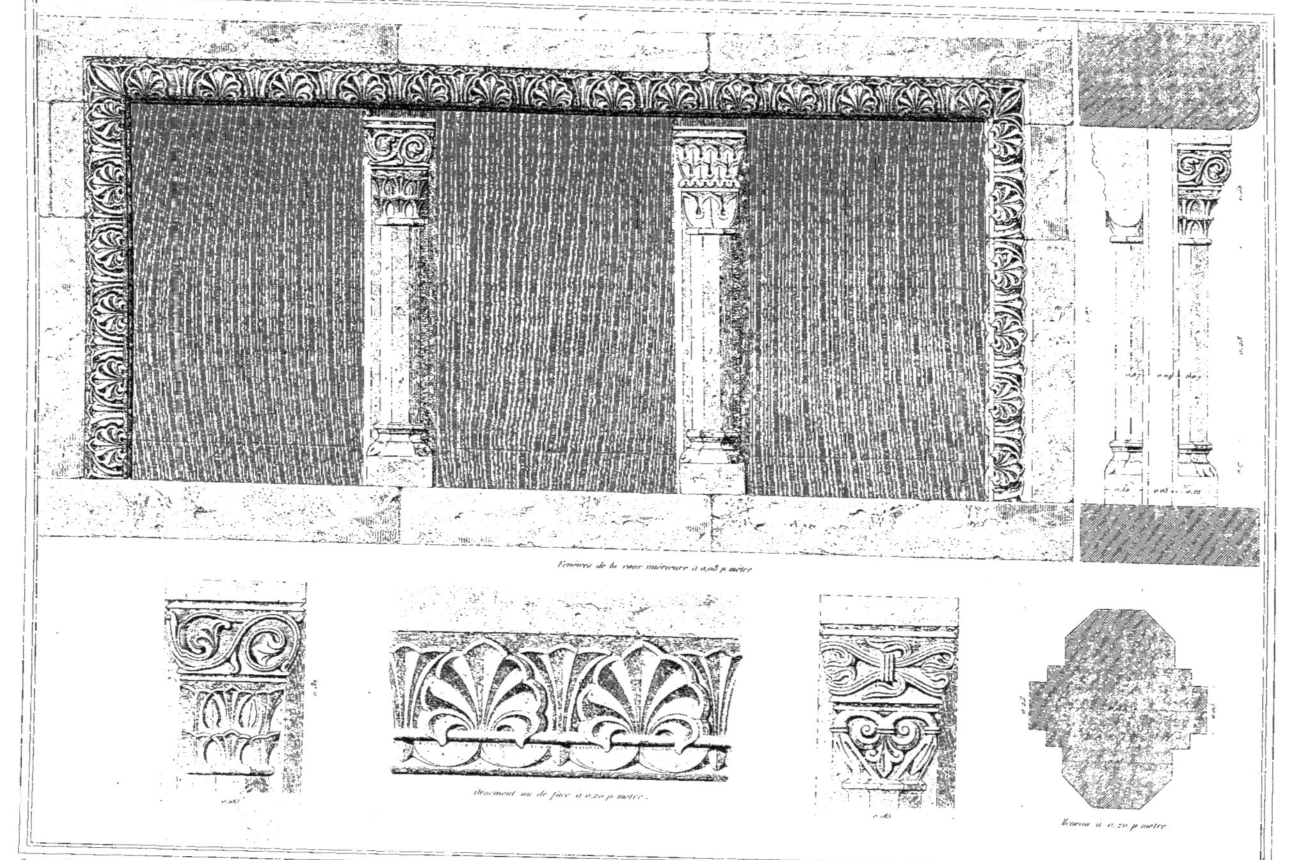

MAISON RUE DES TRINITAIRES À METZ.

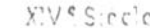

HOTEL DE VILLE DE MUNSTER

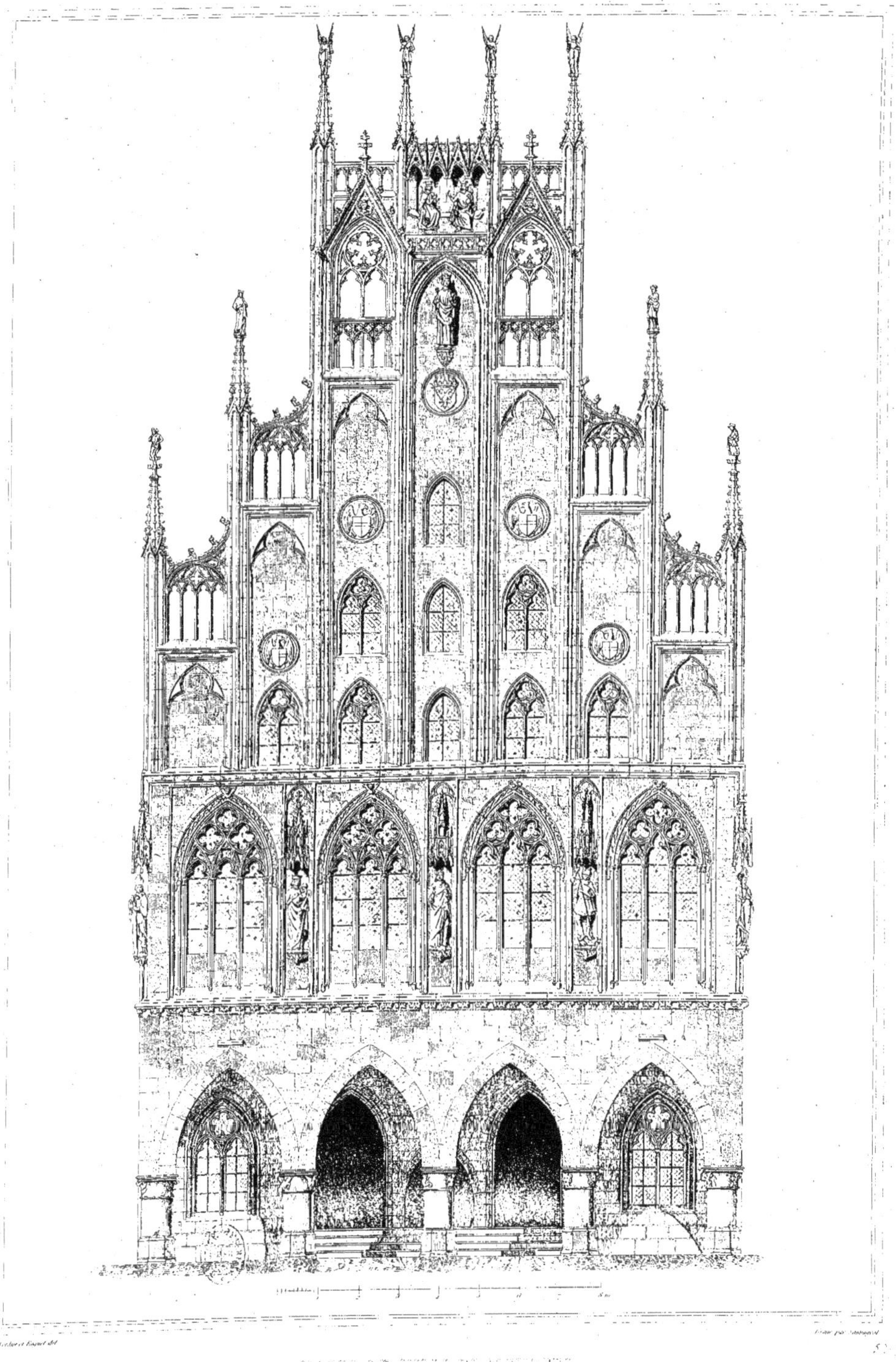

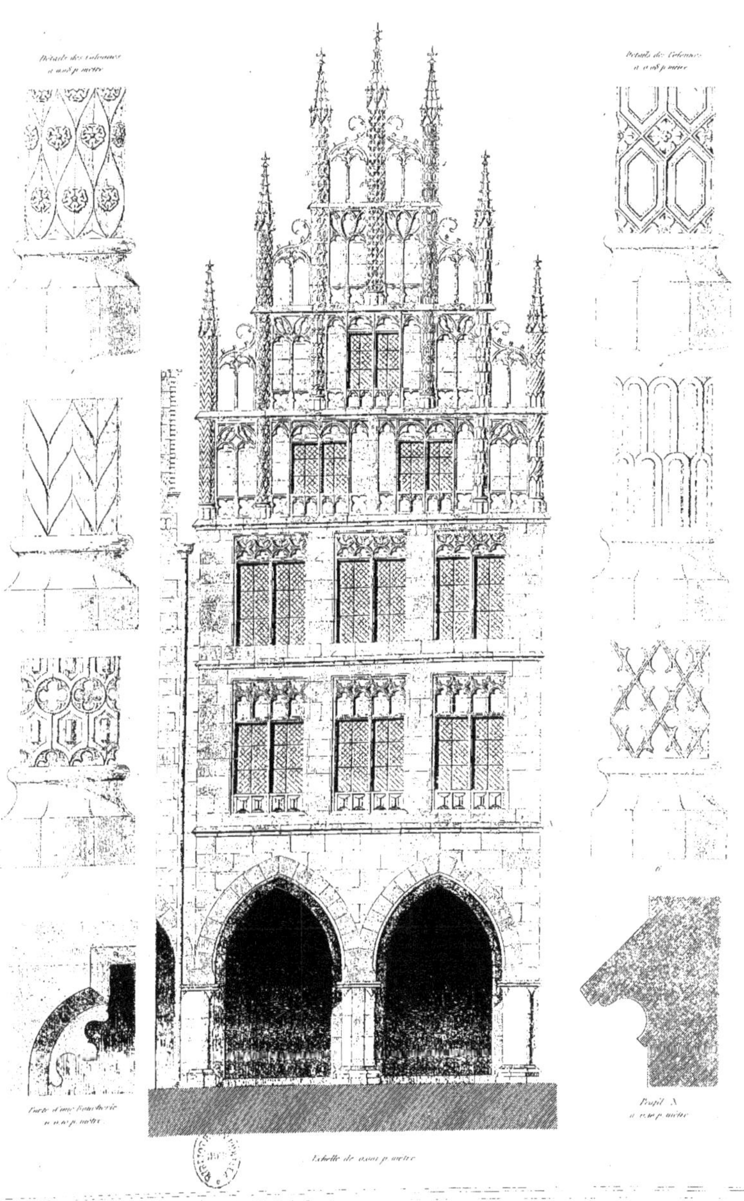

MAISON À MUNSTER.

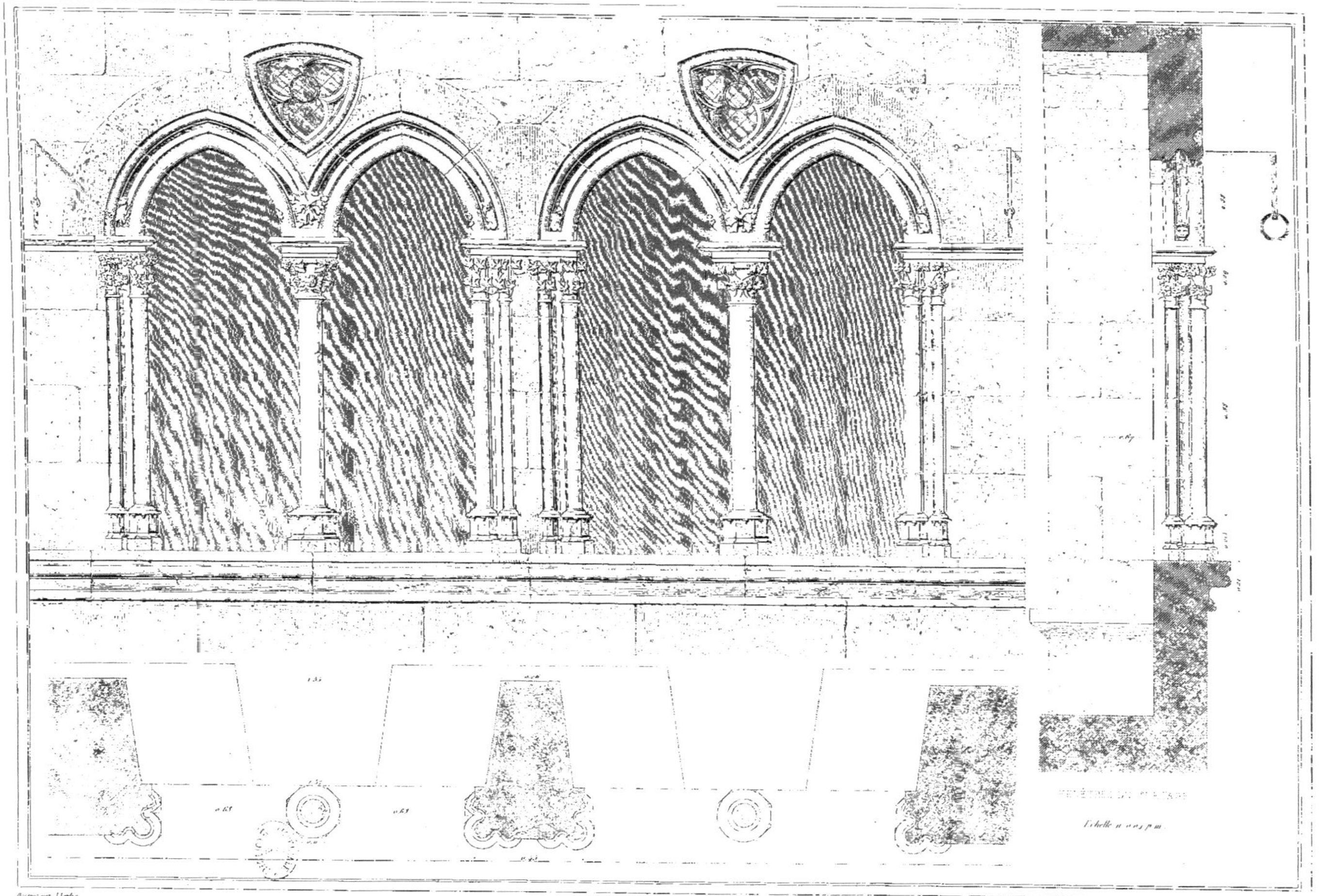

MAISON DU GRAND ÉCUYER À CORDES, TARN.

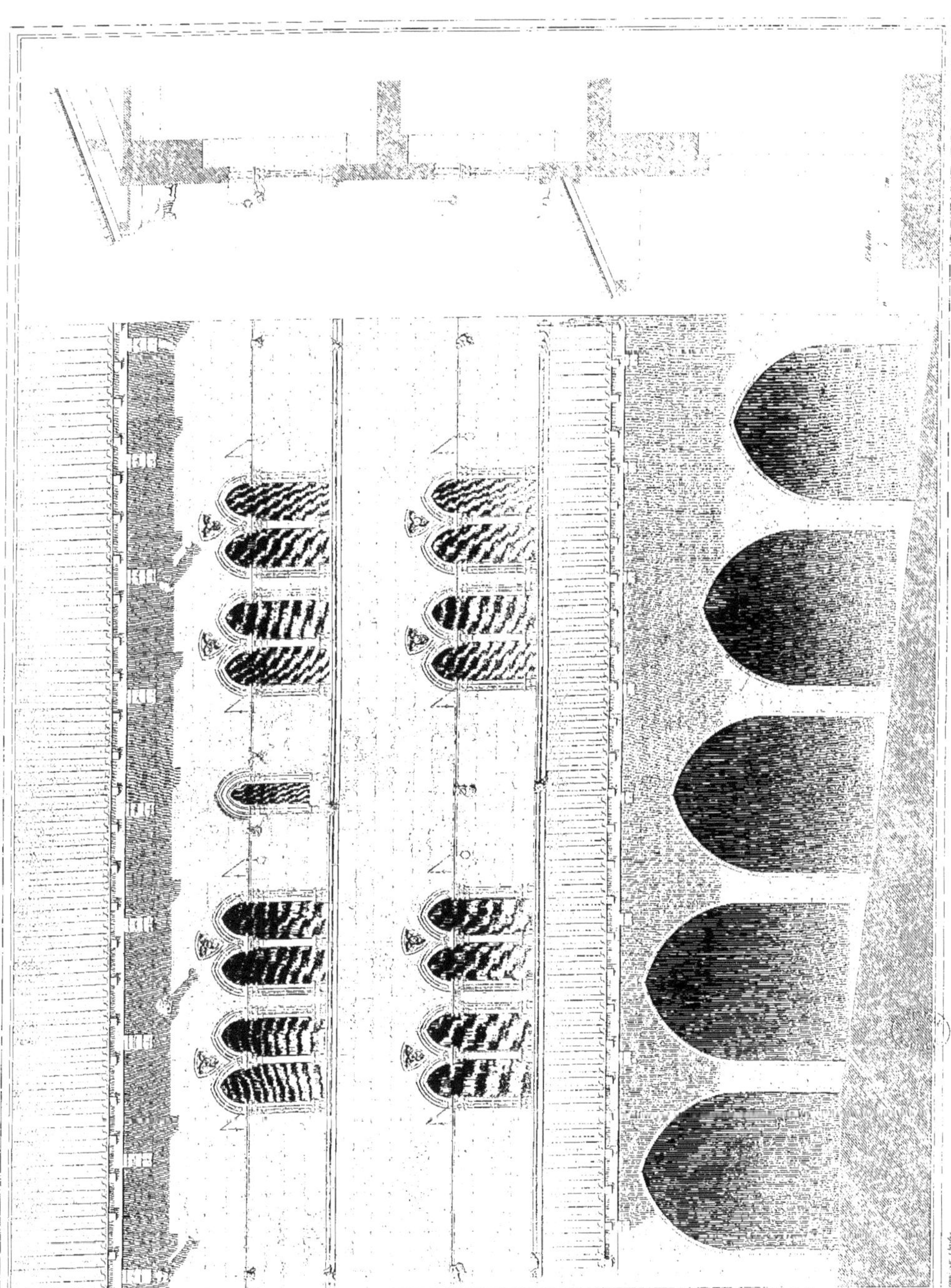

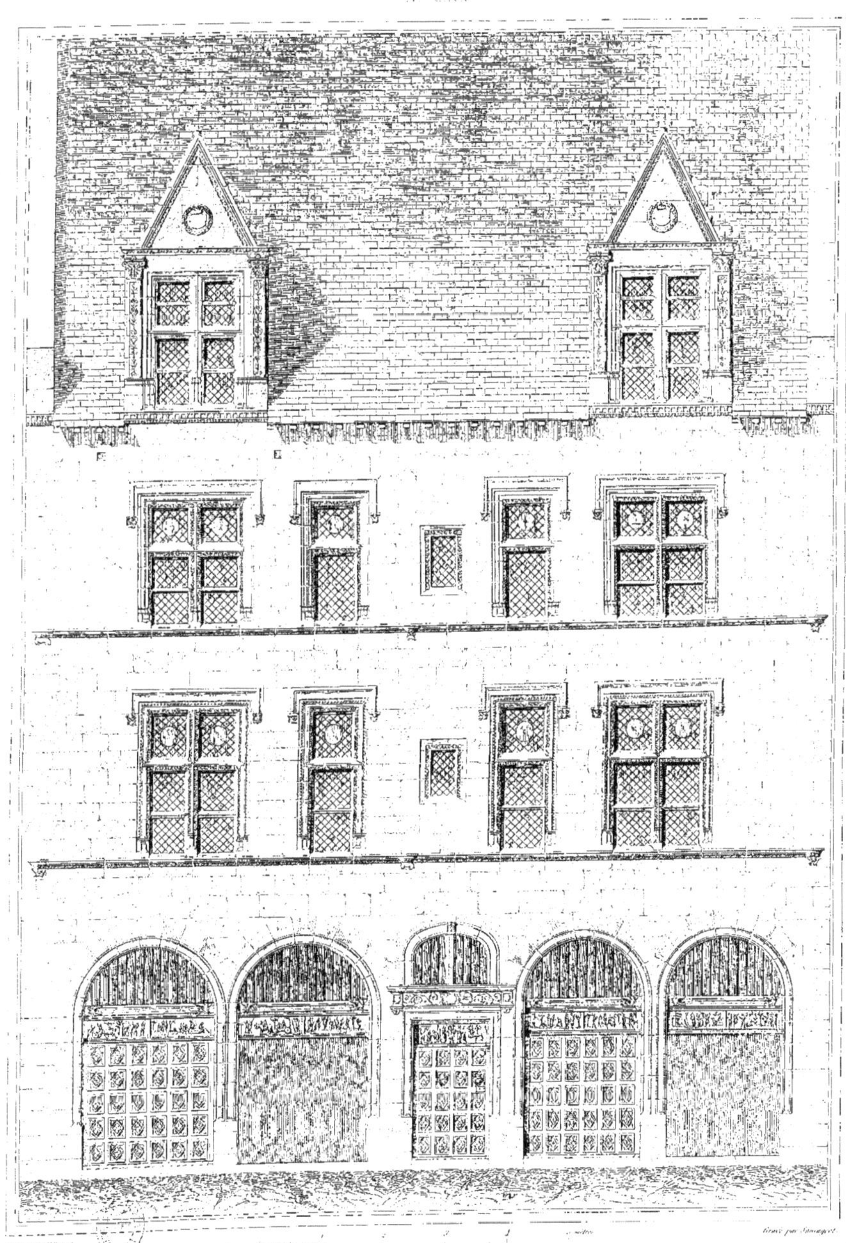

MAISON DITE D'AGNÈS SOREL À ORLÉANS

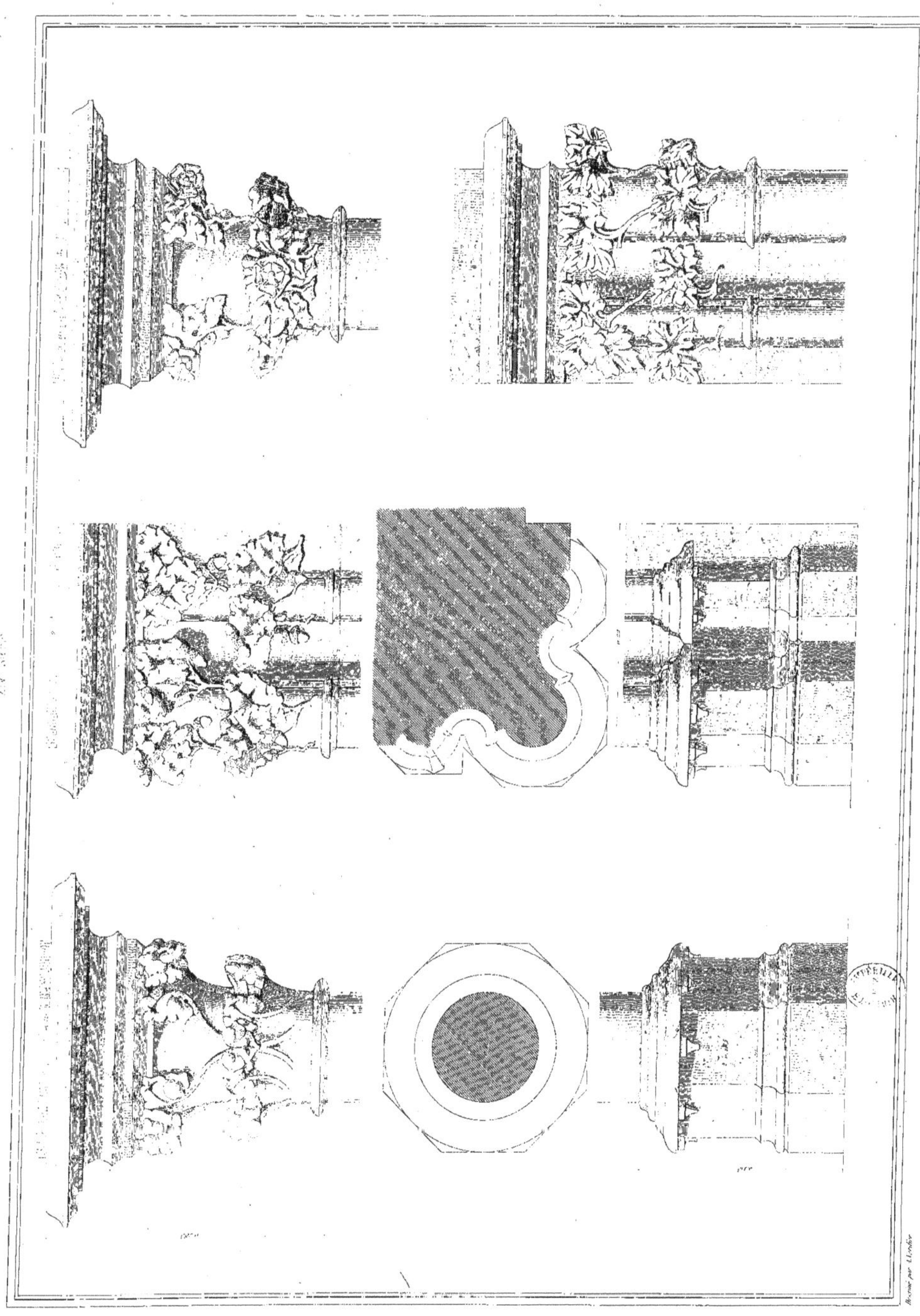

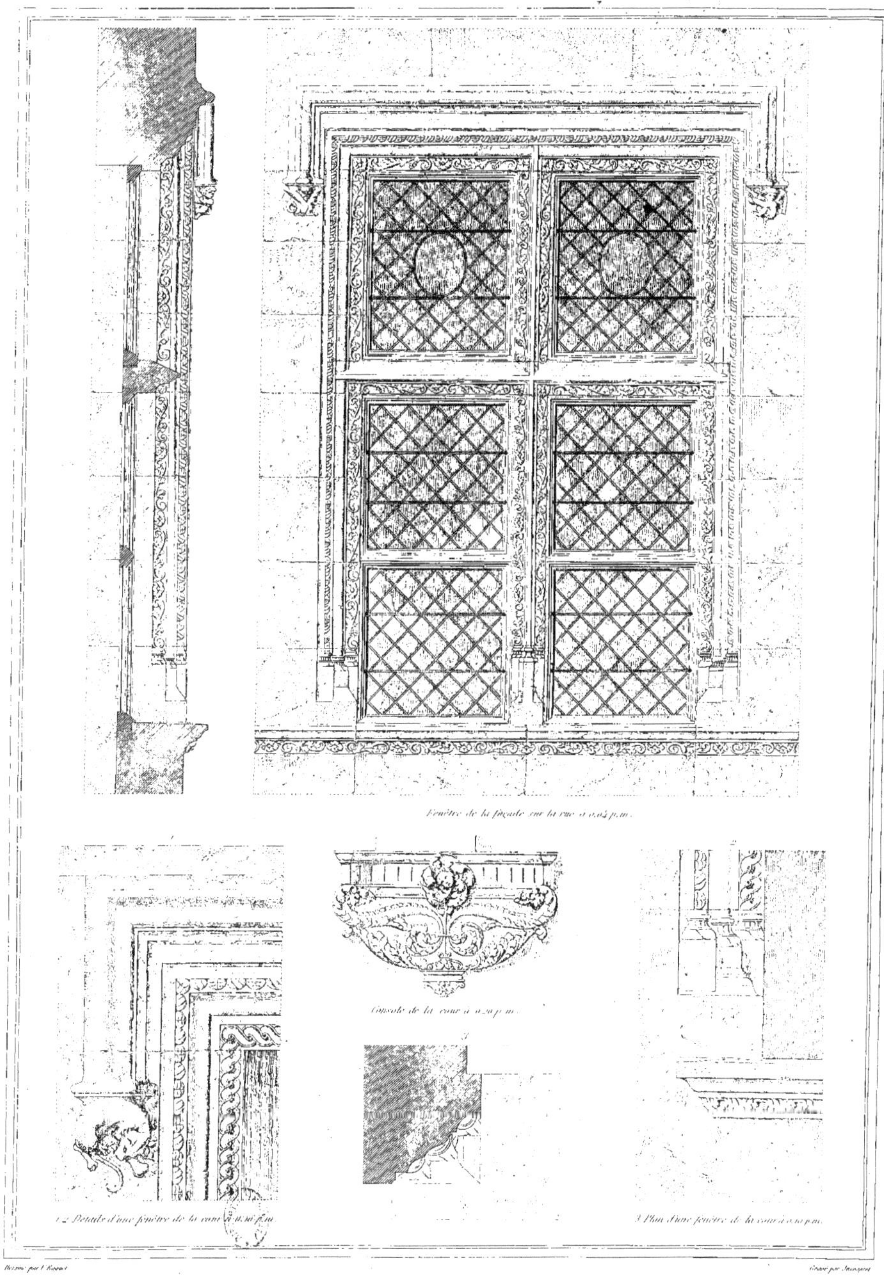

Fenêtre de la façade sur la rue à o.o5 p.m.

Console de la cour à o.5o p.m.

1.2 Détaile d'une fenêtre de la cour à o.5o p.m.

3 Plan d'une fenêtre de la cour à o.1o p.m.

Dessiné par F. Roguet

Gravé par Jacottet

MAISON DITE D'AGNÈS SOREL À ORLÉANS

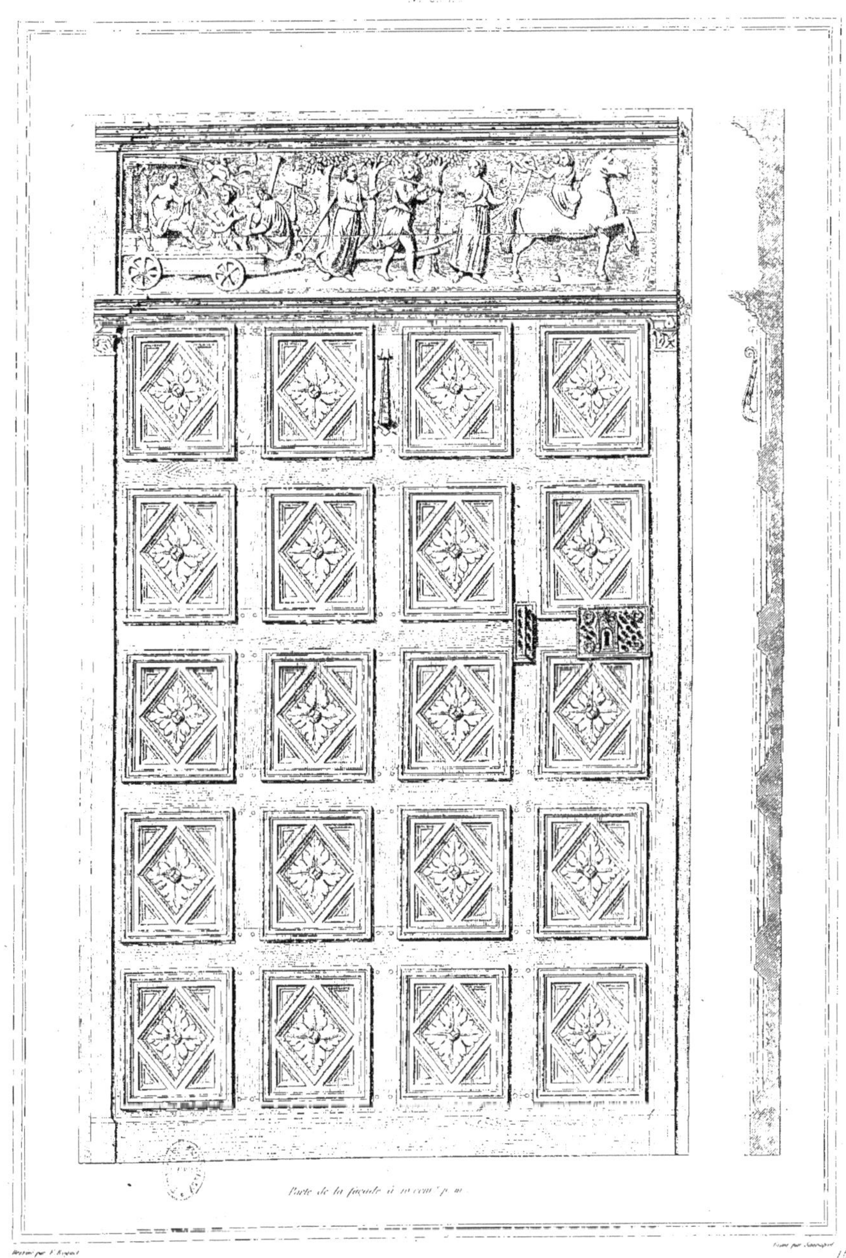

MAISON DITE D'AGNÈS SOREL À ORLÉANS

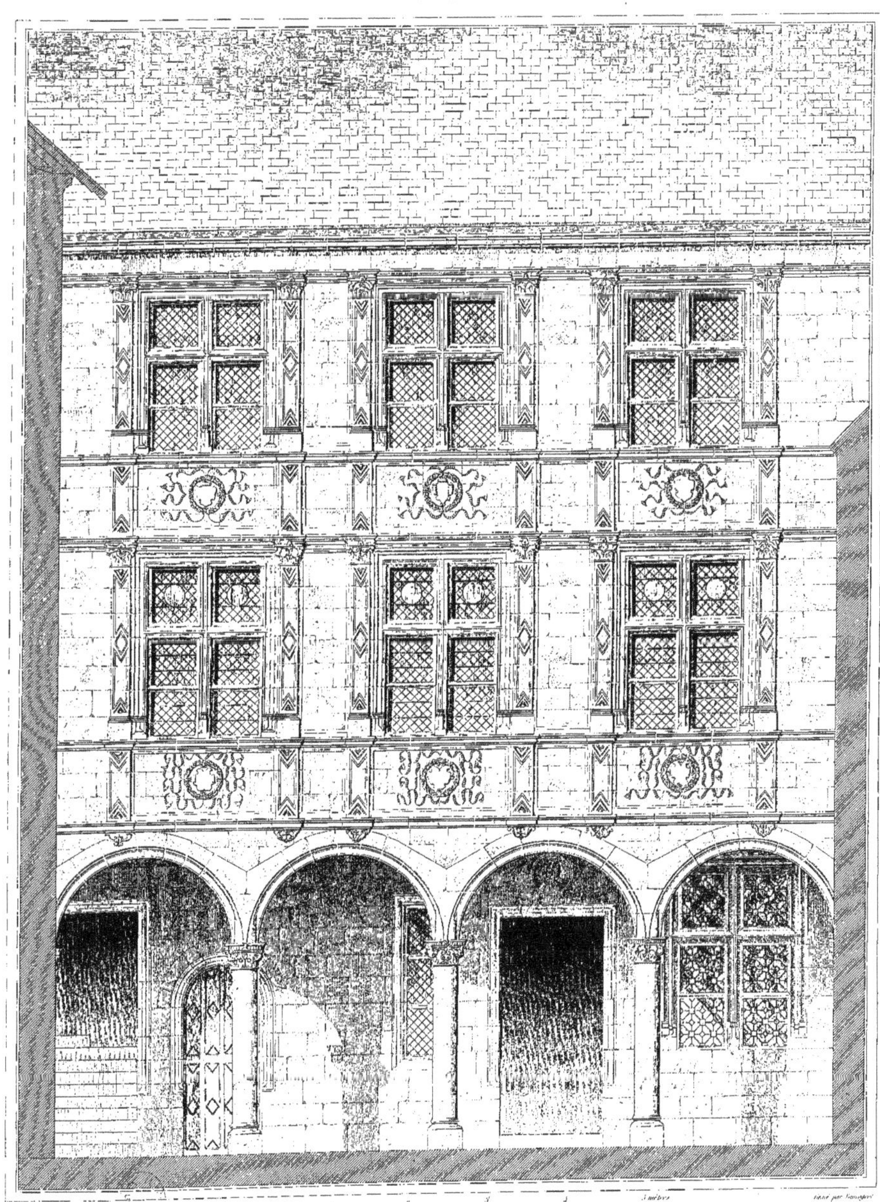

MAISON DITE D'AGNES SOREL À ORLÉANS

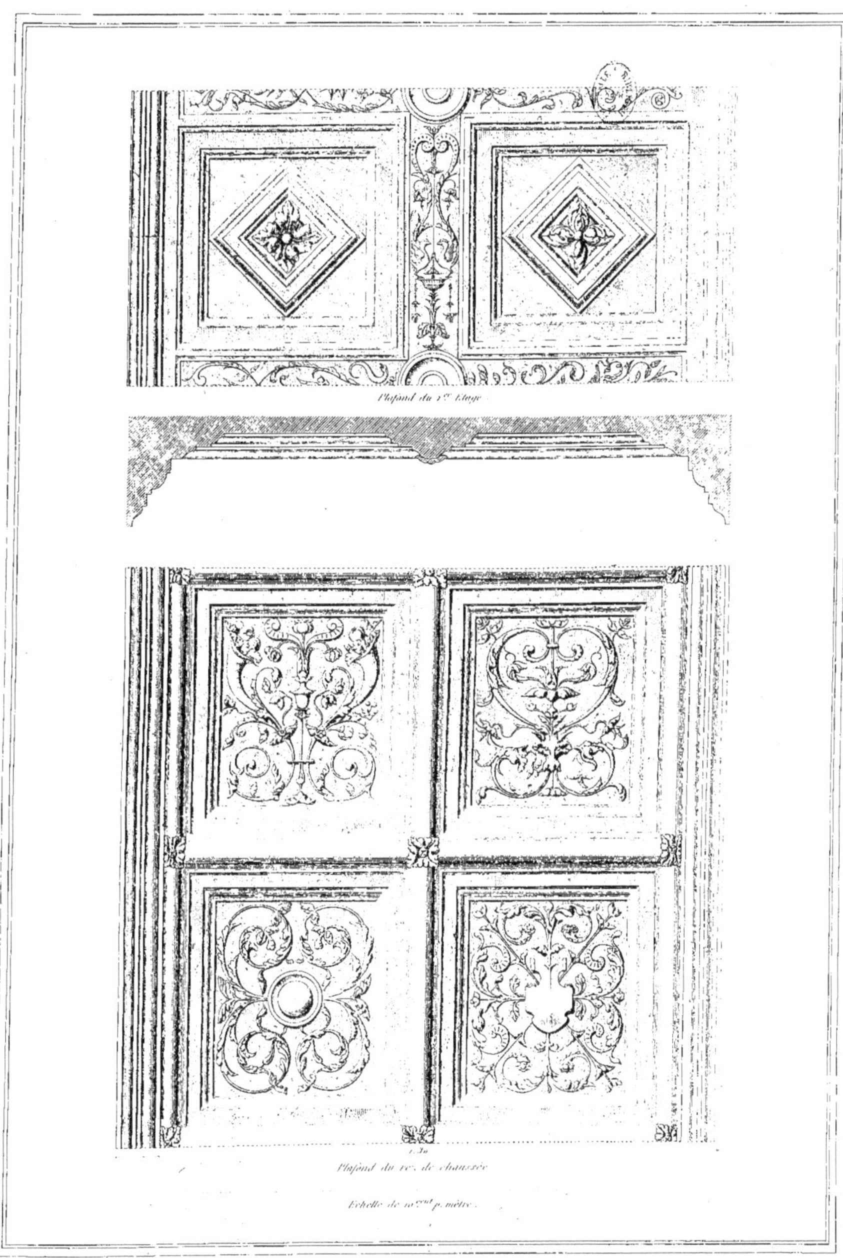

Dessiné par V. Roguet.
Imprimé par L. Baillet Queen de la Tournelle 25 Paris.

MAISON DITE D'AGNÈS SOREL
Rue du Tabour à Orléans

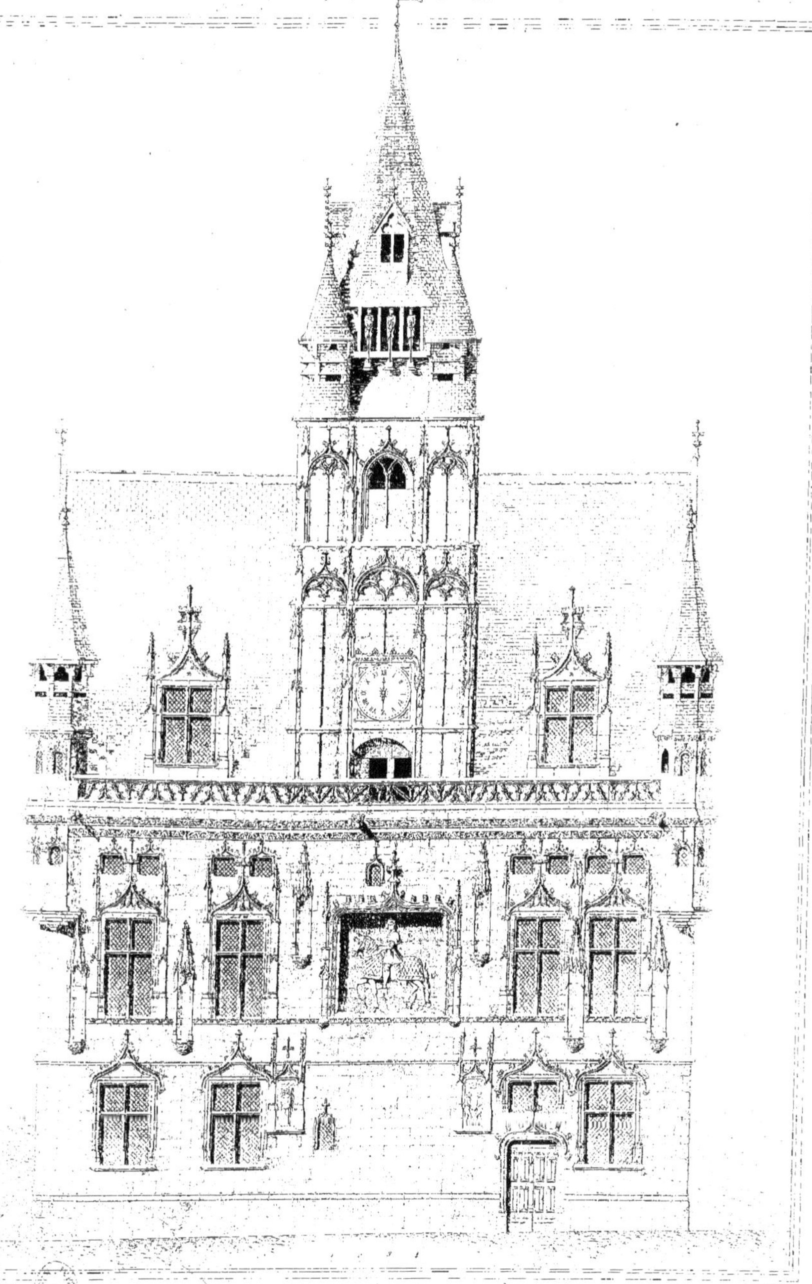

HÔTEL DE VILLE DE COMPIÈGNE

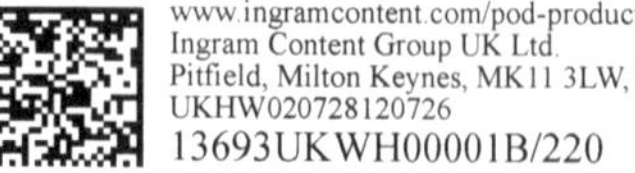
www.ingramcontent.com/pod-product-compliance
Ingram Content Group UK Ltd.
Pitfield, Milton Keynes, MK11 3LW, UK
UKHW020728120726
13693UKWH00001B/220

9 782019 166687